A primeira luz da manhã

Thrity Umrigar

A primeira luz da manhã

Tradução: Rosaura Eichenberg

GLOBOLIVROS

Texto fixado conforme as regras do Acordo Ortográfico da Língua Portuguesa
(Decreto Legislativo nº 54, de 1995).

Título original: *First darling of the morning*

Editora responsável: Amanda Orlando
Editora assistente: Elisa Martins
Preparação de texto: Luciana Bastos Figueiredo
Revisão: Laila Guilherme e Huendel Viana
Diagramação: Gisele Baptista de Oliveira e Crayon Editorial
Capa: Marianne Lépine

1ª edição, 2017

CIP-BRASIL. CATALOGAÇÃO-NA-FONTE
SINDICATO NACIONAL DOS EDITORES DE LIVROS, RJ

U43p
Umrigar, Thrity, 1961-
A primeira luz da manhã / Thrity Umrigar ; tradução Rosaura Eichenberg. - 1. ed. - São Paulo : Globo, 2017.

Tradução de: First darling of the morning
ISBN 978-85-250-6423-3

1. Umrigar, Thrity, 1961-. 2. Jornalistas - Índia - Biografia. I. Eichenberg, Rosaura. II. Título.

17-43002 CDD: 920.5
CDU: 929:070

Direitos de edição em língua portuguesa para o Brasil
adquiridos por Editora Globo S. A.
Av. Nove de Julho, 5229 — 01407-907 — São Paulo — SP
www.globolivros.com.br

Para JBU, HJU *e* ETK,
com amor sem fim
e infinita gratidão

Capítulo i

Sou daquela geração de crianças indianas da classe média, urbanizadas, ocidentalizadas, que sabem melhor a letra do "Dó-ré-mi" que o hino nacional. *A noviça rebelde* é o nosso chamado às armas, e Julie Andrews nossa Flautista de Hamelin. É 1967 — os filmes de Hollywood sempre vêm à Índia um ou dois anos depois de seu lançamento americano —, e as vielas e casas de Bombaim estão de repente cheias de vida com o som da música. Não importa que o filme tenha chegado mais de um ano depois de ter sido um sucesso em todo o mundo ocidental. Todos os professores de piano em Bombaim estão ensinando seus alunos iniciantes a martelar o "Dó-ré-mi", até se criar a impressão de que toda casa parse de classe média que possui um piano está emitindo uma só melodia.

Tenho seis anos e sofro com uma fantasia de filha única, tento imaginar como seria a vida com irmãos. *A noviça rebelde* dá asas a essa fantasia, empresta-lhe forma e cor. As risadas, o companheirismo, as caçoadas e a união da família Von Trapp me cativam, estabelecendo para sempre o meu padrão de como deveria ser uma família perfeita. Os Von Trapp são tão iluminados e ensolarados quanto a minha família é sombria; assobiam e cantam enquanto os adultos na minha casa são melancólicos e silenciosos; as crianças são tão brilhantes, saudáveis e robustas quanto eu sou franzina, adoentada e desajeitada. Ver aquelas sete crianças no alto da tela grande, alinhadas em ordem decrescente de idade e altura, é ver o próprio céu. Meu coração explode de alegria e desejo; quero sair da minha poltrona e me arrastar para dentro da tela e dos braços quentes e acolhedores de Maria. Aceitem-me, é o que quero dizer, me deem um pouco de tempo, e serei tão esperta, divertida e musical quanto vocês.

Já vi o filme, mas agora quero ir ver de novo. Papai e seu irmão Pesi, que eu chamo de Babu, decidem que a família deve ver o filme toda junta. Como sempre, minha tia solitária, Mehroo, nega-se a nos acompanhar.

— Vamos, Mehroo, é um filme de família belo e saudável. Você vai gostar — diz minha tia Freny, a mulher de Babu, em vão. *Pappaji,* meu avô, teve recentemente um ataque cardíaco, e Mehroo se recusa a deixá-lo em casa sozinho, mesmo que ele não tenha problemas de locomoção.

Mehroo é a irmã solteira de meu pai que mora conosco. A mais velha dos três irmãos, sua infância terminou no dia em que sua mãe morreu. Mehroo tinha então onze anos. Não só havia dois irmãos menores para criar (meu pai, o caçula, tinha apenas quatro anos), como um pai para proteger contra o fio da navalha de sua própria dor. Ela assumiu os deveres familiares como se tivesse nascido para esse papel. Seu pai era um homem bondoso, mas estava tão enredado em seu sofrimento que deixou de ver a tristeza invadir os olhos da filha, uma tristeza que a rondará pelo resto da vida. Suponho que tenha sido pela dor permanente e pela devoção do pai à esposa falecida, pelo seu luto infindável, que Mehroo formou suas noções do que deve ser o amor. E o que a família se tornou para ela foi uma profissão, um emprego, um hobby, um passatempo. A família era tudo. Fora de seus limites protetores, estendia-se o mundo aflito, cheio de enganos, decepções, promessas quebradas e traições. Era uma visão de mundo espantosamente limitada, mas a tornava insubstituível dentro da estrutura de nossa família.

O amor de Mehroo por mim é lendário em toda a vizinhança. E também suas excentricidades.

Ela não quer saber de ir ao cinema — uma proeza surpreendente numa família louca por cinema.

Ela não quer saber de comprar roupas novas para si. Se alguém na família lhe compra tecido para um vestido, ela o guardará por anos antes de levá-lo a uma costureira.

Ela usa sempre o mesmo pente, ainda que três de seus dentes já tenham caído, até meu pai jogá-lo fora num ataque de raiva. Mas ela frequentemente disfarça e me dá dinheiro quando vou para a escola.

Ela é vegetariana numa casa em que frango e carne, por serem tão caros, constituem iguarias. Se uma colher que estava no molho de curry do frango roça por acaso seu molho de curry da batata, ela não comerá. No entanto, ela cozinha carne para o restante de nós.

Ela ingere comida fria tirada da geladeira sem esquentá-la, embora passe horas cozinhando para a família.

Ela se recusa a posar para fotos, cobrindo o rosto com as mãos para evitar a câmera. Quando é forçada (por mim, já mais crescida) a ser fotografada, ela se recusa a sorrir. Toda foto sua mostra uma mulher séria, sem sorrisos. Em algumas, os lábios até se curvam para baixo.

Ela é parcimoniosa, frugal, lacrimosa, sentimental, cheia de melindres, ardentemente leal, excêntrica, indiferente ao mundo fora de sua família e dedicada a seus entes queridos.

Como é que se resolve um problema como Mehroo?

Minha prima, Roshan, resmungou certa vez que, se Mehroo fosse a vizinha do lado, ela não gostaria muito da tia. O comentário me arrancou lágrimas. Fantasio que compreendo Mehroo, com todas as suas contradições, melhor que todos os outros; que tenho uma visão de raios X que me permite chegar à câmara mais íntima de seu coração quente e macio. Há algo elementar e primitivo no meu amor por Mehroo, e, quando penso nela, eu a considero em termos animais — como um cachorro, um cavalo, uma girafa ou uma zebra, animais de olhos tristes e bondosos.

Agora decido que a situação do cinema exige meu charme irresistível e letal.

— Por favor, *Mehroofui*, por favor, vamos — eu imploro. — Apenas desta vez, por minha causa. Este filme é aquele que mais amo. Você vai amar também, prometo.

Ela sacode a cabeça negativamente, seus olhos escuros olhando para mim suplicantes. Canto algumas frases musicais do filme, esperando seduzi-la desse modo. Mas ela não arreda pé.

Pappaji finalmente explode.

— *Ja nee* — diz ele. — *Bachha ne dookhi karech*. Deixando a minha pequena infeliz desse jeito. Não vai acontecer nada comigo de noite. Tratando-me como se eu fosse um moleque de seis anos de calça curta.

Funciona. Mehroo concorda em ir, e lá estamos nós numa noite de sábado, sentados nas poltronas confortáveis do Cinema Regal, esperando que a cortina de veludo vermelho suba e Julie Andrews irrompa radiante na tela, cantando a plenos pulmões. Nós nos sentamos numa longa fila: eu, Mehroo, Roshan e seus pais, Freny e Babu e minha mãe e meu pai. Quase não conseguia ficar quieta na minha poltrona, tal era minha euforia. Mesmo antes de a cortina subir, a magia, a promessa de *A noviça rebelde* se torna realidade. Aqui estou com minha família, todos nós parecendo tão unidos, amorosos e felizes quanto a família Von Trapp. Por muitos meses, tive uma fantasia recorrente de minha família inteira estar deitada numa grande cama, todos nós felizes e aconchegados, virando-nos uns para os outros em busca de abrigo e calor humano, como se a cama fosse um navio balançando em águas tumultuadas. Todos nós sob o mesmo teto, juntos. Esta reunião no cinema é o mais próximo que cheguei de reproduzir esse sentimento fora dos sonhos, e meu coração palpita de amor e felicidade. Sinto-me inflada e grande, como se pudesse alongar as mãos para tocar o espaldar de suas poltronas e abraçar a longa fila de membros da família.

Nesse momento, não tenho presciência de que as correntes da vida vão me arrancar desse sonho idealizado de família, de quanto vou viajar para bem longe, nem de como as minhas viagens vão pôr esse sonho fora de meu alcance para sempre. Não faço ideia de que serei inadvertidamente mais uma perda na crônica de perdas da minha família. Nada nesse momento despreocupado me diz que um dia vou trocar amor por liberdade, que vou virar as costas ao exemplo de autossacrifício e devoção à família de Mehroo e optar pela autopreservação e pela independência. Que vou construir minha vida e meus sonhos sobre as costas de seus sacrifícios.

Sim, vou retornar para junto deles repetidas vezes, mas nunca será a mesma coisa. Virei como visitante e como turista, retornarei com histórias para mostrar a Mehroo as marcas no meu corpo dos diferentes lugares por onde andei, mas ela não ficará impressionada. Pois elas apenas servirão para lembrá-la do que está faltando na minha vida — o enraizamento do lar. E os olhos inquisidores de Mehroo me seguirão, e a perplexidade neles nunca diminuirá, será para sempre o nó na minha garganta.

Mas, antes de tudo isso acontecer, há essa noite divina no Cinema Regal. Para esse momento glorioso, aqui estamos todos no cinema, como qualquer família normal. A mão quente de Mehroo está no meu colo, e, quando a espio sorrateiramente no escuro, ela está sorrindo. Todo mundo parece compreender que esta é uma ocasião especial, com Mehroo nos acompanhando, e sinto a admiração tácita de todos os adultos por eu ter sido a catalisadora desse passeio familiar. Durante o intervalo, papai é caracteristicamente generoso e volta carregado de rolinhos de frango, *samosas sindhi* e garrafas de Gold Spot e Coca-Cola.

Mastigando meu rolinho de frango, cantando junto com os atores as canções tão familiares para mim quanto meu próprio nome, sou atingida por um raio de pura felicidade, uma gota de sol dourado. Quando Christopher Plummer canta a frase "Abençoe minha terra natal para sempre", meus cabelos se arrepiam, como sempre. Quando Ralph trai os Von Trapp na abadia, eu me viro para assegurar a Mehroo:

— Não se preocupe. Não acontece nada de ruim. — Ela mexe a cabeça e aperta minha mão.

Por uma noite de felicidade, já não invejo a família Von Trapp. Deixo o teatro sabendo o meu lugar no mundo. Faço parte de uma família, grande e amorosa, que vai junta ao cinema. Sou amada por uma mulher de olhos tristes que me ama acima de tudo. Sou filha de um pai que compra para todo mundo Gold Spot e rolinhos de frango, e de uma mãe que segurou minha mão com firmeza na caminhada até o cinema. Sou a razão de todos estarem aqui, sou aquela que conseguiu tirar Mehroo de casa, sou a única responsável pelos sorrisos no rosto de todos.

Saio do teatro e entro no mundo sentindo-me fluida, grandiosa e irresistível.

Papai gostou tanto da ida da família ao cinema que, alguns dias mais tarde, ele sugere um piquenique. Eu fico entusiasmada. Nunca fui a um piquenique com a família. Mas, antes que ele possa anunciar a ideia na hora do jantar, mamãe o arrasta até o quarto deles para um papo rápido. Ele sai de lá alguns minutos depois e me diz que, pensando duas vezes, gostaria que fôssemos apenas nós três — mamãe, eu e ele — ao piquenique. Fico surpresa, mas estou entusiasmada demais com a perspectiva do passeio para discordar ou reclamar.

Vamos aos Jardins Suspensos. Planejamos o piquenique durante dias, e papai até promete abandonar sua prática habitual de passar a maior parte da manhã e da tarde do domingo na fábrica. Um dos dois, Babu ou papai, visita a fábrica todo santo dia, mesmo nos dias em que as máquinas não estão zumbindo. O ritual é tanto um gesto de respeito e superstição quanto algo exigido pela necessidade. Em casa, Mehroo ralha comigo se comento por acaso que o negócio está fechado naquele dia.

— A fábrica nunca está fechada — diz ela. — Diga apenas: "Não estamos lá hoje".

Mas, no dia do piquenique, papai sai para a fábrica às oito da manhã e volta às dez horas, para apanhar mamãe e a mim. Ele toca a buzina, mas, como sempre, mamãe está atrasada, e eu me inclino sobre o parapeito da sacada para lhe dizer que ela precisa de mais meia hora. Mesmo estando dois andares acima, posso sentir sua irritação.

— Ok, vou subir, então — diz ele.

Quando partimos, são quase onze horas e papai está de mau humor.

— Quantas vezes não te disse ontem que queria sair a tempo? Agora de que adianta sair ao sol do meio-dia — ele resmunga. — A nossa pele vai ficar preta como carvão em uma hora.

Como muitos parses de pele clara, meu pai valoriza e protege sua pele cor de limão como se ela fosse o diamante Koh-i-Noor. Quando caminha, ele instintivamente se abaixa para a sombra e, quando dirige, com as janelas abaixadas, ele coloca um pano de pó amarelo sobre a mão direita pousada sobre a janela, para protegê-la dos raios zangados do sol.

A tensão no carro é palpável, e instintivamente tento dissipá-la.

— Ah, papai, quer ouvir a nova piada que aprendi? — digo, inclinando-me para a frente no banco traseiro. Conto aquela sobre o porco-espinho e o pavão, e a resposta é um sorriso fraco no espelho retrovisor. O humor de papai ainda é sombrio ao lançar frequentes olhadelas para minha mãe, como se esperando que ela fizesse ou dissesse alguma coisa para aliviar a tensão. Mas minha mãe olha para fora da janela resoluta, e está claro que não virá nenhum pedido de desculpas pelo atraso.

Isso exige ação mais drástica. Sei que nada melhora o humor de meu pai tão depressa quanto gastar dinheiro com a família, por isso digo, sem mais nem menos:

— Papai, eu quero um chocolate.

Claro, ele se anima.

— É pra já — diz, e para na próxima loja de conveniência do caminho. Ele tira uma nota de dez rupias do bolso da camisa. — Agora, entre na loja e peça o tipo de chocolate que quiser. Não deixe de pegar o troco.

Entro na loja sentindo-me alta e importante, agarrando minha nota de dez rupias. Paro diante de uma estante de vidro, escolhendo o chocolate que quero. Um vendedor paira acima de minha cabeça.

— Quem está com você, *beta*? — diz ele. — A mamãe e o papai estão com você?

— O papai está esperando no carro — respondo. — Ele me mandou entrar para comprar um chocolate. Sei contar o troco — digo orgulhosa.

Saio da loja com um grande chocolate Cadbury de laranja. Já dentro do carro, entrego o troco ao meu pai. Ele me deixa ficar com o chocolate, mas o truque acabou. Não quero comer o chocolate nesse momento.

— Mamãe, estou sem fome agora. Guarda para mim?

Minha mãe me lança um olhar perplexo, mas pega o chocolate e o joga sobre o painel. Continuamos o passeio.

Posso ver pela expressão cerrada nos dois rostos que meus pais trocaram palavras duras enquanto eu estava na loja. Quero ajudar, mas de repente me sinto terrivelmente cansada e sonolenta. Eu me enrolo no banco traseiro e adormeço. Enquanto fico à deriva no sono, escuto um murmúrio constante de palavras vindo do banco da frente. Estão tendo outra briga.

— Thrituma, *ootho*. Levante. — escuto meu pai dizer. Estamos nos Jardins Suspensos, e me entusiasmo com a ideia de subir por dentro do Sapato da Velha e nas outras estruturas baseadas em cantigas infantis. Visitei os Jardins Suspensos apenas uma vez, e me sinto incrivelmente feliz por estar de volta.

Saímos do carro e caminhamos alguns metros, carregando nosso saquinho de sanduíches de frango e chutney, quando me lembro do chocolate.

— Papai, meu chocolate. Quero comer o chocolate depois do lanche.

Ele imediatamente volta ao carro, mas, quando retorna, está de mãos vazias.

— Esqueça o chocolate — diz ele com um sorriso forçado. — Derreteu por completo sobre o painel. Um erro deixá-lo ali.

Olho para ele de boca aberta. De repente, querer aquele chocolate é a coisa mais importante do mundo.

— Mas eu quero o chocolate. Guardei o chocolate para mais tarde.

— Sei, Thritu. Não se preocupe, vou comprar outro chocolate para você no restaurante daqui. Sem problema.

Sinto algo parecido com pânico. Ele está entendendo errado o que estou dizendo. Meu coração se sente selvagem e indomado, como se eu tivesse engolido um oceano.

— Não, não, não, não quero outro chocolate. Quero o meu chocolate, aquele que está no carro.

Ele suspira, impaciente.

— Não seja tola. Eu te falei, o chocolate está todo derretido em cima do painel. Vai precisar de um garfo para comê-lo. Sujou todo o painel. Chega, vamos comer nossos sanduíches, e depois comprarei outro chocolate para você.

Um choro começa em algum lugar bem lá no fundo de mim; parece vir de meus joelhos e alastrar-se para cima.

— Quero meu chocolate. O mesmo. Não quero outro.

— Foi o que ela fez com o doce da *sara cake* — diz mamãe, e sei imediatamente do que ela está falando.

Meses antes, Mehroo trouxera para casa um *sara cake*, um confeito de chocolate, da pequena padaria que minha família tinha aberto como um negócio secundário havia alguns anos. Ela me oferecera o doce depois do jantar, mas eu tinha dito que estava farta.

— Ok — disse Mehroo. — Você vai ficar com fome daqui a uma ou duas horas. Coma, então. Bom e fresco, ele está. — Mas recusei, dizendo que não queria. — Tem certeza, Thrituma? — perguntou Mehroo. — Tem certeza de que não vai mudar de ideia mais tarde? — Sacudi a cabeça para dizer não.

Mehroo tirou o doce de chocolate de sua folha de papel e segurou-o entre o polegar e o dedo indicador. Mirou-o por um segundo e depois o enfiou na boca. Assim que o doce entrou na sua boca, o desapontamento inundou meu corpo.

— Quero o doce. Agora eu quero esse *sara cake*.

Mehroo me fitou horrorizada.

— Calma. Mil vezes eu perguntei, e mil vezes você disse não.

— Não me importo — choraminguei. — Quero meu doce agora.

— São sete horas — disse Mehroo sem saber o que fazer. — A loja está fechada. Vou te trazer outro amanhã, prometo.

— Não quero outro. Quero o mesmo doce agora. Devolve o meu doce.

Naquele momento, mamãe tinha rido da aflição de Mehroo ao contar a história. Agora ela não está achando graça nenhuma. As pessoas viram a cabeça para nos olhar, e meus pais têm consciência disso. Mamãe agarra meu braço, como se estivesse levantando a asa de um pinto, e começa a caminhar.

— Vamos — diz ela em voz baixa. — Comportando-se como um bebê em público. O policial vem pegar você, se continuar desse jeito.

É a coisa errada a ser dita. Agora perco as estribeiras, recusando-me a sair do lugar, exigindo o mesmo chocolate.

— Faça que fique inteiro de novo — digo a papai. — Não quero chocolate derretido. Quero o chocolate como ele era antes.

Papai me fita com horror. Ele nunca me viu assim, tão desvairada, e deve estar compreendendo que há aspectos de sua filha que desconhece por inteiro.

— Thrituma, seja sensata. — Mas a sensatez se derreteu, como o chocolate ao sol. Mamãe assume o controle da situação.

— Fique quieta já, senão vou te dar um sopapo — diz ela, com os lábios apertados de raiva. — Estragando o dia de todo mundo com esses seus modos.

Estou soluçando.

— Quero ver o meu chocolate. Quero ver o chocolate.

Estou pensando que quero dar tchau ao chocolate, como dar tchau a um amigo que insultei ou feri, mas é impossível falar tudo isso para os adultos que estão me olhando, como se eu fosse um monstro que criaram.

— Você não pode comer o chocolate, já te expliquei — diz papai, e pela primeira vez há uma raiva real na sua voz.

— Não me importo! — grito. — Quero ver meu chocolate.

Então ele se move rápido. Dá meia-volta e sai caminhando na direção do carro.

— Ok, vamos, então. Vamos ver o seu chocolate.

Mamãe e eu caminhamos atrás dele, tentando acompanhar seus passos longos e zangados. Ele abre a porta do carro com um safanão e pede que eu entre no banco da frente.

— Aí está seu chocolate — diz ele, apontando para o montinho marrom e pegajoso no meio do painel.

A visão do chocolate derretido me enche de uma tristeza insuportável e uma sensação de traição. Não sei ao certo se sou a traidora ou a traída, só sei que há uma sensação de promessa não cumprida. Quero explicar tudo isso ao papai, mas não consigo. Meu desgosto é turvo e opaco, e a voz não consegue passar no meio dele. Só consigo choramingar, e o som nasal e agudo que emito me dá uma sensação absurda de satisfação.

Papai se enfia no banco ao meu lado. Fazendo um gesto para mamãe, ele diz:

— Entra.

Ela parece prestes a discutir com ele, mas algo no rosto tenso de meu pai a faz calar. Ela entra no banco da frente, de modo que fico ensanduichada entre os dois.

Meu pai engata a marcha à ré, e a violência pouco característica com que ele engrena as marchas me atordoa e silencia.

— Para onde vamos? — pergunto.

— Estamos indo para casa — ele responde. — De volta. O dia está arruinado de qualquer jeito. Satisfeita agora?

Não consigo falar. Não ouso falar. Isso é pior que qualquer castigo que eu pudesse ter imaginado. O nó na minha garganta é tão apertado que dói para engolir. Desapontamento, culpa, vergonha, arrependimento, todos os sentimentos competem para ocupar as câmaras mais íntimas de meu coração frio. Meus olhos se enchem de lágrimas, mas pisco para fazê-las desaparecer, pois não quero chamar a atenção sobre mim mesma. Quero dobrar meu corpo como o origami que as meninas mais velhas fazem na escola, tornar-me tão pequena e invisível quanto possível. Acima de minha cabeça sinto meus pais trocar olhares carregados, o que só piora as coisas. Quero desfazer todo o choro, todo o grito extraviado que saiu de minha garganta. O chocolate, como lama em cima do painel, agora me causa repulsa. Já não sinto nenhum laço de afinidade ou responsabilidade em relação a ele. Olho para o chocolate com a objetividade de alguém acordando de um sonho. Por que fiquei tão histérica?

Em casa, subo a escada me arrastando e me encolho quando papai toca a campainha. O rosto surpreso de Mehroo torna minha desgraça ainda mais aguda.

Haverá outros piqueniques ao longo dos anos — excursões no campo com a escola, passeios com os vizinhos, dias passados na praia com amigos e outros membros da família. Mas nunca mais seremos apenas nós três passando uma tarde de domingo nos Jardins Suspensos. Como um chocolate ao sol, os dias do verão se derreterão, e nunca mais seremos apenas nós três, uma menina e os pais, passando uma tarde de domingo nos Jardins Suspensos.

Capítulo 2

Mehroo está descendo a escada, e já estou na sacada para lhe acenar um adeus. Espero sem respirar que ela passe pelos degraus de pedra que vão do saguão de nosso prédio até a rua. Assim que chega à rua, ela levanta os olhos para onde estou, na sacada do segundo andar, e acena para mim.

Em resposta, pisco para conter minhas lágrimas e sorrio, um sorriso de palhaço que espero que minha tia possa ver de onde está, dois andares abaixo.

Tenho sete anos, e esta é a segunda semana das férias de verão. Às dez horas da manhã, o sol já é uma besta a rosnar, despejando seu sopro quente sobre as pessoas. Sei que, no momento em que Mehroo cruza a distância curta de nossa travessa até a rua principal para pegar o ônibus, ela já está coberta de suor, o rosto suave e cor de creme animado por um vermelho vivo.

Apesar do brilho deslumbrante do dia, dentro da casa está escuro. Sei que, tão logo saia da sacada depois do meu ritual de acenar adeus, eu vou entrar num mundo escuro, assustador e solitário. Passarei as horas do dia esperando que Mehroo, meu pai ou algum outro adulto chegue em casa e me resgate da fúria de minha mãe. Não sei exatamente o que me espera hoje, mas sei que não será bom. Haverá algumas pragas, algumas ameaças, algumas acusações quanto a passar todo o meu tempo com o nariz enfiado neste maldito livro. Talvez surja o som familiar da vara zunindo no ar antes de pousar em meu corpo ossudo. Imaginar a cena me causa um sobressalto.

Mehroo mal saiu de casa, e o nó na minha garganta já está do tamanho da China. Eu queria ir à fábrica com ela hoje, talvez dar uma parada na Jaffer's no caminho para pegar um romance que eu possa devorar, mas mamãe disse que tenho dever de casa para fazer. Mehroo tinha tentado protestar, dizendo que esta é apenas a segunda semana de férias, que eu teria muito tempo para fazer os deveres de casa até o final do verão, mas mamãe lhe disse que, nesse caso, ela deveria assumir também os meus trabalhos da escola, uma vez que já assumira tudo o mais e lhe roubara a única filha. Aí elas tiveram a sua briga matinal de todos os dias e só ficaram quietas quando papai levantou a voz e disse que estava saindo para o trabalho sem o café da manhã, porque desejava mais paz do que ovos.

— Ainda não são nem oito horas, e já estou cansado! — gritou. — Como uma toalha torcida até secar, é assim que vou trabalhar todos os dias.

Elas ficaram quietas enquanto ele se vestia depressa e descia correndo a escada, o rosto vermelho e excitado. Quando ele chegou ao carro, Mehroo gritou da sacada:

— Por favor, tenha cuidado. Acalme-se. Dirija com segurança.

Mamãe ficou no seu quarto.

Eu me sinto desgraçada porque causei essa briga. Se ao menos não tivesse pedido para ir à fábrica, nada disso teria acontecido. Por isso, quando mamãe me acusa de criar atrito entre ela e seu marido, concordo em silêncio.

E agora minha tia também saiu, e estamos só mamãe e eu na casa. Rezo para que a campainha toque e alguma visita — talvez o irmão de mamãe, talvez um vizinho —, alguém, apareça. Alguém que me libertará e me salvará do longo dia pela frente.

Minha tia percorreu um quarto do caminho pela travessa e já se virou e acenou três vezes. É um ritual diário, mas ainda prendo a respiração, esperando cada uma de suas voltas e acenos. Virar e acenar. Vai repetir o movimento? Vai acenar agora? Ou alguma coisa ou alguém vai desviar sua atenção? Vai encontrar por acaso um dos vizinhos, eles vão caminhar parte do percurso juntos e ela vai se esquecer de acenar? Se esquecer de mim? Ou ela vai ver o ônibus número 64 aproximar-se e vai sair correndo para pegá-lo, com isso esquecendo-se da sobrinha, que está nesta sacada acreditando que sua vida depende de um aceno?

Todo dia minha tia sentimental me acena com fidelidade e zelo. Bem no fundo de mim, sei que esse ritual, essa demonstração pública de nosso amor, é tão importante para ela quanto para mim. Ainda assim sempre tenho medo. Todo dia faço trapaça comigo mesma; me amedronto criando roteiros cada vez mais implausíveis de por que ela talvez não acene para mim naquele dia específico. Cada dia prendo a respiração e sinto os músculos da barriga apertar e relaxar ao ritmo dos acenos de minha tia. Diariamente, tenho pavor do momento em que ela chega ao fim da travessa e vira à esquerda para entrar na rua principal. Esse é o momento crucial, quando tenho de retornar à escuridão do apartamento.

Mas ainda não. Mehroo chegou ao fim da travessa. Ela para, vira para trás e acena. Até me atira uns beijos voadores. Aceno de volta freneticamente, na ponta dos pés para ter certeza de que ela pode me enxergar. Depois ela vira a esquina e desaparece. Mas meu coração ainda não afunda, porque sei o que vai acontecer. Isso também faz parte do ritual. Entretanto, apesar de toda a familiaridade, ainda me parece um milagre quando vejo Mehroo de novo. Ela deu alguns passos para a rua principal e depois voltou à esquina. Acena um pouco mais. Com meu coração em festa, aceno em resposta.

Três vezes. Quatro vezes. Ela desaparece e retorna. Some e volta à cena. Meu amor parece tão espesso e pesado, tem gosto de sangue. Ou de pesar. No resto da minha vida, eles terão o mesmo sabor, este amor espesso, este pesar denso.

Nunca sei quando será a última vez que Mehroo vai voltar e acenar, até que o adulto no seu interior a lembre de que tem que tomar um ônibus, que ela é necessária na fábrica, onde faz a contabilidade para papai. Assim, fico na sacada e espero, e, a cada segundo que passa, a ferroada de sua ausência, de ela ter realmente partido, torna-se mais aguda. Em alguns dias, fico ali até cinco minutos, esperando em detrimento da esperança o seu retorno, mal acreditando que ela tenha realmente me abandonado. Noutros dias, espero vários longos minutos e estou prestes a sair da sacada quando sua pequena figura familiar aparece à distância, tão milagrosa quanto o sol no horizonte. Naquela noite, ela vai me contar que estava no ponto de ônibus próximo e, quando se convenceu de que o ônibus não estava prestes a aparecer, pediu à pessoa ao lado que guardasse seu lugar na fila e disparou até a esquina para acenar para mim uma última vez. Porque ela sabia que, como o cachorro no selo da gravadora His Master's Voice, eu estaria à espera.

Foi assim que comecei a conhecer o amor, com minha tia solteira de olhos tristes, excessivamente sentimental, capaz de autossacrifício, hipersensível, que me cria como se eu tivesse nascido de suas ancas estreitas, como se eu tivesse me alimentado em seus seios pequenos. Por isso jamais penso na maternidade como um conceito biológico; por isso compreendo que os laços da maternidade são formados a cada dia por atos de bondade, afeto e dedicação. Esse é o legado de Mehroo para mim e, apesar de sua dedicação honesta e resoluta, é um legado misturado, cheio de desejo, ambiguidade, perda e saudade. De certa maneira, isso vai me deixar cicatrizes para a vida inteira, fazendo-me velha aos dezesseis anos, incapaz de confiar nas declarações simplistas e nas descrições fáceis e loquazes do amor que eu via ao meu redor. Nada de promessas fáceis para mim, porque eu tinha conhecido um amor tão brilhante, puro e aguçado quanto um diamante. Para sempre, o amor seria algo a ser batalhado e conquistado, algo exaltado a ser atingido, algo difícil mas promissor, como a religião, como falar com Deus.

Volto para dentro da casa, e um sentimento de terror vem se arrastando atrás de mim. Mamãe está no seu quarto, vasculhando o armário, e posso perceber pelo modo como resmunga que está de mau humor. Vou direto para o banheiro, com a intenção de ficar lá o maior tempo possível. É apenas quando o trinco engata com um clique que me sinto a salvo.

Meu descanso tem vida curta. Mamãe bate na porta do banheiro e manda que eu saia imediatamente.

— Conheço todos os seus truques, sua preguiçosa! Tentando evitar seus estudos a todo custo. Se não sair em dois minutos, você vai ver o que te acontece. — Ela bate na porta com sua vara, para criar um bom efeito.

Minha mãe tem dedos longos, finos, tortos, e na maioria das vezes estão enroscados ao redor de uma de suas muitas varas. Às vezes, depois que uma das varas se desgasta, ela me obriga a acompanhá-la até a pequena loja onde compra sua provisão. Fico observando enquanto ela maneja diferentes varas, algumas longas, finas e delgadas, outras que são mais curtas, mais grossas e mais rombudas. Paro de respirar enquanto ela escolhe, testando-as com uma das mãos sobre a palma aberta da outra. As varas compridas zunem mais que as outras.

Minha mãe dá aulas particulares para muitas das crianças do bairro, e a maioria é mais velha que eu. Durante as férias de verão, em vez de irem a estações nas montanhas ou à praia, elas se reúnem na nossa casa para estudar, com o objetivo de acelerar o aprendizado no próximo período escolar. Gosto de tê-las em casa, porque elas tiram o foco de mim e porque muitas das crianças mais velhas e perspicazes me puxam o saco por eu ser a filha da professora.

Há uma menina, Pervin, que é muitos anos mais velha que as outras. Ela é um pouco devagar, e dizem que já repetiu vários anos, o que a torna objeto de piedade e escárnio silencioso.

— Pervin estúpida — ouço minha mãe dizer pelas suas costas. Mas ela compensa a lentidão com seu bom coração e sua eterna alegria. O rosto de Pervin é coberto de espinhas, e minha desgraça particular é que ela deu para fazer demonstrações públicas de amor, abraçando-me e beijando-me em toda e qualquer oportunidade. Parte desses gestos é afeto genuíno, mas parte é certamente mera pose, uma tentativa de cair nas boas graças da professora puxando o saco de sua única filha. Corro e me escondo de Pervin sempre que posso, porque tenho repulsa da sua pele áspera cheia de espinhas que sinto roçar no meu rosto liso. Certo dia, estou comendo mingau no café da manhã, quando passo os olhos pela tigela e percebo que o mingau tem semelhanças com a pele de Pervin. Deixo de comer mingau depois dessa manhã.

Os pais da maioria dos estudantes que têm aulas com a minha mãe pertencem à classe média baixa e são gratos por ela não lhes cobrar um preço muito alto. Além disso, minha mãe é conhecida em todo o bairro por sua dedicação como professora. Ao contrário de outros professores, ela nunca olha para o relógio quando está ensinando, de modo que durante os meses de verão seus alunos passam quase o dia inteiro em nossa casa. Os pais gratos jamais questionam os métodos de ensino de minha mãe, assim como nunca questionam os vergões vermelhos nas mãos e nas pernas dos filhos, quando eles voltam para casa. Os alunos mais espertos começam a usar calça comprida para proteger as pernas da vergastada da vara, mas minha mãe reclama dessa falta de acesso a suas pernas, e os pais os obrigam a usar calça curta de novo.

Hoje, contudo, estamos apenas eu e mamãe em casa. Quero perguntar onde estão os outros, mas ela ameaçou me bater se eu levantar os olhos do livro didático. Estou sentada na cadeira de veludo preto no quarto de mamãe, com a perna esquerda amarrada na perna da cadeira. Ela é forçada a me prender desse jeito, porque tenho períodos curtos de atenção e me levanto demasiadas vezes para ir ao banheiro.

O dia segue seu ritmo. Por fim, à uma hora da tarde, toca a campainha. É uma das vizinhas, uma mulher que se movimenta como um raio e fala tão rápido que tenho dificuldade de acompanhá-la. Seu filho, Bomi, veio com ela. Bomi é um menino nervoso, um dos alunos de minha mãe. Ele é baixo, gorducho e exala um leve aroma do óleo de coco que a mãe usa para alisar seu cabelo preto. O óleo escorre pela testa, que, assim, está sempre brilhando. Ele é apenas um pouco mais novo que eu, e minha mãe o ama por ser tão evidente o pavor que sente dela. Minha mãe diz que ama crianças, e ela realmente as ama porque as crianças não contra-atacam, porque em seus corpos lisos e macios ela pode deixar sua assinatura — os vergões vermelhos que proclamam: "Eu estive aqui". Porque nas suas psiques em branco ela pode deixar suas impressões digitais, como manchas pretas que proclamam: "Eu existo". Ao contrário dos adultos na sua vida, ela consegue controlar, manipular e dominar as crianças. Não consigo expressar em palavras nada disso, mas é algo que conheço bem lá no fundo de mim mesma.

— Eu queria saber se posso deixar Bomi aqui esta tarde — a vizinha está dizendo. — Minha sogra adoeceu, e recebi um telefonema dela perguntando se posso passar o dia com ela. Ele me atrapalharia. Além disso, ele precisa de ajuda nos seus deveres de casa.

— Ah, claro, claro — responde mamãe. — Pode dar sua saída sem pensar duas vezes. Você sabe que ele estará seguro aqui. Estávamos nos preparando para o almoço. Ele pode comer conosco.

A mulher grata dá um abraço rápido em mamãe e vai embora.

Depois do almoço, sentamos de novo com nossos livros. Mamãe começa a fazer muitas perguntas sobre ortografia. Nós dois nos saímos bem, até que Bomi tropeça numa palavra. Mamãe sorri benévola e lhe dá uma segunda chance. Ela lhe atira outra palavra. Mas Bomi está assustado agora, e, como lhe acontece frequentemente, o seu cérebro se fecha. Ele olha para minha mãe, um leve fio de saliva escorrendo da boca aberta.

Há um banheiro ligado ao quarto de meus pais, e, com uma voz enganadoramente tranquila, minha mãe pede que Bomi, por favor, entre no banheiro. O seu castigo é ficar num canto do banheiro num pé só.

Bomi tenta, mas depois de alguns minutos começa a passar o peso de uma perna gorducha para a outra. Minha mãe logo percebe.

— Você está com vontade de fazer xixi? — pergunta ela de um jeito bondoso.

Os olhos de Bomi se arregalam.

— Não, titia. — O peso de seu corpo imóvel está sobre uma única perna.

A voz de mamãe torna-se mais aguda.

— Porque, se você tiver de fazer xixi, faça nas calças. É por isso que está no banheiro. Se não, fique parado.

Passam-se vários minutos. Eu me sento na poltrona de veludo preto no quarto de mamãe e finjo ler o meu livro. Quero sair do quarto, mas não quero fazer nenhum movimento que atraia a atenção para mim. Armo uma expressão de simpatia no rosto que espero que Bomi seja capaz de perceber e minha mãe, não.

Por fim, Bomi começa a chorar baixinho. Sinto pena dele, mas outra parte minha está aliviada que seja ele, e não eu, o foco dessa humilhação.

O choro irrita minha mãe, que está sentada sobre a cama.

— Pare com esse choro — diz ela, esticando a mão para pegar a sempre presente vara e colocá-la enfaticamente sobre a cama.

Bomi tenta engolir seus soluços.

— Saia do banheiro — manda ela, mas Bomi está paralisado, os olhos arregalados de medo. — Você está me desobedecendo? *Chal*, saia imediatamente! — repete ela, e dessa vez há uma ameaça na sua voz que eu reconheço.

Como se em câmera lenta, Bomi levanta a perna sobre a soleira do banheiro e caminha ao redor da cama para ficar de frente para ela. Eu prendo a respiração.

Zum! A vara deixa uma linha zangada onde atinge a perna nua. E mais uma varada. Por um momento, Bomi parece espantado demais para chorar. Depois, debulha-se em lágrimas, o peito se movendo para cima e para baixo.

— Sem choro! *Sem choro!* — ordena ela. E o lábio inferior de Bomi se move bambo, enquanto ele tenta engolir as lágrimas. — Estenda sua mão.

Não consigo olhar. Ainda aguento a vara nas pernas, mas esse estender voluntário de uma palma aberta é o pior castigo. Para isso, é preciso reunir toda a sua coragem, pôr o corpo inteiro no gesto, recrutar a ajuda de cada músculo e depois focar no esforço de não retirar a mão no último minuto. Porque está subentendido que, se ela não acertar o golpe, se a vara bater no ar em vez de na carne macia, haverá mais castigo. Além disso, o crime original pode ser esquecido, mas é preciso lidar primeiro com o crime da insubordinação.

Se você não retira a mão, se fecha os olhos e mantém firme a mão estendida, se você se prepara para o fluxo de dor que vai correr pelo seu corpo a qualquer segundo, ainda assim a primeira pancada chega como um insulto, um choque para todo o sistema. Ou, pior, às vezes ela primeiro bate com a vara de leve contra sua palma, como se para firmar a mão, e, assim que você relaxa e baixa a guarda, a vara vem cortando o ar e deixa sua marca mortal.

Por isso fecho os olhos enquanto o pobre Bomi permanece ali encolhido, com a palma aberta pronta para receber o golpe da vara. Depois, no último minuto, como se não pudesse desviar os olhos da desgraça prestes a acontecer, meus olhos se abrem sozinhos e ainda dá tempo de ver a vara fazendo um arco no ar. Estremeço, mas no instante final minha mãe recua, como um pescador que decide não lançar a linha. Por isso a vara apenas roça gentilmente a ponta dos dedos de Bomi.

— Sem castigo hoje — diz minha mãe. Mas Bomi reage como se não a tivesse escutado, o corpo ainda tenso, a mão ainda estendida. — Sem castigo — repete ela. — Em vez disso, vamos conversar.

Ela me lança um olhar rápido, e seu olho esquerdo se fecha numa meia piscadela.

— Conte para mim — diz ela com uma voz agradável —, você jantou ontem?

Bomi a fita sem palavras, tão surpreso quanto eu por essa repentina reviravolta nos acontecimentos.

— Responda.

— S-sim, titia.

— O que você comeu?

Bomi pensa.

— *Sali boti*. — Um prato de carne.

Minha mãe lambe os lábios num movimento rápido.

— O *sali boti* estava saboroso? Você gostou?

— S-sim, titia. — A voz é fina, como se ele estivesse prestes a desmaiar.

— Que tipo de carne a sua mamãe usa?

Bomi olha para ela com um ponto de interrogação confuso no rosto.

— Eu não sei — murmura por fim.

— Você não sabe? Vou lhe contar. É carne de rato. Sua mamãe cozinha ratos mortos para o jantar.

— Não, ela não cozinha ratos. — A voz indignada de Bomi soa alto, como se a lealdade filial tivesse vencido o medo.

Minha mãe sorri forçado.

— Carne de rato — repete ela. — Conte para mim, onde é que sua mãe caça os ratos?

— Nós não comemos carne de rato — resmunga Bomi, com raiva.

Zum. A vara aterrissa nas coxas carnudas.

— Conte para mim — insiste ela. — Onde é que sua mãe pega os ratos?

E, antes que ele possa responder, ela o atinge de novo.

De repente Bomi começa a gemer, um som estridente e arrepiante. Não consigo acreditar que nenhum dos vizinhos não toque a campainha. Olho desesperada para o relógio, mas ainda não sei ver as horas muito bem. Só sei que é cedo demais para a minha tia chegar do trabalho. Ninguém vai aparecer a tempo de salvar esse menino.

De repente ele para de gemer, como se algo dentro dele tivesse desligado abruptamente o choro.

— Ela os pega na tampa da caixa-d'água — choraminga ele. — É ali que os ratos vivem, num ninho.

Minha mãe parece maravilhada com essa bonança inesperada.

— Tampa da caixa-d'água? No banheiro?

Ele responde que sim com um movimento de cabeça.

— E como é que ela chega lá?

— Num banco. Ela coloca o banco no banheiro, sobe em cima do banco e pega os ratos.

— E depois ela serve os ratos para você no jantar?

— Sim, sim. Ela me serve ratos no jantar. Da caixa-d'água, sim. — E o peito arfa de novo.

Minha mãe de repente parece exausta. Ela levanta a ponta do colchão e enfia a vara ali embaixo. Com ternura, puxa Bomi para si e beija o topo de sua cabeça gordurosa.

— Venha aqui, seu menino estúpido. Amanhã volte sabendo soletrar todas as palavras, combinado? E, se alguém perguntar o que você comeu no jantar, diga que você comeu carne de rato, ok?

Durante o restante da tarde ela continua de bom humor, até rindo quando Bomi comete um erro descuidado num problema de matemática. Quando o papai de Bomi vem buscá-lo mais tarde, ela beija de novo o menino. Bomi abre um sorriso.

— Obrigado pela lição, titia. Tchau.

Naquela noite, quando ela está me puxando ao seu lado na nossa visita diária à casa de sua mãe, encontramos por acaso a mãe de Bomi. Como sempre, a mulher parece abatida e apressada.

— Fiz uma *maja-maasti* com seu filho hoje — diz minha mãe com um piscar de olhos. — Uma pegadinha. Ele me contou que você o força a comer carne de rato no jantar todas as noites. Disse que você pega os ratos na tampa da sua caixa-d'água.

A mulher parece chocada e envergonhada.

— Que grande *dhaap-master* ele está se tornando! Sabe lá Deus onde é que esse mentiroso aprende essas histórias tão fantasiosas! Provavelmente naquela sua escola. Estou indo para casa e vou lhe dar uma surra por contar essas mentiras.

Minha mãe parece solícita.

— Não, não, nada de surras. Pobre menino, eu já lhe dei umas varadas por não fazer seu dever de casa. Além disso, todas as crianças contam mentiras nessa idade. Olha só para esta aqui. Mesmo problema.

Olho para meus sapatos enquanto a mulher belisca minha bochecha, fala que eu devo ser uma boa menina para deixar minha mãe orgulhosa e pergunta se eu não sei o quanto minha mamãe me ama.

Minha mamãe me ama, ela me ama. É o que todo mundo me diz.

Sei do amor cego, abrangente, pronto ao sacrifício de minha mãe, porque é o que os vizinhos me contam. É o que dizem todos os amigos de minha mãe. E também o merceeiro do pequeno armazém no fim da rua. E a velha curvada pela osteoporose que mora a algumas ruas de distância e cujo nome nunca aprendi. Sei porque todo mundo me puxa para um canto, porque as mãos de todo mundo, ossudas ou fortes, puxam as mangas da minha blusa, porque os olhos de todo mundo são tristes e acusadores, a boca de todo mundo se abre para dizer as mesmas palavras. Por que você trata sua mãe dessa maneira? Por que você é exatamente como seu pai e o restante deles? Por que você não sai sozinha com sua mãe como você sai com suas tias? Você não sabe a vida triste que ela leva, a pobrezinha?

A vida inteira escutei sobre a vida triste de minha mãe. A vida inteira soube que ela é uma Pobrezinha, alguém digno de dó e pena. É o que todo mundo que conheço sempre me disse. Pior, é o que vi por mim mesma, pois não tenho presenciado aquele abrupto debulhar-se em lágrimas, a boca aberta arfando em busca de ar, os soluços terríveis e sufocantes? E esses soluços não entraram no meu coração como agulhas, não flutuaram como balões pretos, como gás envenenado, invadindo as câmaras mais íntimas de meu coração, onde se depositaram como fuligem, ensombrando meus dias, escurecendo minhas frágeis tentativas de felicidade? Não vi com espanto e pavor minha mãe forte e todo-poderosa, com uma língua que pode machucar tanto quanto a vara com que ela me bate, não vi seu rosto se amarrotar como papel sob a força de sua dor animal? Os sons de seus inesperados e furiosos soluços não me fizeram querer escapulir como um animal pequeno, ficar deitada imóvel e quieta fingindo estar morta? Não, desejar a morte, o esquecimento, apenas para fugir do som de partir o coração produzido por seus soluços.

Minha mãe tem uma vida triste, e, não sei como, eu é que sou a culpada. Minha mãe tem um casamento ruim, e, não sei como, eu é que sou a culpada. É o que ela própria me diz, numa tirada de palavras que escuto repetidas vezes, mas mesmo assim elas não perdem seu forte poder de me destruir. Você é a razão de meu casamento ruim, diz ela, e eu acredito. Você não aguenta nos ver, a mim e a ele, felizes, ela grita, e eu acredito. Não dei à luz uma filha, dei à luz uma víbora, diz ela, e eu me imagino com escamas e presas. Eu deveria ter feito um aborto em vez de ter você, ela pragueja, e acho que ela tem razão. A vida inteira terei um desejo, brilhante e urgente como uma moeda de prata recém-cunhada: de que eu jamais tivesse nascido. Não é um desejo de morte, não é um desejo suicida, mas algo mais indolente — apenas um desejo de jamais ter existido.

Às vezes, tenho a sensação de que minha mãe está errada ao me culpar por seu casamento ruim. Lembro que, ao chegar da escola, Mehroo frequentemente me abre a porta com as palavras: "Papai está de mau humor. Vá alegrá-lo". Ainda com meu uniforme verde, entro no quarto dele, acaricio a cabeça de papai, beijo sua testa larga, faço cócegas nas suas orelhas e busco na mente alguma coisa engraçada para dizer, até que ele finalmente sorri. Esse sorriso pequeno e frágil é como uma gota de mel pingando de seus lábios, e então tenho uma sensação insana e absurda de realização. Quero contar para minha mãe, quero dizer como odeio quando eles têm suas brigas silenciosas, quanto tento ajudá-los a se dar bem, mas sua afirmação é dita num tom tão categórico que não admite discordância. Além disso, acho eu, por ser mais velha, ela talvez saiba coisas sobre mim que desconheço, sobre meus desejos e fraquezas secretos. Por isso, nada digo.

Quando os vizinhos, os amigos da família, os parentes, os professores e estranhos — todas as pessoas para quem minha mãe se queixa — me dão conselhos e sábias advertências, nunca digo uma palavra. Desvio o olhar, arrasto os pés, uso toda a minha energia para engolir o nó que se forma na minha garganta. Emprego cada grama de autodisciplina para não deixar que as lágrimas traidoras escorram como as chuvas das monções. Para mim, é muito importante não chorar diante de outras pessoas. É muito importante ser uma sabe-tudo, uma espertinha, uma palhaça. É essencial que os adultos me elogiem por eu ser sagaz e espirituosa, essencial que eu seja a primeira entre meus pares na hora dos trocadilhos e gracejos. Do contrário, tudo desmorona e se despedaça. O autocontrole, aperfeiçoar a arte de manter um rosto sem expressão, é muito importante quando se é espião no território de outra pessoa. E eu tenho segredos, ah sim, tenho segredos de Estado, sei de coisas que poderiam derrubar países, que poderiam destruir a ordem estabelecida. Participo de jogos imaginários, em que sou uma prisioneira de cabeça raspada, em que estranhos sem face estão me torturando para descobrir o que sei. Ainda assim, não digo palavra. Para testar minha determinação, eu me belisco com força, dobro a mão atrás das costas até machucar, fico num pé só até começar a doer. Por fim, eu me dou por satisfeita, achando-me à altura da tarefa de enfrentar meus interrogadores adultos.

O mais difícil é quando eles dizem coisas falsas e terríveis sobre papai. Então o meu silêncio não parece bravo e nobre. Então a minha garganta fica vermelha e dolorida com o nó que ali se forma, e sinto vergonha de meu silêncio, minha covardia. Então quero gritar e arranhar suas faces respeitosas e hipócritas, porque sei que estão cometendo uma injustiça. Quero lhes contar a verdade, que tenho visto meu pai chorar em silêncio, os ombros tremendo, depois que minha mãe disse algo especialmente cruel. Quero despejar todos os segredos de família, mas o código de honra de espiã não me deixa. Nessas ocasiões, é tão grande minha aversão por mim mesma que sinto seu gosto e seu cheiro.

— Então você vai ser mais boazinha com sua mamãe, faz isso por mim? — pergunta-me uma vizinha bem-intencionada, depois de me passar um sermão de meia hora. — Promete que vai ficar ao lado da mamãe contra o papai?

Em alguns dias, respondo que sim com um movimento de cabeça. Noutros, finjo que não escutei a pergunta. Todos os dias, resmungo para mim mesma palavras sombrias sobre os que assim falam comigo.

Capítulo 3

Depois do jantar, Mehroo e eu damos uma caminhada frequentemente. Por volta das oito horas, saímos de casa e seguimos até a rua principal. Ali, em vez de dobrar à esquerda como de costume, pegamos a direita. Com suas camisas de malha branca sem mangas e seus sarongues de tecido xadrez, os garçons do velho restaurante muçulmano na esquina exalam a fumaça de seus cigarros *bidi* e cumprimentam ao nos ver passar. Este é o restaurante em que às vezes encomendamos *biryani* de cordeiro (apesar dos boatos de que usam carne de boi em vez de carne de bode no arroz).

— *Salaam wa'alaykum, memsahib* — dizem a Mehroo, demonstrando algum respeito. — Alô, bebê. — Sorriem para mim. — Nenhuma encomenda de *biryani* em muitos dias, o que aconteceu?

Acenando com a cabeça ao cumprimentar, passamos sem uma palavra nem contato visual. Nunca sabemos ao certo se os homens estão sendo polidos ou familiares demais. Assim nós os tratamos como tratamos todos os homens da classe trabalhadora: reconhecemos sua presença e agimos como se não existissem, tudo expresso no mesmo gesto. Mostramos nossa indiferença em relação a eles, restringimos os cumprimentos a um curto aceno com a cabeça, para que não compreendam erroneamente nossos sorrisos ou saudação.

Quero contar a Mehroo sobre as coisas cruéis que mamãe me disse hoje, mas estou assustada demais. Mesmo que faça Mehroo me prometer que não vai comentar, tenho medo de que ela deixe escapar alguma palavra na próxima vez que brigar com mamãe. Daí, mamãe se voltará contra mim com aquele olhar louco que passa a ter quando se sente traída ou agredida. Ou, ainda pior, talvez Mehroo não fale nada para mamãe, mas ela se lembrará da minha história amanhã de manhã ao se aprontar para sair rumo à fábrica e, pouco antes de sair, ela se curvará para me abraçar e sussurrará: "Odeio deixar você assim tão sozinha". E sentirei a pontada de seu abandono ainda mais profundamente do que sinto todos os dias. Não, é melhor não contar.

Então eu me esqueço de tudo isso, porque estamos a minutos de distância da fábrica de tecidos e meu coração se acelera na ânsia da expectativa. A fábrica é uma velha edificação de pedra dividida pelos altos e arqueados portões de ferro. Uma saliência de pedra estreita e inclinada se estende embaixo das janelas escuras e gradeadas. Eu me viro para Mehroo com olhos suplicantes, e, sem dizer uma palavra, ela me ajuda a subir sobre a saliência e depois mantém a mão na parte inferior das minhas costas para que eu não escorregue para trás. Agarrando-me nas grades da janela, espio para contemplar uma visão que nunca deixa de me encantar. Homens de braços escuros, muitos sem camisa e a pele brilhando de suor, trabalham num imenso espaço cavernoso. Parecem minúsculos diante das grandes máquinas antigas que produzem enorme quantidade de tecido de cores brilhantes. Às vezes um dos homens levanta os olhos e me vê, aí manda um sorriso rápido na minha direção. Protegida pelas janelas gradeadas, sorrio em resposta. Mas o principal é que absorvo a cena agitada e o aroma da tintura. A visão de pessoas trabalhando em grupo me deixa absurdamente feliz por uma razão que não consigo compreender. Sei apenas que é o mesmo sentimento que me invade quando vejo os trabalhadores na fábrica de madeiras de papai levantarem as enormes toras para fazê-las passar deslizando pelas várias máquinas. Depois, inspiro o aroma limpo e perfumado de madeira e serragem (um aroma que sempre associarei com papai) e sinto a emoção de presenciar o nascimento de um produto, algo que vai ser útil no mundo.

Anos mais tarde, como jornalista nos Estados Unidos, descerei até a sala de impressão do jornal e experimentarei a mesma sensação de alegria — ao sentir o aroma da tinta de impressão, ao observar um grupo de homens trabalhando juntos, ainda assim independentes um do outro, ao ver alguma coisa sendo criada — que costumava sentir durante minhas caminhadas com Mehroo.

Mehroo me dá um puxão.

— *Chalo, ma.* Vamos, menina. É hora de ir para casa. Eles vão ficar preocupados.

— Mais dois minutos — suplico, e invariavelmente ela cede.

A caminho de casa, ela me passa um sermão.

— Você está crescida demais para ficar observando essas pessoas todos os dias. Elas começam a fazer uma ideia errada...

Não sei bem o que ela quer dizer, mas seu tom me diz que é um tópico constrangedor. Melhor não fazer muitas perguntas. Além disso, se não sei o que ela quer dizer, posso tornar a pedir que ela me deixe observar a fábrica. Enquanto seguimos de volta, saboreio cada momento da caminhada na noite fresca e com brisa, retardando o passo quando chegamos mais perto de casa para que a caminhada dure mais. Decido que gosto da aparência do mundo quando o céu escurece. Determino que, quando for mais velha, vou dar uma caminhada toda noite.

Quando chegamos em casa, ainda estou animada e sem vontade de dormir.

— Jogue bola comigo, *Mehroofui*.

— Não. Todo mundo está se arrumando para dormir. Hora de ir para a cama.

— Por favor. Amanhã não tenho escola. Apenas cinco minutos, por favor.

Ela cede. Ela sempre cede.

Ah, o som da pequena bola rosa de borracha dura rolando pelo corredor de pedra lisa, quando nos acocoramos e a fazemos rolar de um lado para o outro. Eu quero arremessar a bola com tanta força quanto os garotos de rua que jogam críquete na via principal durante as greves que abrangem toda a cidade, mas Mehroo não deixa. A pancada da bola pode acordar os outros membros da família, e, de qualquer modo, o corredor é estreito demais para um jogo bruto. Posso quebrar uma lâmpada ou algo assim. Por isso me contento em rolar a bola, e logo me vejo presa em seu ritmo hipnotizante. A bola rola por todo o comprimento daquele longo corredor, produzindo um som suave de rodopio. Dada a natureza singular, monótona, repetitiva do jogo, tenho de usar minha imaginação para impregná-lo com qualquer emoção ou suspense que consiga invocar. Espero até o último momento possível antes de permitir que minha mão toque a borracha suada e de cheiro azedo, tentando produzir um frio na barriga ao dizer para mim mesma que a bola quase me escapou. Ou finjo que sou uma prisioneira e que rolar a bola é um modo de me comunicar às escondidas com a prisioneira na cela ao lado, enquanto todos os guardas estão dormindo.

Por fim minha imaginação me deixa na mão, e vejo o jogo pelo que ele é. Por um segundo, vislumbro um quadro surpreendentemente claro de mim mesma — uma filha única, solitária, entediada, inventando histórias para dar alguma legitimidade a um jogo vergonhosamente monótono. Assim que penso isso, bocejo. Mehroo se atira sobre esse bocejo, tirando pleno proveito de seu significado.

— Vamos levantar, hora de ir para a cama — sussurra ela. — *Chalo*, arruma suas coisas e vamos dormir. — Resmungo como faria qualquer criança que se preze, mas ela consegue ver que reclamo sem vontade.

Quando já estou na cama, Mehroo se aproxima e senta na beirada. Ela beija minha testa, alisa meu rosto, passa levemente a mão por todo o meu corpo. Depois me beija de novo.

— Boa noite. Diga um rápido *Ashem Vahu* e depois trate de dormir. Deus te abençoe e bons sonhos.

Adormeço. Mas não por muito tempo.

Sinto Mehroo agarrando meus ombros e virando-me, acordo por alguns minutos antes de tornar a cair no sono.

Sabe, faço xixi na cama. Molho minha cama todas as noites, de quando em quando várias vezes numa só noite.

Minha família, numa tentativa desesperada de me ajudar, tentou toda cura que lhe foi sugerida. Uns pós ayurvédicos para engolir, e orações para murmurar. Há alguns meses, papai me levou aos Jardins Victoria, onde pagou dez rupias a um dos guardas do zoo por um pouquinho de mijo de camelo.

Papai parecia sombrio quando a urina escura me foi entregue num pequeno copo de papel. Com uma voz suave, ele me pediu que cheirasse o líquido quente. Recusei, indignada. Envergonhado, meu pai me engambelou e suplicou, e finalmente concordei.

Dei uma cheirada e imediatamente senti náusea.

— Ok, ok, chega — disse meu pai rapidamente. — Vamos esperar que funcione. Deshmukh me disse que isso fez milagres para seu sobrinho.

A expectativa era grande quando fui para a cama naquela noite, e foi grande o desapontamento na manhã seguinte, quando o contorno marrom na trouxa dos lençóis confirmou meu fracasso noturno. Eu também fiquei cabisbaixa até papai me chamar para seu lado.

— Ok. Lamento ter feito você passar por isso ontem.

Durmo no quarto de Mehroo há anos. Quando era menor, costumava dormir no quarto de meus pais, mas mamãe tinha sono pesado e ressentia-se de ter de acordar com o cheiro de urina e mudar meus lençóis encharcados no meio da noite. Às vezes, seu sono não se interrompia, e eu ficava deitada nos lençóis molhados a noite toda. Nas noites em que minha mãe acordava, ela agarrava meu braço e me puxava para fora da cama, sua raiva e seu ressentimento silenciosos correndo como eletricidade pelo meu braço. E se eu me recusava a rolar para fora da cama, ela ralhava comigo, com isso perturbando meu pai. Toda a raiva no quarto me deixava muito nervosa, e eu fazia ainda mais xixi.

Por fim, Mehroo interveio, e mudei para seu quarto.

Toda noite, Mehroo estende um lençol de borracha — azul num lado, vermelho no outro — sobre a cama e abaixo da minha cintura e depois cobre a borracha com um lençol de algodão horizontal. Ela também programa o despertador para acordá-la três a quatro vezes por noite. Cruzando o piso de ladrilho em silêncio com seus *chappals Bata* de borracha azul e branca nos pés, ela se curva sobre minha cama e apalpa os lençóis para sentir se há umidade. Se estão molhados, ela levanta meu corpo, pesado de sono, me escora na cama de modo que continuo a dormir de pé, dá um jeito para me despir, me limpar e me enfiar no pijama novo e depois me carrega para a cama dela, enquanto troca os lençóis da minha. Não facilito nem um pouco todos esses movimentos, pois continuo a dormir na maior parte do procedimento. Quando ela me acorda, resmungo e gemo baixinho. Algumas horas mais tarde, o ritual começa de novo.

(Anos mais tarde, quando tenho treze anos, um vizinho bondoso, a quem minha mãe se queixara de meu hábito nauseante, me chama à parte certa noite e me pergunta se eu sei o que é autossugestão. Nunca ouvi o termo. "Antes de ir para a cama hoje à noite, diga a si mesma mais de uma vez: 'Não vou fazer xixi na cama hoje à noite. Vou me levantar quando sentir vontade'. Apenas imagine ser alguém que não molha a cama."

É o que faço. Com mais fervor do que jamais senti, digo a mim mesma: "Vou me levantar antes de sujar a cama". Há um desespero violento dentro de mim, enquanto repito a mensagem antes de cair no sono.

Funciona. Desde aquela noite um problema que é a fonte de muito atrito em casa, que fez minha família sentir-se impotente, envergonhada e zangada, que meus pais tentavam explicar pondo a culpa na família um do outro... simplesmente desaparece. Some. É o triunfo da mente sobre a bexiga.)

Mas esse dia ainda está a muitos anos de distância. Às vezes Mehroo tem sorte, porque ao acordar os lençóis estão secos. Então a minha tia, que pesa menos de quarenta e cinco quilos, levanta meu corpo pesado de sono e me carrega pelo longo corredor que conduz até o banheiro. Eu protesto contra ser acordada, mas ela me cala.

— Quieta, quieta. Os outros estão dormindo. Vai usar o banheiro como uma boa menina e depois pode voltar a dormir. Mas espere um minuto quando achar que terminou, *samji ne*? Esvazie toda a bexiga.

Ah, minha Mehroo. Que generosidade de espírito, que impulso irracional fez você me amar tão incondicionalmente? Mas, espere, seu amor não era incondicional. Ainda me lembro do choque no dia em que você candidamente me falou que se eu não fosse a filha de seu amado irmão, que se eu tivesse sido apenas uma menina morando na mesma rua, você não saberia dizer se ainda teria me amado. Por um momento, fiquei muda de desapontamento. Todos nos gabamos de ter conquistado nosso amor, pagado seu preço com nossa personalidade deslumbrante, nosso charme irresistível e nosso nobre caráter. De o amor ser mais do que um acaso de biologia e geografia. E assim fiquei desapontada ao saber que a dádiva de seu amor tinha sido concedida pelo acaso, e não pela lógica irrefutável de minha personalidade magnética. Depois pensei: bem, o fato é que *sou* sua sobrinha. Nada pode mudar isso. Por que me preocupar com E se? E Se ao menos?

E, como éramos ligadas pelos laços de sangue e destino, você me amou tão intensa e destemidamente como um adolescente apaixonado ama pela primeira vez. Só posso imaginar as necessidades que cuidar de uma criança pequena satisfez em você. Talvez tenha compensado a morte prematura de sua mãe. Talvez tenha ajudado a desviar sua mente da peça que a vida lhe pregou alguns anos mais tarde.

O que sei é o seguinte: você resistiu à queixa constante de minha mãe de que havia me roubado de suas mãos e realizado uma lavagem em meu cérebro para que eu amasse você mais do que a ela. Você suportou as súplicas diárias de meu pai para se concentrar mais em seu trabalho do que em mim, para que me deixasse aos cuidados de minha mãe. (Não, não, não, *Mehroofui*, eu rezava comigo mesma. Não faça isso. Não faça isso.) Você foi um soldado inabalável. Uma linha reta, a estrela do norte, seu amor robusto tão constante quanto a lenta rotação da Terra ao redor do Sol, sua dedicação tão segura quanto o fluxo e o refluxo das marés.

Minha memória mais antiga da infância: é tarde da noite, e estou quente e inquieta por não conseguir pegar no sono. Meu corpo de quatro anos está cansado, mas incapaz de relaxar, meu corpo crispando-se e tremendo como um peixe moribundo nos braços de Mehroo. Ela me carrega encostada no seu ombro e caminha por toda a extensão da longa sacada. Uma brisa fresca entra pela sacada aberta e pousa como beijos em nossas faces. A mão de Mehroo está sobre minhas costas, esfregando-a e dando palmadinhas num movimento rítmico. Pam, pam, pam faz a sua mão, leve porém firme contra minhas costas ocas. O ritmo é estranhamente elementar e consolador, como o ronronar de um gato. Ele me acalma, deixa-me lânguida e sonolenta. Uma grande sensação de paz, diferente da inquietude febril de poucos minutos antes, desce sobre mim. Sei que essa mulher pequena de cabelos castanhos ondulados que está andando pela sacada comigo nos braços... sei que essa mulher me ama. Que ela está sacrificando seu sono, deixando os braços ficar cansados sob meu peso, parando só de vez em quando para contemplar a meia-lua, porque ela me ama. Sua mão sobre mim, dando palmadinhas nas minhas costas, começa a soar como uma toada. Ou talvez seja meu corpo que está cantarolando, vibrando de alegria e paz. Adormeço, sabendo que sou amada.

Capítulo 4

Embora as outras meninas caçoem de mim, e apesar do fato de Olga D'Mello ser a maldição da minha vida, a escola representa a minha fuga de casa. Embora todos os meus boletins digam que sou nervosa, que vivo sonhando demais e tenho dificuldade em ficar quieta, gosto do senso de ordem e da falta de caos na escola. Aqui os adultos não brigam entre si todas as manhãs, e a Madre Superiora não sai intempestivamente da assembleia matinal, como meu pai deixa a casa assim ao menos uma vez por semana.

Mas amanhã mamãe vai à escola, e sinto que meus dois mundos estão prestes a colidir. No meu trajeto da escola para casa, planejo quando vou dar à mamãe a nota com o aviso de que a srta. Bharucha quer vê-la amanhã, exatamente quanto vou lhe contar sobre o que aconteceu hoje, e se vou explicar como e por que as coisas se deterioraram tão depressa. Ou essa tentativa de me defender vai deixar mamãe ainda mais zangada? Como posso lhe explicar o terror absoluto que sinto perto da srta. Damania, e como foi que esse terror me levou a fazer o que fiz?

Estou no terceiro ano, e a professora de ginástica, a srta. Damania, é uma mulher alta, esquelética, parecida com uma avestruz, com um nariz bicudo e dedos longos e finos como pinças. Tenho um medo mortal dela. Sou uma atleta terrivelmente fraca, uma criança desajeitada, adoentada e imperdoavelmente distraída. A maneira de castigar da srta. Damania é particularmente cruel e psicologicamente aterradora, de uma impiedade que não existe no castigo das outras professoras. A srta. Davidson, a professora de piano anglo-indiana, por exemplo, nos coloca sobre seu joelho, levanta nossos uniformes verdes deixando à mostra a roupa de baixo, e depois bate em nossos traseiros com uma régua. As freiras usam a régua para dar pancadas sobre o nó dos dedos e nos braços e de vez em quando nos esbofeteiam. Mas o castigo da srta. Damania é diferente, e eu sou seu alvo preferido. Ela vem para cima de mim com as garras estendidas, como uma bruxa de uma peça teatral de má qualidade. O tempo que sua mão leva para formar uma garra e prender com força a parte carnuda de minha garganta dura uma eternidade. Ela então sacode a minha carne, fazendo minha cabeça se mover um pouco de um lado para o outro. Causa a dor mais peculiar ser agarrada pela garganta, mas o pior é a sensação que provoca. Lembra um afogamento, acho eu, mas não sei ao certo por quê. Talvez seja essa sensação de estar sendo lançada por uma força mais enérgica e mais poderosa que você. Mesmo semanas depois da última sacudidela, acho difícil engolir e posso sentir a marca das unhas da srta. Damania na minha garganta. Consigo rir das outras surras, até me gabar delas, mas esta me parece suja e humilhante. Posso sair do colo da srta. Davidson com um ar arrogante, posso receber uma pancada no braço sem me esquivar e sem cair no choro, mas ser sacudida como um rato faz as lágrimas encher aos meus olhos, por mais que eu tente evitá-las. A sacudidela cumpre exatamente o que pretende alcançar — faz com que eu me sinta pequena, impotente como um bichinho. Quero me esconder do olhar flamejante da srta. Damania; quero me enterrar fundo na segurança das fileiras de garotas de uniforme verde ("Papagaios verdes", como garotos da escola vizinha gostam de nos chamar para implicar conosco) que estão ao meu redor. E odeio a srta. Damania com uma intensidade, uma raiva que só os impotentes e os mudos conseguem experimentar. Porque, ao atacar minha garganta, ela está literalmente me deixando sem voz, está paralisando as explicações, as desculpas na minha boca antes de eu poder expressá-las. "Mas... mas...", começo, pronta a lhe dar o que me parece uma explicação perfeitamente razoável por qualquer crime de que sou culpada, mas nunca consigo passar dessa única palavra antes de ser presa pelas garras. E sei, com tanta certeza quanto um mais um é igual a dois, que ela sente prazer com isso. A srta. Davidson espanca com certo deleite, mas há sempre uma piscadela por trás de suas ações, uma sensação de que ela está desempenhando um papel — da professora tirana sempre a berrar, mas que ainda assim tem um coração de ouro. A Madre Superiora bate e esbofeteia de um modo cansado, suspirando como de costume, sacudindo a cabeça diante de nosso comportamento incompreensível. Ela espanca com um senso de obrigação, como se estivesse sobrecarregada com o dever e a responsabilidade de transformar um bando de crianças indianas arruaceiras, selvagens e indomadas em meninas obedientes, inteligentes e gentis. A srta. Damania, no entanto, adora nos aterrorizar. Ela saliva ao ver uma menina se encolher, lambe os beiços com a expectativa de lágrimas rolando pelo rosto, gosta de pairar dominante sobre nós, magra e distante como um arranha-céu, enquanto choramingamos, suplicamos e tentamos nos desvencilhar de suas garras. Não basta nos punir por nossos pecados; temos de ser primeiro maltratadas. Por isso, sou tomada de pânico quando percebo na segunda aula que esqueci de trazer os meus tênis. Estou com os sapatos de verniz preto da escola, mas onde estão os tênis Keds brancos que tenho de usar nas aulas de ginástica? Procuro na minha mochila azul duas vezes, três vezes, como se procurar fosse uma magia capaz de fazer aparecer os tênis. Há duas semanas a srta. Damania tinha me alertado para não me esquecer mais deles. Ela havia me alertado diante de toda a classe, e agora eu a desobedecera. É assim que ela vai compreender o esquecimento. Sei que nem vale a pena tentar lhe explicar a situação e pedir sua compreensão. Minha garganta se contrai só de pensar na tortura que está por vir.

Então, ocorre-me um pensamento tão perfeito que parece uma dádiva. Na semana passada, eu tinha aprendido a arte de escrever a letra *r* assim como minha mãe a desenha, fazendo-a rolar em vez de mantê-la ereta e isolada. Foi como um rito de passagem, a entrada na fortaleza guardada dos adultos. Praticar esse *r* várias vezes até conseguir realizá-lo fez com que me sentisse adulta e perfeita. Agora, ocorre-me de repente que posso disfarçar a letra e deixá-la exatamente igual à de minha mãe. A minha gramática é boa, e sei imitar perfeitamente as frases de minha mãe. Por exemplo, minha mãe começa suas sentenças com "Tenha a gentileza de" em vez de "Por favor". "Tenha a gentileza de desculpar Thrity por..." Posso escrever uma nota para ser gentilmente desculpada por não ter levado os tênis, e posso assiná-la como se fosse minha mãe. A ideia parece ser de um gênio inspirado, uma inspiração divina. Uma excitação substitui o terror.

Durante o intervalo do almoço, sento sozinha e escrevo laboriosamente a nota. Tenho de me certificar de que nenhuma das professoras perceba essa minha atividade. Coloco a folha rasgada de papel entre as páginas de um livro, para que ninguém desconfie do que estou fazendo. Quando chego ao fim, fico satisfeita com minha primeira obra de ficção. A aula de ginástica é a penúltima do dia, e o restante da tarde passa voando.

A srta. Damania levanta os olhos depois de ler a nota.

— Quem escreveu esta nota? — pergunta imediatamente.

Fico sem palavras diante da pergunta.

Os olhos escuros se estreitam.

— Quem? — repete ela. — Responda rápido.

— Foi minha mãe que escreveu. Juro, senhorita, foi ela que escreveu.

— Menina endiabrada! — solta ela. — Mentindo diante desta imagem de Jesus.

Fico presa na minha própria mentira. Desgraçadamente, compreendo que não tenho por onde escapar, a não ser ir cada vez mais fundo.

— Juro por Deus, senhorita — digo, beliscando-me na garganta assim como fazemos ao jurar.

Beliscar-me foi um erro. Os olhos da srta. Damania se estreitam ao focalizar minha garganta. Os meus já estão cheios de lágrimas, quando vejo as mãos em forma de garra se mover na direção da minha garganta. Sinto as unhas se enterrar na minha carne. Minha cabeça se move de um lado para o outro, enquanto ela me sacode como a um rato.

— Não, não, não, senhorita — choramingo. — Por favor, senhorita, por favor.

— Quem escreveu a nota?

O terror me traga.

— Fui eu, senhorita, desculpe. Fui eu. Por favor, me perdoe, senhorita.

— Menina indecente! — cospe a srta. Damania. — Mentirosa incorrigível. Praga do Egito. — A cada palavra, ela sacode minha garganta como uma forma de ênfase.

Quando as outras meninas contam à bondosa professora da classe, a srta. Bharucha, o que aconteceu na aula de ginástica, o seu rosto empalidece.

— Esta é uma nota para sua mamãe. Diga-lhe para vir falar comigo amanhã.

Mamãe vai à escola no dia seguinte, ansiosa por pedir desculpas pelas minhas mentiras e trapaças e pronta a se compadecer das minhas professoras. Mas, para minha surpresa, a srta. Bharucha nem menciona o incidente. Em vez disso, ela é compassiva e solícita e diz que tem uma ideia: eu deveria deixar meus tênis no armário da sala de aula depois dos exercícios de ginástica. Dessa maneira, não preciso ter a preocupação de lembrar que devo trazê-los para a escola. Começo a respirar com maior facilidade. Mas, quando minha mãe está se levantando para sair, a srta. Bharucha pronuncia a palavra temida.

— Sua filha é muito sensível — diz num tom sério. — Ela vai ter de aprender a ser um pouco mais dura.

Quero enterrar minha cabeça de vergonha. Por muitos anos acredito que ser sensível é algo ruim, outra marca preta como as demais que me seguem ao longo de todos os meus anos escolares. Conversa e não para quieta na aula. Não está à altura de seu potencial. Comete erros descuidados. Vive sonhando. Às quais mamãe acrescenta suas queixas. Lê romances demais. É desatenta e distraída. Come pouco. Não quer beber seu leite.

Dou de ombros para a maioria desses defeitos. Mas ser chamada de sensível me condena, marca-me como um alvo fácil para as meninas audaciosas e atrevidas como Olga D'Mello. Mas seria demais esperar que um adulto compreendesse essas coisas.

Eles estão por toda parte e me assombram. Estão nas ruas, aparecem silenciosamente como sombras quando paramos num semáforo, contemplam-nos famintos quando comemos *pani puri* em Chowpatty Beach. Pior, eles se infiltram nos meus sonhos à noite.

Ainda assim, os sonhos não são desagradáveis. Na maioria das vezes, é o mesmo sonho sempre repetido com alguma variação no tema. Está trovejando e chovendo forte lá fora, e estou arrebanhando todo mundo, embarcando os indigentes, os sem-teto e os pobres nos ônibus escolares para transportá-los até o porão de minha escola. O que chamo de porão é na realidade um espaço enorme ao ar livre que fica no andar térreo e tem vista para o pátio. Durante o recreio de manhã, compramos *battatawadas* e Coca-Cola na pequena cantina localizada num canto desse espaço. Em outros lugares, há longos bancos de madeira onde almoçamos todos os dias.

Mas no sonho o espaço está vazio. Ou melhor, sem a mobília, apenas cheio a ponto de estourar com a humanidade indesejada de Bombaim. Homens barbados de pelos emaranhados, crianças magricelas com rostos listrados de sujeira, mulheres dolorosamente magras de olhos grandes, todos estão amontoados, uns acocorados, outros de pé, ainda outros deitados sobre cobertores marrons, finos mas quentes. A chuva oblíqua está entrando no espaço, molhando aqueles que estão na beirada do porão, o que os leva a tentar passar aos poucos para o meio quente. Seus vizinhos tentam bondosamente ajudá-los, por isso não há empurrões ou pragas, nem mesmo quando os caminhões de alimentos chegam com leite e sanduíches. Em vez do acotovelamento, há um constante zumbido de comoção, e os espaços apertados fornecem aconchego em lugar de sufoco. Lá fora, há chuva e trovões; aqui dentro, há uma sensação confortável de calor, como sentar diante de uma lareira numa noite fria de inverno, exceto que o calor é gerado pelo nosso corpo, e não por um fogo externo.

A outra variação no sonho é que não estamos no porão da minha escola, mas num navio. Dessa vez, a sólida realidade concreta do porão dá lugar aos sacolejos e viravoltas do navio sobre as ondas turbulentas. Mas no sonho ninguém fica enjoado, ninguém precisa se apoiar na balaustrada do navio e perder sua refeição. Ao contrário, todos estão comendo bem, ignorando a elevação das ondas e as chicotadas do vento, encontrando conforto na segurança do grande número de gente. Todos nós estamos juntos nesse apuro. Cada centímetro de espaço no navio está tomado, os corpos estão apertados e comprimidos, mas ninguém parece se importar se batemos uns contra os outros. Mais uma vez, a humanidade se avolumando e empurrando, mais uma vez, a umidade e o frio lá fora; e o poderoso calor das relações humanas aqui dentro.

Invariavelmente, acordo desses sonhos com uma surpreendente sensação de alegria, porque acredito ter descoberto a solução para o problema mais intratável da Índia: a pobreza. Cada um de meus livros cívicos começa com a frase: "A Índia é um país rico com um povo pobre". Bem, isso já não é necessariamente verdade. Basta reunir o povo da rua todas as noites e alimentá-los com leite, sanduíches de frango e Coca-Cola. Não compreendo por que os adultos sempre sacodem a cabeça com tristeza e declaram que os pobres estarão sempre entre nós.

Certa vez tento falar sobre meu sonho com a srta. Carlson. Tento lhe descrever como adormeço no calor de seu brilho e como me sinto feliz quando acordo. Acho que minha expectativa é que ela me ajude a escrever uma carta à primeira-ministra ou alguma coisa do gênero, mas a srta. Carlson apenas me escuta por alguns minutos, depois me beija na testa e diz que sou uma boa menina, e não é uma pena que eu não tenha nascido católica? Depois, como sempre, eu lhe dou dez *paise* do meu dinheiro para o lanche, e ela me vende uma reprodução de um dos santos. Mas nesse dia recuso o cartão que ela me entrega.

— Não, srta. Carlson, está tudo bem. Pode ficar com a imagem hoje. Pode vender para outra menina.

Os olhos azuis da srta. Carlson ficam embaçados. Seu rosto cor-de-rosa, que é tão enrugado quanto uma folha amassada de papel, fica vermelho.

— Que boa filha de Deus você é, minha querida. Não é como essas outras meninas pagãs, essas pragas do Egito. Talvez um dia você entre para o convento.

Embora a srta. Carlson não seja uma freira ordenada, ela mora com as freiras no convento por razões que não são claras para mim. Compreendo que ela me fez o mais elevado dos elogios, e suas palavras fazem com que eu me sinta culpada. Não recusei o oferecimento da srta. Carlson por razões de piedade ou caridade, mas porque mamãe me fez prometer não levar para casa mais cartões de santos. Como dou dez *paise* para a srta. Carlson todos os dias em troca de um cartão, a coleção de cartões está se tornando incontrolável. E mamãe é supersticiosa demais para jogar fora qualquer um dos cartões religiosos que lhe entrego.

— Sanguessugas, é isso que essas freiras são. Sim, mesmo a sua amada srta. Carlson, mesmo ela não sendo realmente uma freira — resmunga mamãe... — Tirar de uma criança o dinheiro para o lanche, como se elas já não cobrassem o suficiente nas mensalidades. Mas, ok, *baba*, mesmo se você lhe der o dinheiro, ao menos não aceite outro cartão. Diga para ela vender a outra *bakra* desavisada. Mais lucro para elas, dessa maneira.

Se nem a srta. Carlson compreende o meu sonho, sei que não adianta tentar contar para outro adulto. Com seu cabelo todo branco, que ela arruma num corte estilo pajem, seu corpo pequeno, diminuto, de elfo, e seu coração bondoso e terno, a srta. Carlson é um cruzamento entre uma criança inocente e um santo. Se ela não compreende, ninguém mais vai entender.

Além disso, ainda estremeço quando me lembro do episódio de alguns meses antes.

Roshan tinha saído da escola numa sexta-feira com seis de suas amigas, e elas passaram pela Dipeta, a padaria que minha família tinha aberto havia alguns anos. Mehroo alimentara as meninas com empadas de frango e bolo de chocolate e lhes dera Coca-Cola para beber. Foram embora, naquela tarde, de barriga cheia e bem animadas. Eu me comportei muito bem enquanto as meninas mais velhas estavam por ali. Mas, assim que saíram, comecei a choramingar.

— Agora é minha vez — disse, puxando os dedos de Mehroo. — Quando posso trazer minhas amigas para a loja?

Mehroo estava distraída, atendendo um cliente.

— Na próxima semana — disse ela enquanto embrulhava uns pãezinhos. — Se quiser, podemos fazer uma pequena festa para algumas de suas amigas na Dipeta na próxima sexta-feira. Mas não convide mais do que três ou quatro garotas, ok?

Eu preferia convidar minhas amigas da escola para uma reunião na Dipeta a convidá-las para uma de nossas festas na minha casa. Nos meus aniversários, eu ganhava festas intoleráveis, para as quais eram convidadas todas as meninas tolas, bem-comportadas e dóceis da vizinhança. Eu tinha de cortar meu bolo especial com uma faca decorada com um laço de cetim cor-de-rosa. Depois havia um momento de martírio, quando os adultos pediam que a meninas de voz bonita cantassem uma canção. As meninas davam risadinhas, chiavam, contorciam-se e coravam. Eram tímidas e tinham de ser persuadidas a cantar. Eu não me juntava ao coro de vozes que lhes pediam a canção. Sabia que elas tinham invariavelmente vozes agudas e etéreas e que invariavelmente cantariam uma canção idiota como "Strangers in the Night". Elas eram meninas boazinhas, e eu não queria ter nada a ver com elas. Não eram a minha turma.

Passei a maior parte da semana seguinte tentando decidir quem convidar, mas o pensamento de ter de deixar de fora uma de minhas amigas era deprimente demais. Além disso, outra coisa estava me incomodando. Chegou a sexta-feira sem que eu tivesse convidado uma única colega. Em vez disso, fui falar com os garotos de rua que sempre se reuniam ao redor da loja.

— Estão vendo esta loja de comes e bebes? Pertence ao meu pai — disse às crianças de rosto sujo e da minha idade. — Vão chamar seus amigos, para todos se reunirem aqui em cinco, dez minutos. Vai haver muita coisa para comer e beber. — Eles me olharam, embasbacados, por alguns segundos e depois correram fazendo a maior algazarra.

Dentro de minutos, estavam de volta. Mehroo e papai, que tinha passado pela loja a caminho da fábrica, ergueram os olhos para ver um grupo de doze crianças no lado de fora da loja, algumas dando risadinhas excitadas, outras empurrando e dando encontrões umas nas outras, ainda outras pulando num pé só.

— Que diabo é isso? — quis saber papai enquanto procurava enxotar o grupo. Os garotos estavam prestes a se espalhar como pombas, se papai desse outro passo na sua direção.

Parei na frente de papai para bloquear seu caminho.

— Estes são meus amigos — disse rapidamente. — Mehroo falou que eu podia convidar meus amigos para uma pequena festa hoje. Roshan teve a sua festa na semana passada. Em vez de convidar minhas amigas da escola, resolvi convidar meus amigos da Dipeta. Agora vocês têm que lhes dar alguma coisa para comer.

Mehroo começou a dizer algo para proclamar sua inocência, mas eu estava olhando para o meu pai. Observei várias expressões passar rapidamente pela sua face — irritação, surpresa, confusão e, por fim, uma resignação perplexa.

— Ok, Thrituma. Você ganhou. Mas apenas desta vez, ok? Não podemos fazer isso com frequência.

Corri para onde as crianças estavam esperando pacientemente.

— Entrem, entrem — disse, mas as crianças hesitavam, esperando que meu pai lhes dissesse o que fazer. Papai me puxou de lado.

— Não podemos recebê-los dentro da loja, entende? — sussurrou. — Suas mãos e seus pés estão sujos demais... vão afugentar nossos clientes regulares. Diga que venham para a frente da loja e esperem ali. E não tenho como lhes dar garrafas de Coca-Cola. Em vez disso, vão ganhar geladinhos.

— Ok, papai — concordei, sem querer abusar da minha sorte.

O grupo se reuniu no pequeno vestíbulo que conduzia à entrada da loja. Mehroo tirou alguns *daar-ni-poris*, os enormes pastéis doces, e cortou-os em pedaços do mesmo tamanho, depois colocou um pedaço em cada prato. Enquanto isso, papai enfiava a mão no fundo do freezer para tirar os geladinhos.

— De que sabor? De que sabor? — perguntei ao grupo, mas a maioria era tímida demais e incapaz de falar. Um dos garotos mais ousados na parte de trás do grupo gritou "Laranja", mas o restante apenas me fitava com seus grandes olhos.

Mehroo começou a distribuir os pratos, e as crianças os pegavam ávidas das mãos dela. Mas, assim que se viram com os pratos nas mãos, não sabiam muito bem o que fazer. Ficaram em silêncio, esperando alguma ordem ou um sinal. Eu peguei um dos pratos e dei uma mordida numa empada de frango.

— Comam — disse, e eles começaram a comer, os olhos jamais se afastando do meu rosto enquanto mastigavam as guloseimas, observando-se uns aos outros.

Vários meses depois do incidente, os adultos ainda falam a respeito, repetindo a história cada vez que desejam impressionar um conhecido da família. Colocam as duas mãos nos meus ombros e se gabam da minha bondade e sensibilidade. Mas cada nova narrativa do caso me dá arrepio, porque eles estão tomando um gesto distraído, espontâneo, e transformando-o em algo diferente. Parte da razão para eu ter me aproximado das crianças de rua foi meu fascínio pelos seus jogos e suas brincadeiras pesadas, bem como meu desejo de ser incluída em seu divertimento. Foi uma necessidade minha que me levou a querer estar com os garotos, mas, na repetição da história, a necessidade passou a ser deles. Além disso, Roshan me olha feroz cada vez que a história é contada, porque ela capta a crítica velada — enquanto

Roshan convidou suas amigas da escola, Thrity procurou os pobres, os marginalizados. Os adultos não veem que estão sem querer nos lançando, a mim e a Roshan, uma contra a outra? Eu me admiro, mais uma vez, da insensibilidade dos adultos.

E não quero mais saber de seus elogios. Por isso não compartilho com ninguém a minha solução para o problema da pobreza. Tenho a impressão de estar sentada sobre um importante segredo de Estado, e sobre isso não há nada a fazer. Talvez um dia eu tenha a oportunidade de falar de meus planos com a própria primeira-ministra. E então a Índia deixará de ser pobre.

Capítulo 5

Há anos, a Dama do Ovomaltine tem sido minha mãe real. Ninguém sabe que é assim.

A mulher do Ovomaltine tem cabelos pretos longos e lisos, e rosto redondo com algumas covinhas. Ela tem dois filhos, um menino e uma menina, que não se parecem em nada comigo. Essas crianças são brilhantes, felizes e inteligentes como cachorrinhos. Elas entram aos saltos todas as tardes depois da escola, largam suas sacolas escolares e vão para a cozinha, onde sua mãe tem duas xícaras fumegantes de Ovomaltine à sua espera. Imagino que está escuro e chovendo lá fora, que começa a trovejar exatamente quando as crianças se sentam na cozinha quente e segura, compartilhando os tesouros de seu dia com sua bela mãe de fala macia.

O que mais amo na mulher do Ovomaltine são as suas mãos. Quando ela aperta bem a tampa de metal na grande lata marrom de Ovomaltine, a câmera se aproxima e mostra um close de seus longos dedos finos e bem cuidados. É difícil descrever a melancolia e o desejo que sinto quando, sentada num cinema escurecido, observo essas mãos graciosas. Para mim, essas mãos significam maternidade. Imagino que essas mãos são capazes de alisar todas as minhas arestas pontudas, ásperas, lascadas; mãos que conseguem tomar a crueza de minha vida e transformá-la em algo redondo e íntegro. Mãos que podem me salvar, que podem me puxar da beirada de onde estou prestes a cair — do mundo de escuridão, desespero e desenraizamento em que estou prestes a entrar. Imagino que essas mãos têm poderes de cura, que podem consolar, alimentar, restaurar, reconstruir. Não sei ao certo o que está quebrado em mim, o que precisa de reconstrução, mas anseio de qualquer modo por libertação.

Mas a mulher do Ovomaltine permanece na tela prateada. Ela tem duas crianças de celuloide e não vem me resgatar. Como as duas, eu também tomo leite — às vezes com Ovomaltine, às vezes com Horlicks, às vezes com xarope de framboesa, mas, ao contrário delas, não estalo os lábios depois de ter engolido a última gota. Ao contrário delas, sou alérgica a leite, mas ninguém parece se dar conta disso. Minha mãe toma minha aversão a leite como uma afronta pessoal a seu talento materno. Ela me força a tomar leite com uma espécie de fervor religioso. Rejeito essa conversão a ferro e fogo. Em toda oportunidade, despejo meu copo de leite na pia da cozinha. Certa vez, Mehroo me pega em flagrante. Com lágrimas nos olhos, ela diz:

— Há crianças famintas na nossa rua. E você desperdiçando o leite precioso. Que vergonha!

Escutei essa frase muitas vezes, mas sua lógica ainda me escapa. Mais razão para não tomar o leite, penso eu, assim esses pobres bebês famintos podem beber a minha cota. Medito sobre esse paradoxo por vários meses, convencida de que apenas os meus poucos anos me impedem de resolver a charada no seu âmago.

Minha mãe também insiste que eu engula um ovo cru toda manhã, seguindo fielmente as instruções do médico de família alcoólatra que havia me tratado de um grave problema pulmonar quando eu tinha seis anos. Nenhum adulto quer me contar qual é o problema com meus pulmões. (Anos mais tarde, quando pergunto a um deles se tive tuberculose, há muito embaraço, batidas na madeira para espantar o azar, mas nenhuma resposta direta. "Não foi bem tuberculose" é a frase mais próxima de uma resposta direta que cheguei a escutar.)

Olho para a gema amarela nadando no seu mar transparente e imagino um olho seguindo cada um de meus movimentos. O olho está me vendo observá-lo. O olho está me vendo fazer uma careta. Agora o olho está me vendo inclinar a xícara de aço inoxidável, quando a levo até minha boca. Golada. O olho está agora flutuando em algum lugar dentro de mim. Às vezes, quando engulo, sinto o ovo como uma dor vaga nas minhas costas à medida que desce pelo meu corpo. Quando me queixo à minha mãe, ela diz:

— Está vendo? É sem dúvida um sinal de fraqueza. Você precisa comer mais.

Sei que comida é a versão estenográfica de minha mãe para amor. Sei que é uma das poucas maneiras que ela conhece para expressar seus sentimentos por mim. Pelas histórias de minha avó sobre os tempos duros que se seguiram à morte repentina e prematura de seu marido, fiquei sabendo que minha mãe e seus irmãos cresceram na pobreza. Escutei que, uma vez interrompidos os constantes cheques de pagamento, a família passou a viver da magra pensão de meu avô e do que conseguia obter de instituições de caridade parse. Sei do valor que a família de minha mãe atribui à comida e a alimentar os outros. Certa vez, peguei uma irmã de minha mãe lambendo um pacote de manteiga Polson, e fiquei horrorizada e envergonhada. Na minha casa, Mehroo não nos deixa lamber nem os dedos depois de uma boa refeição. Sei também que, se comparados com minha família, com seus hábitos espartanos de alimentação, todos na família de minha mãe são adeptos entusiastas de carne e peixe.

Mas, por mais que tente, essa ênfase na comida me repele. Há algo estranhamente animal e selvagem nesse desejo de minha mãe de querer me alimentar. Acho que, se ela pudesse mastigar a comida para mim, ela o faria alegremente. Ela me lembra uma leoa, especialmente no modo como rouba pedaços de carne de cordeiro e galinha das refeições da família que Mehroo cozinha antes de sair para a fábrica, e depois os enfia à força na minha boca. Às vezes ela tem que abrir meus maxilares, porque eu odeio o gosto de nacos de carne. Mastigo e mastigo até a carne ficar seca e nojenta na minha boca, e às vezes sinto náusea e cuspo fora. Então sua cólera recai sobre mim, os olhos sombrios de fúria e impotência. Acho que nesses momentos ela deve saber como somos diferentes uma da outra, e ela me odeia por eu me distanciar cada vez mais dela. Não me importo. Eu também a odeio nesses momentos, odeio e temo a fúria insana que a faz empurrar comida na minha boca, odeio a humilhação e a impotência de ter que mastigar e engolir comida que desprezo.

Há também outra coisa: é uma tormenta saber que é comida roubada, sinto vergonha dos movimentos furtivos de minha mãe quando ela entra correndo na cozinha, pesca os pedaços de carne de cordeiro no *daal* ou no molho branco que Mehroo cozinhou e os enfia com pressa na minha boca. O negócio de meu pai não está indo bem, sei disso, e carne é um luxo. Além do mais, o que está no prato deve servir a família inteira, e sei o que vai inevitavelmente acontecer: Mehroo chegará em casa pronta para esquentar o jantar e logo dará por falta dos pedaços. Ela acusará minha mãe, que vai jurar pela cabeça de sua mãe que nada sabe a esse respeito. Ela pode também cair no choro e acusar Mehroo de forçá-la deliberadamente a usar o nome da mãe em vão. E eu vou me engasgar com meu segredo, tanto quanto me engasguei mais cedo com o pedaço de carne. Minha educação de escola católica — com as freiras nos dizendo todos os dias que mentir é um pecado — vai colidir com as instruções rigorosas de minha mãe para nunca contar a ninguém sobre o sumiço dos pedaços de carne. Como de costume, vou cair na defasagem entre o que aprendo diariamente durante a Ciência Moral e o que devo fazer em casa para manter a paz. Nunca me ocorre desafiar minha mãe e falar a verdade, e meu papel nesse drama faz com que eu me sinta cúmplice, indecente e vergonhosa.

Na verdade, a comida complica todo e qualquer aspecto da minha vida. Às vezes, se minha mãe ainda está dormindo quando me visto para a escola, consigo sair pela porta da frente sem tomar o meu leite, antes que algum adulto possa me pegar. Mas minha estrada para a liberdade é curta e termina dois andares abaixo, no saguão do prédio. Rezo desesperadamente para que apareça o velho e arrebentado ônibus escolar, quando escuto os passos de minha mãe descendo a escada. O estômago dá voltas dentro de mim. Lá vem ela, de camisola comprida, carregando o copo de leite, um pedaço de papelão ou jornal protegendo-o da poeira e das moscas.

Abro a boca para protestar, quando a porta do apartamento térreo se abre e sai a velha dama de cabelos brancos que mora ali.

— Beba seu leite, *deekra* — diz ela de um modo bondoso. — Muitas crianças não têm tanta sorte de ter uma mãe que as ama tanto.

Bebo o leite, rezando para que o ônibus não chegue antes de eu terminar. Imediatamente tenho a sensação familiar de barriga estufada. Prometo a mim mesma que, quando for mais velha e independente, nunca mais tomarei leite.

São onze horas da noite, mas o sono não quer vir. A febre flui como lava pelo meu corpo fraco, irradiando calafrios. Estou meio delirante com a febre, mas ainda sinto a ansiedade que corre como sombra alta neste quarto. De vez em quando, Mehroo enfia a cabeça pelo vão da porta do quarto de minha mãe, e posso sentir minha mãe preocupada sacudindo a cabeça em resposta à pergunta tácita de Mehroo: a febre ainda não baixou? Babu entra no quarto e fica de pé em silêncio olhando para mim, as mãos cruzadas atrás das costas, encostando-se no armário da minha mãe, feito de madeira teca. Quero abrir a boca e dizer a todos que estou bem, mas a boca está seca e quente, e receio que falar vá desencadear um acesso de tosse. Além disso, mesmo na agonia do delírio, uma parte minha está gostando da atenção.

— Vão dormir — diz mamãe aos outros, finalmente. — Eu estou aqui com ela. Acordarei vocês, se for preciso.

Um a um os adultos arrancam de minha mãe a promessa de que acordará, a ele ou a ela, em primeiro lugar mas sem demora, se houver alguma coisa errada. Como sempre, todos se curvam e beijam minha testa quente, ou antes beijam meu cabelo porque minha testa está coberta com um trapo molhado embebido numa mistura de água-de-colônia e água potável. Quanto mais alta a febre, menos diluída se torna essa mistura, pois minha mãe derrama generosamente a água-de-colônia na tigela de alumínio denteada que ela guarda especificamente para esse uso.

— Bons sonhos, Thrituma — sussurra Mehroo. — Tente adormecer como uma boa menina.

Papai é o último a me beijar. Seus olhos estão vermelhos pelo sono atribulado. Uma hora antes, cansado do longo dia na fábrica e vencido pela sonolência que nunca conseguiu combater, ele tinha tentado dormir no seu lado da cama, mas o barulho dos adultos andando na ponta dos pés o acordara. Além disso, há essa amargura tácita entre ele e a minha mãe, sempre que estou lutando contra uma febre alta como esta. Ela quer que ele fique acordado ao meu lado junto com ela, mas, quando ele tenta, ela se ressente da intrusão. Por isso ele desiste, frustrado, mas ela interpreta essa frustração como indiferença. Sei de tudo isso, porque os dois me contam o seu "lado" da história depois que me recupero de cada um desses episódios de doença. Contar o seu lado da história é muito importante na minha família. Acima de tudo, tento assegurar aos dois que me sinto cuidada com muito carinho quando estou doente, e nunca me dou ao trabalho de saber quem especificamente faz o quê. Isso tranquiliza meu pai, mas ofende minha mãe, que sempre conclui que, por eu não apreciar o quanto ela faz por mim quando estou doente, tomo o lado de meu pai contra ela.

Tudo isso, porém, vai acontecer dias mais tarde, quando eu me sentir bem. Por enquanto, aprecio a doçura do trapo frio contra minha testa quente, flutuo na glória da carícia gentil de minha mãe nos meus cabelos. A febre está tão alta que até os cabelos doem, e as carícias rítmicas são estranhamente confortantes. Esta é a única vez em que minha mãe me toca com afeto, quando estou assim doente, e desfruto o sentimento de sua ternura. Meu coração se sente amolecido de amor e gratidão. Quase vale a pena ficar tão doente, apenas para ver esse outro lado da minha mãe — gentil, compassivo, de fala macia — sair da concha severa e quebradiça que em geral a cobre, seu amor por mim deslizando como gema deslizando da casca de um ovo. Minha mamãe me ama, ela me ama, e dessa vez eu não fico sabendo pelo padeiro ou pelos vizinhos, dessa vez ela me telegrafa essa certeza pelo roçar suave de seus dedos experientes e esbeltos nos meus cabelos. A mulher Ovomaltine ganha vida real.

Sei que todos esses cuidados foram provocados pelo medo, seu medo de me perder. Não importa com que frequência eu adoeça, ela ainda é assombrada pela memória da enfermidade no pulmão que tive aos seis anos, quando precisei tomar uma injeção de dois em dois dias durante um ano inteiro.

Tenho lembranças desagradáveis daquele ano — o longo percurso no ônibus lotado até o dispensário do médico, depois de passar todo o dia na escola; eu fazendo meu dever de casa na sala de espera monótona, cheia de gente com ar triste; eu parada de pé, seminua, atrás de uma imensa máquina fria numa sala escura como breu, enquanto o médico esquadrinha meus pulmões na tela; o cheiro quente e acre quando a assistente do médico ferve a agulha num fogão de querosene; a picada aguda da agulha nas minhas coxas magras e descarnadas; os pesadelos recorrentes em que minha calcinha branca fica ensopada de sangue por causa de um furo causado por uma agulha errática.

Muitas vezes minha mãe me levava a um restaurante iraniano próximo para fazer um lanche depois de nossa visita à clínica. Havia um garçom ali que eu amava, e ele, um muçulmano tímido da classe trabalhadora, ficava tão encantado com a ideia de uma menina de seis anos de classe média chamá-lo de amigo que sempre me passava furtivamente um agrado — um rocambole de geleia, um bolo de *mava* — junto com nosso pedido. Em geral, eu bebia aos golinhos uma Fanta ou uma Mangola, e comia com muito barulho uma porção de batata frita que molhava em ketchup de abóbora. Dependendo de suas finanças, minha mãe às vezes pedia algo para beber; normalmente, apenas ficava sentada ao meu lado, insistindo que eu me apressasse para que pudéssemos começar o martírio da viagem de volta no ônibus.

Entretanto, até esse prazer simples — que eu sabia ser a maneira de minha mãe me amar, de me comunicar que ela lamentava que eu tivesse de passar por essa tortura no consultório do médico — tinha um preço. Era sabido que minha mãe exigia de papai a sua mesada, fosse qual fosse o estado das finanças. Dinheiro era quase sempre escasso em casa, mas minha mãe gritava e brigava com papai para não deixar de receber seu dinheiro, que ela insistia ser para provisões básicas. Por essa razão, minha mãe achava necessário manter nossas idas ao restaurante em segredo para o resto da família, especialmente para Mehroo, que, ela me disse, consideraria o lanche uma despesa frívola. Eu achava difícil acreditar que Mehroo não gostaria de me dar um lanche num restaurante, mas não era capaz de contestar minha mãe. Assim, prometi que não revelaria as saídas, mas esse sigilo acabou com a alegria dos lanches no restaurante.

O legado daquele ano subsiste. Tem feito minha mãe me considerar uma criança frágil e adoentada, e eu tenho feito o favor de adoecer regularmente desde então. Como agora.

Sei que no instante em que melhoro — no dia em que a febre não aumenta vertiginosamente depois do entardecer, como em geral acontece; assim que posso dormir uma noite inteira sem tossir — toda essa ternura e afeto demonstrado vai desaparecer, vai ser arrancado de mim, como um braço retrátil. De fato, é assim que vou ficar sabendo que me recuperei, pela primeira palavra áspera de minha mãe contra mim. Em geral, acontece da seguinte maneira: o seu alívio com a minha melhora assume a forma de repreensão por eu ter adoecido em primeiro lugar (por não engolir o meu ovo diário / por andar lentamente na chuva sem uma capa de chuva / por não comer bem / por ingerir uma laranja ou uma lima, apesar das ordens do médico em contrário / por não ter resistência física). Sabendo que as coisas voltaram ao normal, agravo ainda mais a situação, pedindo para voltar a dormir no quarto de Mehroo. Minha mãe me chama de ingrata, *matlabi*, serpente, lembra-me de que ela não dormiu quatro noites inteiras cuidando da minha febre, e insinua que meu pai e Mehroo estão à minha disposição apenas nos bons tempos, enquanto ela sacrificou seu sono e descanso por minha causa.

— Todos sabemos o quanto ele é presente quando você fica doente — diz ela. — Se ele fica muito preocupado com você, pergunte a ele por que anteontem só chegou em casa lá pelas nove horas.

Meu pai escuta a conversa por acaso e sente-se obrigado a apontar que, primeiro, ela só fez o que toda mãe na história do mundo faz pela filha e, segundo, ele estava numa reunião de negócios e alguém tem que trabalhar para manter a casa funcionando. Minha mãe espera que meu pai saia impetuosamente do quarto depois de seu pequeno discurso, e então ela olha para mim.

— É tudo sua culpa — diz amargamente. — Sempre se metendo entre nós dois.

Dois dias depois de eu ter me recuperado, Babu chega da fábrica com um presente para Roshan e para mim. É um filhote de coelho.

Havia uns meses, um dos mercadores de madeira tinha dado a Babu duas coelhas, uma preta e uma branca. Meu tio de coração mole deu uma olhada nas criaturas e se apaixonou por elas. Ele as criaria na fábrica, decidiu. No dia seguinte, papai levou toda a família de carro para ver as coelhas. Crescendo em Bombaim, eu nunca tinha visto um coelho de verdade. Na fábrica, o contramestre, que por alguma razão misteriosa estava chateado com os animais, declarou que Roshan e eu não devíamos chegar perto demais dos coelhos, porque todo mundo sabia que, se um coelho soprava nos olhos das pessoas, elas ficavam cegas. Nós o ignoramos. Colocando um braço ao redor de Roshan e de mim, Babu nos disse que cada uma poderia nomear e adotar um dos animais. Todo mundo ficou louco com a coelha branca, o que me levou a declarar que eu queria adotar a preta. Fui eu que acabei lhes dando seus nomes brilhantemente criativos — Pretinha e Branquinha.

Eu estava totalmente apaixonada pelos meus novos animais de estimação.

— Feliz? — perguntou-me Babu, e eu lhe respondi um forte sim com um movimento de cabeça. As coelhas foram os primeiros animais de estimação que tive, e fui à escola no dia seguinte com histórias de como Pretinha e Branquinha tinham comido alface das minhas mãos e de como tinham dormido na gaiola de madeira que papai tinha construído para elas. Até Mehnaz, cujo irmão costumava pegá-la na escola em seu jipe com o macaco de estimação sentado no seu ombro, ficou quieta e parecia apropriadamente invejosa.

Babu também estabeleceu um laço imediato com os animais. Até o contramestre se admirava de como os bichinhos logo reconheciam o som dos passos de Babu e corriam para a porta assim que Babu entrava na fábrica de manhã.

— Alô, alô, meus bebês — arrulhava ele e ia direto procurar alface para alimentá-los.

— Porra, Pesi, ao menos trate de se acomodar na sua escrivaninha primeiro. — Papai sorria amarelo. Mas Babu apenas lançava um olhar severo para seu irmão mais moço e lhe dizia que as pobres criaturas tinham esperado a noite inteira que ele chegasse para alimentá-las.

Aí veio a surpresa. O mercador tinha mentido a Babu. Revelou-se que Pretinha era um macho, e certo dia, tão de repente quanto uma chuva de meteoros, havia uma ninhada de coelhinhos.

— *Saala* mentiroso! — gritou Babu para o mercador.

Mas o homem simplesmente sorriu, deu de ombros e disse:

— Vai entender os coelhos!

Acontece que os coelhinhos eram lindos demais para Babu ficar zangado por muito tempo. Ele decidiu criá-los até ficarem grandes o suficiente para serem adotados. Ele até fez o mercador prometer que levaria um.

— Afinal, você é o maldito avô, chefe da família. — E o homem aquiesceu.

Eu estava em êxtase. Ia à fábrica sempre que podia, e, se me ocorria o pensamento de que qualquer dia esses bebês não estariam mais ali, eu não lhe dava muita atenção. Sentia-me apenas feliz em acariciar e brincar com as criaturinhas, enquanto seus pais rondavam ali perto, de olho no que estava acontecendo.

Em nossa comoção, nenhum de nós tinha pensado nos gatos de rua que vagavam ao redor do mercado de madeiras. Então, certo dia, um contramestre desanimado foi ao encontro de Babu na entrada da fábrica e disse que tinha más notícias. Um gato matara vários dos coelhinhos. Babu soltou um grito de dor e indignação. Quando Pretinho e Branquinha vieram lhe dar as boas-vindas naquele dia, ele imaginou que se moviam de um modo mais lento e mais pesado do que o normal, e que Branquinha parecia tomada de grande dor. Babu não conseguia fitá-la nos olhos.

Alguns dias mais tarde, apesar dos melhores esforços de todo mundo, o gato atacou de novo. Descobriu-se que apenas o nanico da ninhada tinha sido poupado. O coelhinho era quase todo branco, com uma grande mancha preta nas costas. Para Babu, seu colorido era um sinal de que esse coelho, o único a sobreviver, estava destinado a levar adiante a linhagem da família. O coelhinho trazia a marca de ambos os pais, e era dever de Babu cuidar para que vivesse. Por isso ele o trouxe para casa naquela noite. Deu o coelho de presente para Roshan e para mim, e nos contou que o gato tinha atacado de novo, matando todos os irmãos e irmãs do pequeninho, e que cabia a nós cuidar desse pequeno com o maior desvelo.

Colocamos o coelho na mesa da sala de jantar e nos amontoamos ao seu redor. Mamãe tem a brilhante ideia de contar a nossos vizinhos, e logo a campainha toca e várias pessoas entram para arrulhar o coelho e acariciar sua cabecinha. Estou estourando de orgulho e felicidade. Mal posso esperar para ir à escola no dia seguinte e contar às minhas amigas que temos agora um animalzinho de estimação *em casa*. Até me permitem carregá-lo no colo. Acontece que, conhecendo minha reputação de falta de jeito, todos os adultos ficam tensos enquanto o tenho nos braços.

— Cuidado, cuidado — murmura Mehroo. Mas sou tão terna quanto a Virgem Maria com Jesus.

Depois de alguns minutos, Babu o tira das minhas mãos e o coloca sobre a mesa.

— Ele deve estar cansado. Eles precisam de muito sono — diz ele. — Devemos deixar que descanse.

— Mas ainda não lhe demos um nome! — exclamo. Parece ridículo que um animal de estimação vá dormir sem antes ganhar um nome. Então, quando Babu me pede que pense num nome, dá um branco na minha mente. — Pretinho-Branquinho? — sugiro, mas até nos meus ouvidos soa tão pouco convincente que não espero pela resposta dos adultos.

— Vamos, o nome famoso pode esperar até amanhã de manhã — diz Mehroo. — O pobrezinho vai dormir hoje à noite, por isso não precisa de um nome. Agora vamos deixá-lo descansar.

Colocamos o coelhinho sem irmãos e sem nome numa pequena caixa de papelão que Freny forrou com trapos. Ele adormece quase imediatamente. Sinto algo se mover dentro de meu peito, um sentimento de uma tal ternura que vem a ser uma sensação física. Eu talvez o chame de Anjo. Todos nós esperamos nossa vez de lhe desejar boa-noite.

— Boa noite, Deus lhe abençoe e bem-vindo ao seu doce lar — diz Mehroo quando chega a sua vez.

Acordo cedo na manhã seguinte, e meu primeiro pensamento é para o coelho. Todos os outros ainda estão dormindo, o som das respirações e dos roncos enchendo a casa. Vou direto para a caixa de papelão e espio lá dentro, esperando que o coelho esteja acordado.

Olho e só consigo ver as cobertas. Levanto os cantos, mesmo percebendo a impossibilidade de o coelho ter escapado entre eles. Minhas mãos se tornam mais impacientes enquanto correm por toda a caixa. O coelho não está ali.

Vou para o quarto de Babu e o acordo. Ele me olha, sonolento.

— O coelho — digo com urgência. — Ele não está na sua caixa.

Babu salta da cama.

— Você o perturbou durante a noite? — pergunta ele com severidade.

— Não, juro. Fui vê-lo há dois minutos, só isso.

Babu também verifica a caixa. Nada de coelho.

A essa altura toda a casa está acordada. As luzes se acendem em cada quarto, enquanto esfregamos os olhos com sono e começamos a procurar o coelho sumido.

— Vamos olhar embaixo das camas — diz papai. — Vai ver ele está se escondendo. Não deveríamos ter deixado entrar tantas pessoas ontem à noite. Ele provavelmente se assustou, o pobrezinho.

Como sou o membro mais jovem da família e o mais ágil, eu me ofereço para me enfiar embaixo de cada cama e dar uma olhada. Freny me dá uma lanterna para que eu possa ver melhor. Nada de coelho.

Estou na sala de estar, quando escuto Babu soltar um grito. Ele está na sacada e meio inclinado sobre o parapeito. Acabou de localizar algo branco e preto na rua, parecendo uma bola de papel amassado. Começo a correr para a sacada, mas Babu me detém.

— Não. Não venha aqui. Apenas... fique aí dentro, só isso.

Parei, imóvel. Um sentimento de terror sobe pelas minhas pernas, e meu coração de repente parece tão pesado quanto cimento. Babu não espera para vestir sua camisa. Desce a escada e sai na rua de *sadra*, o camisão de dormir, e com a calça do pijama. Passam-se minutos. Papai vai para a sacada e, quando retorna, lança um olhar rápido de alerta para Mehroo, que, sei, não deveria ser visto por mim, mas eu vi. Todo mundo fica quieto, e a atividade frenética dos últimos minutos cessa completamente enquanto esperamos o retorno de Babu.

Escutamos seus passos pesados subindo a escada. Quando ele entra, seus olhos estão vermelhos e os ombros curvados.

— É ele. Só Deus sabe como, mas ele conseguiu sair da caixa e foi até a sacada. Nem em um milhão de anos, jamais imaginei...

Ele para e estremece, e todos sabemos no que ele está pensando, o voo chocante da pobre criatura ao longo de dois andares e o baque terrível com que seu voo terminou.

Quero choramingar, vomitar, bater em alguma coisa até minhas mãos sangrarem, machucar-me de algum modo. Ainda posso sentir a maciez do coelho nos meus dedos. Talvez eu o tivesse assustado quando o peguei no colo, incutindo-lhe tanto medo que ele tratou de escapar de minhas garras arremessando seu corpo macio no ar incerto. Talvez tenha sido minha vaidade, meus planos de contar bravatas sobre ele na escola, que fez isso acontecer.

Como se lendo minha mente, Freny diz:

— A culpa é minha. Deveria ter pegado uma caixa mais funda. Se ele não tivesse sido capaz de sair da caixa, nada disso teria acontecido.

— Não foi culpa de ninguém — diz papai. — Apenas aconteceu. — Mas todos podemos sentir sua pouca convicção.

Babu sai do quarto e vai tomar sua ducha. Quando a mulher do lixo toca a campainha, ele lhe dá um extra de cinco rupias para tirar o corpo machucado do coelho da rua.

— Pegue com gentileza — ele lhe diz. — Era nosso animal de estimação. Trate-o com dignidade, compreende? — A mulher acena a cabeça afirmativamente, surpresa de ser paga por algo que teria feito de graça.

Papai e Babu saem para a fábrica sem tomar o café da manhã. Não tenho tanta sorte. Ainda sou forçada a engolir meu olho-gema e meu copo de leite antes de descer a escada para pegar o ônibus escolar. Decido não falar sobre o que aconteceu para as minhas amigas. Não posso arriscar que uma delas diga algo mesquinho ou com ar de quem sabe tudo. Se Olga ou uma das outras zombasse da história, não sei se conseguiria me controlar. Melhor não dizer nada.

Quando Babu chega à fábrica, Pretinho e Branquinha não correm para lhe fazer festa. Pretinho se aproxima de Babu um pouco mais tarde, mas Branquinha não vai ao seu encontro, nem mesmo quando ele a chama para comer sua alface. Quando ele se aproxima dela, ela o fita por um momento e depois fecha os olhos. Babu fica arrasado.

— Ela sabe — sussurra para papai, que descarta a ideia e diz a Babu para usar seu bom senso.

— Como ela poderia saber? Ela é uma *coelha*, pelo amor de Deus. E, de qualquer modo, foi um acidente. Você teve a melhor das intenções.

Mas Babu está inconsolável. E o fato é indiscutível: este é o primeiro dia em que Branquinha não foi até a entrada para saudar Babu. A rejeição dela corta como uma faca, tornando a culpa dez vezes mais forte.

À tarde, Babu tomou sua decisão. Chama Shantilal, outro mercador de madeira cujo filho de dez anos adora Pretinho e Branquinha, e faz um trato. Se Shantilal quiser os coelhos, pode ficar com eles. Apenas duas condições. Primeiro, ele teria de levá-los para casa, não poderia criá-los no mercado. E, segundo, teria de vir buscá-los sem demora.

Fico estupefata quando Babu chega em casa naquela noite e diz que se desfez dos coelhos. “Mas eles pertenciam a Roshan e a mim!”, quero gritar. “Branquinha e Pretinho eram nossos animais de estimação, não seus. Você deveria ter nos perguntado primeiro.”

Mas há muitas razões pelas quais não posso dizer nada disso. Primeiro, tenho uma consciência lancinante do quanto Babu está sofrendo. Sei como ele se sente responsável pela morte do coelhinho e como a rejeição de

Branquinha o feriu fundo. Sei que até o ato de se desfazer dos dois coelhos é na realidade um ato de amor, embora seja difícil desemaranhar toda a teia confusa de traição, sacrifício e culpa que o torna amoroso.

Segundo, sei que Branquinha e Pretinho não pertenciam realmente nem a Roshan nem a mim, que Babu estava sendo generoso quando deixou que considerássemos como propriedade nossa duas criaturas que dependiam dele para a sobrevivência. Pela primeira vez, compreendo vagamente a ligação entre amor e responsabilidade. Somos responsáveis por aqueles a quem amamos, percebo, e, se abdicamos dessa responsabilidade, não temos o direito de amar.

E, finalmente, sei que o mundo ainda pertence aos adultos e que, embora por bondade e benevolência finjam compartilhá-lo conosco, ainda é em última análise o seu mundo. São eles que determinam quando temos idade suficiente para deixar de brincar de bonecas, quando devemos nos desfazer de brinquedos que decidiram ter se tornado pequenos para nosso tamanho e quando devemos nos livrar de animais de estimação que acreditávamos ser nossos.

Assim, eu me junto ao restante da família para consolar Babu e concordar que ele fez o melhor possível dadas as circunstâncias, e que os coelhos têm uma vida melhor na casa de Shantilal do que na fábrica, onde sempre teriam de se preocupar com os gatos de rua.

E me junto à família em nossa conspiração de silêncio. Nunca mais mencionamos Pretinho e Branquinha, embora, às vezes, eu veja Babu de pé na sacada, fitando o ponto que imagino ser o local em que o coelhinho aterrissou. Na próxima vez que visito a fábrica, percebo que o cercado foi desmantelado. É como se Pretinho e Branquinha nunca tivessem existido.

Capítulo 6

É uma noite de maio, e a comoção na casa atingiu seu pico febril. Corro pelo apartamento como um carro de bombeiros, sabendo que estou me tornando uma praga, mas sou incapaz de parar. Parte da minha excitação é puro teatro, algo para deixar Mehroo feliz, para validar seus sentimentos de expectativa. Além disso, não é o que as filhas devem fazer quando seus pais retornam depois de dois meses no exterior? Não era o que as crianças Von Trapp faziam, irrompendo alegremente na sala quando seu pai retornava de uma viagem?

Por alguma razão, não vamos ao aeroporto pegar meu pai, que retorna para casa depois de passar dois meses no Japão visitando a Expo '70. Eu estava imersa num sono exausto, quando a campainha finalmente toca às três da madrugada, mas já acordada e saindo a jato da cama antes que toque pela segunda vez. Por isso, estou ao lado da porta quando alguém a abre para revelar um homem alto, esbelto, de ar sério, num terno marrom-escuro e uma gravata fina. Mas, quando seus olhos focam o rosto sorridente dos parentes — Babu de *sadra* e calça de pijama listrada, minha mamãe e minhas tias nos seus casacos de algodão longos e folgados, minha prima Roshan de pijama sem mangas e eu no meu pijama de cetim azul —, seu rosto se ilumina. Por um segundo ele parece desorientado, sem saber a quem beijar e abraçar primeiro, mas depois avançamos todos para cima dele, poupando-lhe a decisão. Um exército múltiplo de lábios em bico e braços envolventes.

— *Bhai*, família *kem che*? Como vai todo mundo? — ele consegue dizer para seu irmão.

Estou de cócoras e abraçando suas pernas, esperando que ele me reconheça, quando as luzes no apartamento adjacente são ligadas e a porta do vizinho se abre de supetão. Titia Perviz, a senhora mais velha que mora ao lado, cruza rapidamente o corredor comum e para no limiar de nosso apartamento.

— Ora, ora, Burjor, você esteve longe por muitos meses. Bem-vindo de volta à sua família amorosa e a seu bom lar.

Papai sente-se compelido a se desenredar de nossos abraços e a colocar seu braço por alguns minutos ao redor de Perviz, agradecendo seu cumprimento. Sinto os adultos tensos ao meu redor com essa intrusão em nossas fileiras, nessa volta ao lar abortada, mesmo quando sua mente lhes diz para apreciar o fato de que Perviz fez uma longa vigília para poder cumprimentar meu pai no seu retorno.

Sou a beneficiária sortuda da intrusão de Perviz, porque a onda de adultos se dividiu e finalmente papai consegue me localizar. Ele se acocora para que seus olhos calorosos e cintilantes fiquem no mesmo nível que os meus.

— Alô, Thrituma. — Sua voz para mim é doce. — Tanta saudade de você.

De repente sou tomada de uma terrível timidez, como se ele fosse um estranho para mim. Por isso, quando ele me puxa para mais perto de seu peito, sinto meu corpo se retesar e tenho que combater o impulso de me afastar. Mas, antes que ele ou qualquer um dos adultos perceba, escutamos os sons crescentes dos homens carregando as malas pesadas de papai pelos dois lances de escada de madeira. Os homens são operários da fábrica de papai, e Babu tinha pedido que eles viessem exatamente por essa razão. A chegada das duas grandes malas cria outra rodada de emoções. Eu me desvencilho do abraço de meu pai e sigo as malas. Os dois homens resmungando levantam os objetos sobre seus ombros, e Babu os leva apressadamente para a sala de estar, onde parecem estar prestes a deixá-las cair no chão com uma pancada.

— *Saala* idiotas — xinga Babu. — Tijolos em vez de cérebro. O que vocês acham que há dentro dessas malas? Barras de ouro, que podem apenas deixar cair? Abaixem-nas com delicadeza, delicadeza. — Os dois homens sorriem, conhecendo o pavio curto de meu tio, mas também seu coração mole. Pesi enfia a mão no bolso do pijama para tirar duas notas, que ele pressiona na palma de cada homem. — Ok, podem ir. Comprem um pouco de *mithai* amanhã. Vamos festejar com doces o retorno seguro de meu irmão.

Os dois homens partem, passando a mão na testa em reconhecimento e acenando timidamente com a cabeça para papai ao se dirigirem para a saída.

— Na fábrica, tudo ok? — pergunta ele em resposta, e fico desapontada que seja tudo o que ele tem a dizer aos dois.

Na porta da frente, há algum movimento. Percebendo que Perviz está prestes a entrar no apartamento e instalar-se à vontade na casa, Mehroo toma uma decisão rápida. Bocejando de maneira exagerada, ela diz:

— *Chalo*, está ficando tarde. Podemos deixar a abertura das malas para amanhã. Meu *bhai* está cansado agora. Devemos ir todos para a cama.

Eu me sinto envergonhada com o estratagema óbvio de Mehroo, mas, se percebe, titia Perviz não deixa transparecer. Em resposta, ela estica os braços e finge estar sonolenta.

— Boa ideia. *Bas!* Eu quis ficar acordada só para ver meu Burjor. Agora posso dormir em paz, sabendo que ele está em casa são e salvo.

Uma vez dentro de casa, meu tio executa o ritual noturno de colocar a trava e trancar a porta da frente. Os adultos observam como se estivessem prestes a obedecer as palavras de Mehroo e deixar as malas intocadas até o dia seguinte. Mas eu estou aflita com um sentimento de decepção, porque tinha pedido a papai uma boneca japonesa que fala e caminha, e quero saber se ele se lembrou. Em nenhuma de suas cartas ele tinha mencionado a compra de uma boneca. Sei que nunca pegarei no sono sem saber ao certo.

Puxo sua manga.

— Por favor, papai. Eu quero abrir as malas agora. Por favor. Não consigo esperar até amanhã.

Primeiro, quando ele me olha, seus olhos parecem cansados e sonolentos. Mas depois ele sacode a cabeça, como se para afastar as teias do sono, e sorri.

— Eu também não consigo esperar até amanhã — diz ele, tirando um molho de chaves do bolso de seu terno. — Você abre a primeira mala.

Com muito cuidado e orgulho, como se estivesse carregando a tocha nas Olimpíadas, pego a chave e, sem jeito, procuro manuseá-la na pequena fechadura da mala maior.

— Para a direita — sugere Babu. — Vire a chave para a direita.

Abro o fecho com um puxão, rezando para que esta seja a mala com a minha boneca.

A princípio, não vejo a boneca, porque as camisas de papai estão bem dobradas sobre o topo da caixa. Além disso, há muitas moedas de ouro, do tamanho do punho de um homem, espalhadas por toda a parte de cima da mala.

— Ah, Deus — resmunga papai. — Devem ter caído para fora.

Ele pega uma das moedas e me entrega, e então percebo que é chocolate embrulhado com papel laminado dourado. Sinto a moeda de chocolate macia e mole na minha mão.

— Está derretido — digo, e mamãe se curva para catá-las uma a uma, antes que o chocolate vaze na mala.

Mal contenho meu entusiasmo, saltando de um pé para o outro. Como sempre, os adultos riem, e, como sempre, exagero para que continuem a rir. Estou com quase nove anos, e já fui designada para o papel de palhaço da família, uma distração cômica. Deixando-me levar pela excitação, começo a puxar as camisas bem passadas de papai, atirando-as para fora da mala, como se estivesse atirando o barro de uma caverna que estou cavando, até que Mehroo coloca a mão firme sobre mim e me detém.

— Comporte-se — ela me diz com firmeza. — Proceda como uma dama. Mais dois minutos não vão fazer diferença.

Mas faz diferença, cada instante faz diferença. Os minutos parecem torturantemente longos até chegarmos ao fundo da mala, e ali, deitada numa grande caixa rosa e branca, embrulhada em papel celofane transparente, está minha boneca japonesa. Solto um grito. Ele tinha se lembrado.

Alguém levanta a caixa com cuidado e abre a tampa. Uma grande boneca rosada com um olhar fixo sem piscar é colocada nas minhas mãos. Fico desapontada que a boneca não está de quimono, mas meu desapontamento desaparece quando papai puxa um pingente redondo e branco na nuca da boneca, o que faz jorrar um fluxo de palavras japonesas de som agudo, que papai traduz para mim. Eu puxo o cordão, mas a impaciência me leva a puxar demais, e ele simplesmente volta como um bumerangue e a minha boneca emite o som de um engasgo.

— Não, puxe lentamente, assim, e solte com delicadeza — ensina papai. Uma torrente de palavras escapa novamente da boca da boneca. Estou totalmente enamorada.

Alguém abre a segunda mala, mas já não estou interessada. Continuo a puxar o cordão, saboreando o som das palavras incompreensíveis. Alguns outros presentes me são passados, e eu lhes dou uma atenção superficial. Percebo os metros de material para vestido que ele trouxe para todas as mulheres, escuto-as trocar lisonjas sobre os tecidos, mas não estou interessada. Então uma espécie de calmaria cai sobre a sala, seguida por um arquejo rápido de minha mãe e de minhas tias, e isso me atrai a atenção. Sentado de pernas cruzadas no chão, meu pai tira uma grande caixa azul da segunda mala.

— Isto é o meu orgulho e a minha alegria — diz ele. — É a mais fina porcelana de ossos, um serviço de chá completo. — Ele lança um olhar rápido para minha mãe e minhas tias e continua: — Infelizmente, o serviço de chá não é para a casa. É um presente de negócios para Thakoor. Ele nos ajudou muito durante os tempos difíceis, como vocês todas sabem. — Minha mãe parece prestes a discutir, mas minhas duas tias concordam com um movimento de cabeça, engolindo sua evidente decepção, e ela se sente compelida a fazer também um aceno afirmativo. Papai sorri, um sorriso repentino, feliz. — Mas, se minha colaboração com os japoneses andar conforme o planejado, haverá muitos desses serviços de chá para a casa, se Deus quiser. — Os outros adultos sorriem seu assentimento, já acostumados a fazer todos os tipos de sacrifício para o negócio da família. Mas posso escutar os suspiros que não estão querendo emitir. Estão decepcionados e fazendo o possível para não demonstrar seu sentimento. Papai também deve ter escutado algo, porque ele fita a caixa tristemente por um minuto e depois endireita o corpo como se tivesse tomado uma decisão. — Vocês devem ao menos ver as peças antes que eu as dê de presente — diz ele. — Mehroo pode embrulhar tudo de novo mais tarde.

Ele abre a caixa com tanto cuidado como se ela contivesse um suflê. Cada xícara e pires está embrulhado separadamente em papel de seda macio e branco, e ele usa seu lenço para tocá-los e colocá-los zelosamente sobre o jornal que Mehroo espalhou pelo chão. Aturdida e excitada pelo modo reverente como os adultos estão admirando o serviço de chá, ponho minha boneca no chão e corro para onde papai está sentado.

— Deixa eu ver, deixa eu ver — digo, agarrando uma das xícaras.

— Cuidado, querida — ele diz, erguendo as sobrancelhas. — É muito delicada...

Não tenho muita certeza do que acontece a seguir. Tento colocar a xícara no chão, e, não sei como, ela aterrissa no piso de pedra com mais força do que eu tinha antecipado e de algum modo aterrissa de lado, por isso de repente me vejo apenas com a alça da xícara na minha mão. Fito a alça com horror, e meus olhos já estão marejados quando vejo esse horror espelhado no rosto dos adultos ao meu redor. Eu me forço a encontrar o olhar de meu pai, mas seu rosto é uma máscara. Apenas os lábios levemente abertos traem o seu desapontamento.

Quero choramingar, soluçar, pedir desculpa, xingar a mim mesma por minha velha falta de jeito, quero me enrolar dentro de mim mesma e desaparecer, mas fazer qualquer uma dessas coisas seria estilhaçar o silêncio que baixou sobre a sala. Tudo aconteceu tão rápido — o orgulho na voz de meu pai, seu pesar por ter de dar o serviço de chá, seu manuseio cuidadoso do tesouro e minha destruição impulsiva e impensada do objeto precioso — que ninguém sabe muito bem como reagir. Por fim, vejo Mehroo e mamãe estender simultaneamente as mãos para meus ombros, como se para me puxar antes que eu faça mais estragos. Eu me reteso, esperando as recriminações e os lamentos a respeito de minha falta de jeito e impulsividade que, sei, devem vir, quando escuto meu pai falar.

— Está tudo bem — diz ele. — Afinal, é apenas uma xícara. Amanhã, na fábrica, vou colar a alça de tal maneira que Thakoor nunca saberá que foi quebrada.

Sua fala não convence ninguém. Eu ainda quero morrer. Percebendo, ele pega meu rosto na concha de suas mãos.

— Tudo bem — repete, sorrindo dessa vez. — Não se preocupe. Sei que você não fez de propósito. Agora vamos, temos outros presentes para abrir.

Já passei oito anos de minha vida ao lado de meu pai. Embora ele tenha sido na maior parte do tempo uma presença de sombra, embora não tenha tido o papel influente que Mehroo desempenhou, embora não tenha se destacado num relevo nítido em relação aos outros ao meu redor, sei há muito, muito tempo que eu o amo. Mas hoje, pela primeira vez, escutando-o dizer essas palavras, observando-o lutar para fazer o nó na garganta desaparecer, faço uma nova descoberta emocionante: eu *gosto* de meu papai. Gosto deste homem alto, sério, bondoso, sentado na minha frente. Teria gostado dele, mesmo que não me pertencesse.

Algumas semanas depois de seu retorno do Japão, meu pai me leva para almoçar no Paradise Café, cujos donos são parses. O Paradise, com suas pinturas estilosas de Adão e Eva nus no Jardim do Éden, é um dos meus restaurantes favoritos. Cada um de nós pede seu prato favorito — bife de frango para mim; espetos de frango para ele. Enquanto comemos, papai me conta sobre o Japão, os restaurantes elegantes em que jantou, a recepção grandiosa que ganhou de seus anfitriões japoneses. Escuto por algum tempo, mas depois minha mente começa a devanear. De repente, eu lhe peço silêncio com um psiu.

— Papai, por favor. Fique quieto por um momento. — Ele me olha perplexo, mas obedece. Fecho os olhos e baixo a cabeça. Depois de alguns segundos, levanto os olhos de novo. — Ok. Agora pode falar de novo.

— O que estava fazendo, Thrituma? Por que me pediu para ficar quieto?

— Estava imaginando que eu almoçava com o imperador do Japão.

Papai inclina a cabeça para trás e ri, um riso que sobe e desce toda uma oitava da escala. Escutando o riso de papai, Jimmy, o dono do restaurante, olha de seu lugar atrás da caixa registradora e sorri radiante. Toda vez que saímos do Paradise juntos, Jimmy sempre me fala da felicidade que sente ao ver a intimidade entre mim e papai.

Agora papai pega minha mão na sua e a beija.

— Deus te abençoe. Que todos os seus sonhos se tornem realidade. Que um dia você realmente almoce com o imperador do Japão e outras pessoas importantes.

Eu me ilumino. Adoro poder fazer meu pai rir. Adoro que ele se divirta com meus voos de fantasia, adoro o menino que guarda em si e o faz partilhar meu desejo de sonhos grandiosos.

* * *

De forma muito semelhante a uma foto de câmera polaroide, papai entrou em foco para mim depois de sua viagem ao Japão. Antes disso, ele era uma figura elusiva ao meu redor, alguém que esvoaçava para dentro e para fora da minha vida, a dupla pressão de um negócio exigente e de um casamento desgastado conspirando para forçá-lo a sair de casa. Às vezes, ele brincava de "Motorista, Motorista" comigo, quando cada um tinha a sua vez de sentar-se atrás do outro sobre a soleira elevada do seu quarto e fingir que dirigia um ônibus. Mas os piqueniques, as férias de verão e as aulas de natação, que faziam parte do cotidiano de minhas colegas, tinham nos escapado.

Ainda assim, ele era imensamente popular com minhas amigas, este homem doido que certa vez atravessou um parque comigo e duas outras amigas montadas na capota de seu carro. Depois de uma de minhas festas de aniversário, ele levou todas as minhas amigas até a rua para dar leite aos gatos vadios da vizinhança.

Mas o que mais encantava — e desnorteava — minhas amigas a respeito de papai era sua insistência em dizer que ele era meu irmão mais velho, e não o meu pai.

— Este é o meu papai — eu começava a dizer nas ocasiões em que ele me deixava na escola depois de eu ter perdido o ônibus escolar.

— Não — dizia ele em voz bem alta, franzindo um pouco as sobrancelhas. — Eu não sou o papai dela. Sou o seu irmão mais velho.

Minhas colegas me fitavam e depois ao jovem de cabelos escuros que acabara de subir a escada de dois em dois degraus.

— Tio, por favor, diga a verdade — pedia alguém, finalmente, e então ele cedia com um sorriso. Puxando-me para perto de si, ele dizia:

— Sim, sou o seu papai, mas ela é também a minha melhor amiga. — Eu me esquivava de seu abraço, envergonhada e orgulhosa ao mesmo tempo. E as outras meninas, lembrando-se de seus pais severos, envelhecidos, de rosto sombrio, suspiravam.

No meu aniversário de sete anos, meu pai tinha declarado que, em vez de incomodar os pais das minhas amigas, ele levaria cada uma delas para casa. Nós nos amontoamos, umas em cima das outras, no seu velho Hillman preto, oito ou nove meninas a dar risadas.

— Ok — ele tinha perguntado. — Quem quer ser a primeira a ficar em casa?

Mas não havia candidatas. Ninguém ainda queria ir para casa.

— Deixa Roxanne primeiro, tio — disse Anita, apontando para a colega.

— Não, não quero ser a primeira — reclamou Roxanne. — Escolha outra.

Papai captou meu olhar no espelho retrovisor e levantou um pouco as sobrancelhas para me alertar sobre o que ia acontecer. Assobiando sem melodia, ele se dirigiu para a rotatória mais próxima e percorreu o círculo uma vez.

— Ok, vamos continuar a fazer círculos ao redor da ilha até alguém se oferecer para ser a primeira a ficar em casa — disse ele. O bando de meninas riu quando ele fez o segundo círculo. No quarto círculo, elas começaram a olhar umas para as outras incertas, fitando-me à procura de direção. Mas eu olhava resoluta para a frente. No sexto círculo, houve muitos movimentos e sussurros, quebrados de vez em quando por uma tentativa de risada. A essa altura, papai estava cantando "É um dia fe, fe, feliz", e de algum modo a canção quebrou o gelo, convenceu as meninas de que estavam na companhia de um doido, ainda que fosse um doido engraçado.

— Ok, tio, vou ser a primeira — disse alguém. — Pode me deixar em casa primeiro.

— Combinado — respondeu papai. — Agora quem é a próxima?

No dia seguinte, na escola, a professora da classe me parou no corredor.

— Parece que as meninas se divertiram na sua casa. Mas, me conte, é verdade que seu pai fez o carro circular ao redor de uma rotatória catorze vezes antes de deixar a primeira menina em casa?

— Ninguém queria ser a primeira a ficar em casa — expliquei. — E, de qualquer maneira, ele apenas fez alguns círculos ao redor da ilha.

A professora sacudiu a cabeça.

— Compreendo. Talvez fosse bom chamar o seu pai para me dar algumas dicas sobre como disciplinar a minha classe.

Como eu, papai não tem nada de prático. Essa característica nos distingue do restante da família. Se levamos flores para a casa, Mehroo passa um sermão em papai sobre desperdício de dinheiro. "Traga para casa frutas ou legumes, algo que possamos usar. De que adiantam essas flores que vão morrer em dois dias? Não posso alimentar as crianças com flores."

A mesma ética rege os presentes que recebo de minha família. No meu aniversário, ganho blusas de poliéster e calças de gabardina. Eu só quero usar jeans. Ninguém me compra jeans. Quero muito ter um par de sapatos de camurça, mas os adultos me dizem que eles vão ficar sujos na poeira de Bombaim. Por isso, ganho outro par de sapatos de couro preto envernizado. Tenho muita dificuldade em encontrar sapatos que satisfaçam minhas exigências de conforto e as exigências de elegância de minha família, por isso todo vendedor de sapatos na loja Metro Shoes em Colaba me odeia. Estou convencida disso.

Todo mundo sabe que devoro livros como bolo de chocolate, que amo música de paixão. Entretanto, nenhum adulto jamais me compra um livro ou um disco de presente. Além disso, é melhor que eles não me comprem os presentes que desejo. Percebendo o quanto eles desconhecem meu gosto em matéria de livros e música, eu acabaria provavelmente com livros de poliéster e discos de gabardina.

Meu pai cisma.

É uma antiga maldição da família, esse cismar. Meu avô também cismava. É assim que papai se considera, um cismador. Ele rumina, preocupa-se e pensa obsessivamente sobre o passado. Lembra desfeitas, insultos e constrangimentos, coleciona-os, assim como outras pessoas colecionam conchas. Ele tem o que as freiras na escola me atribuíram: hipersensibilidade. Ele se considera um azarado, um homem cujas realizações não estão à altura de seus talentos. Trabalha mais do que qualquer um que eu conheça, mas o negócio da família é como os antigos ônibus Best que percorrem as ruas de Bombaim — crepitando, funcionando aos trancos e barrancos, andando bem em alguns dias e quebrando em outros.

Somos parecidos, papai e eu. Sei disso desde seu retorno do Japão, porque, depois do incidente com o serviço de chá, passamos muito tempo juntos. Começamos a fazer passeios até a praia ao menos uma vez por semana.

Às vezes mamãe nos acompanha, e essas vezes são diferentes de quando vamos apenas papai e eu. Mamãe se queixa sem parar do modo como papai dirige o carro, pede que vá mais devagar e o incomoda muito até eu me sentir retesada e esticada como uma corda de violão.

Eu talvez pareça uma versão mais jovem de minha mãe, mas, embaixo da pele, sou parecida com meu pai. Somos semelhantes em todos os pontos importantes. Vejo seu rosto em dias sombrios e chuvosos, vejo como o vento e a chuva o tornam um feliz melancólico, como este tempo deprimente o estimula, e vejo minha própria alma refletida nele. Eu também amo um tempo assim, quando os céus estão cinzentos e pesados de chuva. Como ele, amo mais o mar quando está agitado e turbulento do que quando está calmo e disciplinado. Eu também compreendo esse sentimento complicado de melancolia, porque é quando escrevo meus poemas e minhas histórias. É um sentimento que temo e acolho com prazer. O tempo ruim libera alguma coisa dentro de mim, faz com que eu me sinta vasta, grandiosa e do tamanho do mundo, pronta a enfrentar o rugido do oceano com um rugido próprio. Desprezo o céu comum, sem nuvens, ensolarado de Bombaim, porque ele faz com que me sinta pequena, comum e apenas... eu. Não me leva para fora de mim mesma, não faz com que eu me sinta poderosa e capaz de qualquer coisa, como acontece num dia turbulento.

Jamais discutimos coisas assim, papai e eu. De fato, tampouco sei ao certo se ele conhece meu sentimento, talvez apenas que também "gosto" de dias chuvosos. Mas sinto nele tudo isso, o que me aproxima de meu pai. Já tenho um radar bem apurado para detectar a solidão em outros, ou assim penso. Imagino que posso reconhecê-los em qualquer lugar, que, por alguma coisa na maneira como seus rostos procuram os céus, ou por aquela expressão vazia nos seus olhos, é possível descobrir quem faz parte da minha turma.

Acontece que meu pai é da minha turma, mesmo que nosso modo de expressão seja diferente. Meu pai é duplamente amaldiçoado — embora tenha os mesmos sentimentos de solidão e loucura que eu, ele não é um escritor. Assim, o escape que me permite expressar os sentimentos no papel, que me impede de ficar louca, não está à sua disposição. Em vez de escrever, papai cantarola. Em tardes crepusculares chuvosas, quando as ruas da cidade são banhadas numa luz dourada e laranja, quando o céu de Bombaim derrama sangue vermelho e púrpura, meu pai cantarola.

Estamos percorrendo de carro a Marine Drive, a caminho de Nariman Point, e meu pai está cantarolando uma canção triste e lamentosa. Daí a pouco começa a cantar, embora não saiba, claro, mais do que seis versos de cada canção. Sua voz é um pouco nasal, encorpada e grave. É uma bela voz, embora ele não tenha ciência desse fato pela simples razão de ninguém jamais ter lhe dito isso. Porque meu pai canta principalmente no carro, como se precisasse do movimento para liberar sua voz. Ele nunca me pede que eu cante junto, e, mesmo que pedisse, eu não cantaria. Tenho uma voz terrível e sinto uma profunda vergonha desse fato. Além disso, sou tímida demais para cantar em voz alta. Esta é uma das coisas que me surpreendem em meu pai — como ele canta com facilidade e sem timidez, como se fosse meramente uma extensão da fala. Estou acostumada com excursões da escola e festas de aniversário em que as meninas que cantam bem têm de ser persuadidas a cantar com agrados e lisonjas. Mesmo então, há muitas tentativas de se esquivar, risadinhas e um sentimento geral de vergonha.

"Eu, eu, eu, eu amo você muito... eu, eu, eu, eu acho que você é maravilhosa", meu pai canta agora. É uma das duas canções alegres que ele sabe cantar. A outra é "É um dia fe, fe, feliz". Mas só me dou por satisfeita quando ele canta a minha favorita, uma canção de ninar lenta e doce em híndi, uma canção em que o cantor pede que o sono chegue suavemente. Quando eu era menor, papai costumava me cantar o acalanto nas noites em que eu ficava deitada, ensopada de suor, com febre alta. Invariavelmente, ele passava as mãos pelo meu cabelo enquanto cantava, e a carícia ritmada e o timbre de sua voz criavam um ninho em que eu conseguia dormir. Agora imploro que ele cante essa canção, e ele prontamente me faz a vontade. Como sempre quando canta esse acalanto, ele me puxa mais para perto de si, de modo que uma de suas mãos fica pousada no volante, enquanto a outra me aninha na curva de seu braço. Sua voz se torna mais nasal e lamentosa, e ele prolonga cada nota para aumentar sua força triste. Sinto os inevitáveis arrepios no braço. Se ele percebe, nada diz.

Por sorte, esse acalanto não me afeta tão estranhamente quanto outras canções. Desde meus tempos de bebê, tenho reações violentas a certas canções e sons. Havia uma velha que costumava vagar pela nossa vizinhança todas as manhãs, com sua vaca emaciada e um saco de feno. Os passantes e as pessoas dos prédios de apartamentos vizinhos lhe davam moedas para alimentar a vaca. Era assim que ela garantia um magro sustento. Mas não era o aspecto da mulher muito magra ou de seu animal esquelético que me dava pena. Ainda bebê, eu não via nenhum dos dois. Era antes o longo, demorado e trêmulo lamento com que ela pedia às pessoas migalhas para sua vaca que me perturbava terrivelmente. Toda manhã ela passava embaixo de nossa sacada, a voz fina flutuando até dois andares acima. Toda manhã, deitada no meu berço, eu caía no choro quando escutava aquela voz. Isso continuou por meses até que Mehroo teve uma ideia. Foi falar com a dona da vaca e prometeu lhe dar uma quantia de dinheiro fixa por mês, se ela não se lamentasse embaixo de nossa janela.

O lamento da dona da vaca é apenas o primeiro de uma série de sons que me enchem de pavor e tristeza. Certas canções que todo mundo considera felizes e alegres provocam a mesma reação em mim, por causa de um certo tom menor. Minha reação a essas melodias é tão forte que escutar as canções se torna insuportável.

— Desliga o rádio — suplico à minha prima Roshan, mas ela apenas me olha com estranheza.

— É uma canção de sucesso. Minha favorita. Deixa o rádio em paz.

Às vezes, saio da sala aos prantos. Outras vezes, aperto os dentes e tento aguentar até o fim da canção. De vez em quando, tento explicar meus sentimentos a Roshan ou a um dos alunos da minha mãe, que escutam rádio durante o almoço.

— Esta canção me causa um mal-estar muito grande.

Quase todos são mais velhos que eu e já têm aquele olhar de incompreensão que os adultos exibem no rosto, quando alguém tenta lhes contar algo realmente importante.

— Se você não gosta da canção, saia da sala — diz um deles. Na maioria das vezes, eles apenas riem.

"Louca, *che* louca", escuto certa vez um deles dizer ao outro. E aumentam o volume.

Papai e eu chegamos a Nariman Point, e ele encontra um pequeno local em que enfiar o carro com segurança. Esta é uma das raras ocasiões em que não paramos no caminho para comprar um rolo de frango ou um frango *tandoori*, para comer no carro enquanto contemplamos o mar. Já sou bastante crescida para perceber que meu pai é um perdulário, e que esse hábito causa problemas em casa. Mehroo lamenta muitas vezes o fato de que não há dinheiro em casa nem para pagar o açougueiro, que mantém uma conta diária. Papai promete pagar as despesas caseiras, assim que receber um certo cheque. Se Mehroo se queixa a Babu, ele lhe diz que ela deve falar com papai. Então Babu fala com sua esposa, Freny, que é o único membro da família que tem um emprego fora do negócio familiar. Em geral, Freny presta uma ajuda temporária.

Independentemente de sua situação financeira, meu pai acha difícil me recusar qualquer coisa. Muitas vezes, quando vamos até a praia, eu o vejo retirar as últimas notas de seu bolso para me comprar uma guloseima. Mas já sou crescida demais para poder desfrutar a guloseima sem perceber o seu custo para os outros membros da família.

Hoje à noite, infeliz por eu ter recusado o seu oferecimento de me pagar um jantar, ele procura me persuadir a comprar alguma coisa dos vários vendedores da praia que se aproximam do carro. Recuso e começo a falar sobre o valor de poupar dinheiro, quase o mesmo sermão que escutei Mehroo lhe passar. Ele escuta em silêncio.

— Papai, poupe apenas duas rupias cada dia. Lembra aquele porquinho da poupança que lhe dei no seu aniversário? Era para que você pudesse poupar um pouquinho todo dia. Por favor. Apenas duas rupias. É o que as freiras na escola também dizem: não importa quanto você poupa, apenas poupe um pouco.

Ele sacode a cabeça.

— Não, Thritu, não me peça isso. Não sou o tipo de homem que consegue poupar um pouquinho todo dia. Quando poupar, será *phaat*, uma grande soma! Tudo de uma só vez.

Capítulo 7

O sino toca, assinalando que é hora da aula de redação — minha aula favorita do dia. A professora, a srta. D'Silva, apresenta a tarefa de hoje. Na semana passada, a srta. D'Silva tinha lido meu ensaio em voz alta para toda a classe. Eu permanecera sentada no meu lugar, a cabeça balançando de orgulho, enquanto a professora chamava a atenção das alunas para certas frases de meu ensaio. Ela estava especialmente encantada com uma que dizia: "O sr. Brown estava no meio da sala, disfarçado de Papai Noel". Ela afirmou que essa frase revelava uma sofisticação acima da minha idade. "Este é o resultado de ler com voracidade", concluiu, e depois perguntou se sabíamos o que era voracidade. Todas as cabeças se voltaram para mim, mas minha mão continuou onde estava em cima da carteira, e mantive os olhos abaixados, temendo revelar que eu não fazia ideia do que a palavra significava e esperando que todos tomassem meu olhar curvado por modéstia.

Agora é hora de brilhar de novo. Sou desajeitada, uma negação para a ginástica, descoordenada, ruim em matemática e medíocre em quase todo o restante das disciplinas. Escrever é uma das poucas áreas em que sou indiscutivelmente boa, e por isso anseio pelas duas horas de aula de redação toda semana, assim como a maioria das crianças anseia por chocolate. Antes de a srta. D'Silva terminar de escrever o tema da redação de hoje no quadro-negro, já estou segurando o meu lápis com firmeza, empinada para a partida. Mas, segundos antes de o grafite do meu lápis entrar em contato com a folha de papel branco na minha frente, a srta. D'Silva diz algo que vira meu mundo de cabeça para baixo.

— Agora escutem, meninas. Pelo menos uma vez na vida, não criem personagens loiros e de olhos azuis. E, pelo amor de Deus, arrumem nomes verdadeiros, isto é, nomes indianos, e não nomes como sr. Jones e sr. Henderson.

Fico paralisada. Dá um branco na minha cabeça. O lápis na mão, tão carregado de possibilidades há um minuto, parece de repente mole e pesado. Pela primeira vez na minha curta vida, experimento algo semelhante a um bloqueio de escritor. Não faço ideia de como criar personagens que tenham aparência e fala que não sejam as existentes nos livros que cresci lendo. Tento dar a meus personagens um nome indiano, mas só consigo pensar em Colin, Jack e Susan. Tento imaginar como seria a aparência de um personagem indiano, mas não sei como criar alguém que não tenha cabelo ruivo crespo ou cabelo liso castanho-claro. Quanto a inventar um personagem que fale do modo como falamos — que diga "*yaar*" e "*men*" em vez de "sério, cara" e "muito bom, velho" —, não tenho nenhuma pista de por onde começar. Até agora, meus personagens comeram bolinhos e tortas de mirtilo em vez de sanduíches de chutney e *bhel puri*, e dar esse salto culinário e cultural parece impossível, assustador e uma subversão da ordem do mundo.

Porque, ainda mais que filha de meus pais, eu sou filha de Enid Blyton.

Como todas as minhas colegas, cresci lendo os livros de Enid Blyton, memorizei passagens inteiras, escapei da realidade pelas suas páginas. Resolvi mistérios com *O clube dos sete*, tive grandes aventuras com *Os cinco*. Levei a melhor sobre os tiras britânicos desastrados com *Os cinco descobridores*. Viajei para o internato com as meninas em *O colégio das quatro torres*, quando elas se esgueiravam nos quartos umas das outras para comer lanches à meia-noite e fazer caminhadas pelo campo britânico. Eu me apaixonei tanto pela silenciosa Colin de cabelos crespos quanto pela extrovertida Georgina com jeito de moleca. Vivi no mundo das senhas secretas e dos clubes de fraternidade, no mundo da camaradagem, da aventura e do mistério infantil. Derramei lágrimas quentes desejando um spaniel dourado como Scamper, que é o cachorro de Peter em *O clube dos sete*.

Minha obsessão por Enid Blyton começou há alguns anos. Até aquele ponto eu lia as revistas em quadrinhos do Archie e do Riquinho que minha prima Roshan tomava emprestadas na Biblioteca de Jaffer. Mas, certo dia, minha tia Freny apareceu lá em casa com um exemplar de *O clube dos sete* e me disse que eu já estava bem crescida para ler livros de verdade. Fiquei petrificada. Estava convencida de que não tinha idade para ler romances, que precisava continuar com os livros que tinham figuras além de palavras. "Apenas tente. Se não gostar, eu os levarei de volta." Então, com grande trepidação, abri o livro com um piparote. E descobri, para minha grande surpresa, que as palavras não eram mais difíceis do que aquelas com que estava acostumada. E que já estava absorta no livro pela página quatro. E que ler uma história inteira era infinitamente mais prazeroso que ler uma revista em quadrinhos. Terminei o livro na tarde seguinte e pedi mais. Naquele sábado, Freny me levou à Jaffer's e me arrumou uma inscrição na biblioteca. E assim, numa humilde biblioteca pública no meio de uma rua movimentada de Bombaim, começou o meu caso de amor com os livros.

Na realidade, tenho vivido tão intensamente no mundo ficcional das pequenas cidades da Inglaterra que conheço mais esse mundo do que a cidade equatorial, quente, apinhada de homens e mulheres de cabelos escuros em que moro. Nada que eu leio na escola ou em casa reflete esse mundo. Em casa, leio um romance de Enid Blyton por dia. Na minha escola de ambiente inglês, a língua híndi é ensinada como um idioma estrangeiro. Meus livros didáticos de literatura têm poemas de Wordsworth e narrativas de Dickens. Nada de escritor indiano. Salvo algumas passagens ocasionais de uma das epopeias indianas, o *Mahabharata* ou o *Ramayana*. Mas esses parecem história antiga, e afinal as duas narrativas são mitologias. Torna-se difícil descobrir como adaptar esses contos de linguagem dramática e exagerada à minha própria vida. De certa maneira, as aventuras dos jovens heróis de Enid Blyton, com seus olhos azuis e sardas, na Inglaterra pastoril, parecem mais relevantes para a minha vida que as proezas dos heróis de pele escura do *Mahabharata*, que podem ser parecidos comigo, mas cujo mundo de carros de guerra, arte dos arqueiros e cavalaria antiga nada significa para uma garota urbana crescendo em Bombaim nos anos 1970.

Minha professora não parece perceber o terremoto semântico que provocou na minha vida com suas palavras. Pela primeira vez na vida, estou suando para inventar uma história, fitando o espaço enquanto masco o meu lápis, fazendo alguns inícios débeis e depois os apagando com minha borracha aromática, aquela com a figura de Fred Flintstone. Quebro a cabeça pensando em alguns nomes indianos para homens. Raj? Ram? Até aos meus ouvidos jovens, eles soam prosaicos e sem graça. Olho ao redor da sala. Muitas das meninas nesta classe são católicas com nomes como Susan, Brenda e Carol, por isso não ajudam. Quanto às que não são católicas, fico de repente confusa, sem saber quem tem um nome "indiano" e quem não tem. Afinal, não escuto minha família dizer que meu nome é persa? Isso lhe dá o direito de ser indiano? Um nome indiano "verdadeiro" é apenas um nome hindu?

Naquela noite, em casa, quero fazer essas perguntas à minha mãe, mas não sei como formulá-las. E isso faz com que eu me sinta inadequada e inquieta. Pela primeira vez, compreendo que escrever não é o extravasamento fácil e quase distraído de emoções que sempre pensei que fosse. Escrever envolve mais coisas do que inventar um poema de aniversário que você sabe que sua mãe vai apreciar. As palavras da srta. D'Silva desencadearam algo, ainda que eu não saiba como chamar esse algo. Mas reconheço vagamente que escrever é — pode ser — uma coisa complicada e importante. E que está ligada a outras coisas, como cultura, racionalidade, história e o lugar em que se vive. Esse é um pensamento novinho em folha: que nem toda escrita é a mesma coisa, que o lugar em que você vive pode definir quem você é e, assim, mudar a maneira como você escreve. Estou agitada e confusa ao ver como um simples pedido de mudar a descrição física dos personagens está me levando por um novo caminho, fazendo-me pensar sobre coisas em que eu nunca tinha pensado. Mas estou também dolorosamente consciente de como meu pensamento é inadequado, de como, após algum tempo, meu cérebro simplesmente para de percorrer aos saltos esse novo caminho, porque não tenho os instrumentos com que navegá-lo. E num lampejo compreendo algo novo: que, assim como ler e escrever estão ligados, perguntas e respostas também estão. Você tem que saber como formular uma pergunta para obter a resposta correta. Esse *insight* me deslumbra, e eu o reviro na mente o restante da noite.

Quando papai e Mehroo chegam da fábrica naquela noite, posso ver que ele está de bom humor.

Durante o jantar, ele nos conta uma história.

— Hoje fui xingado na fábrica pelo *kamdar* — diz com um sorriso. — Tudo por culpa de Mehroo.

O *kamdar* era um muçulmano alto, de barba cinzenta e ar distinto, que tinha sido o contramestre de papai ao longo de muitos anos. Sempre vestido com um *kurta pajama* que permanecia imaculadamente limpo mesmo quando as camisas brancas engomadas de papai chegavam em casa cobertas de graxa e serragem, o *kamdar* era um homem de fala macia mas ar severo, que jamais hesitava em falar o que pensava para meu pai, a quem tratava como a um irmão mais moço brilhante, porém não muito conhecedor do mundo. Na maioria das vezes, meu pai se divertia com o tratamento que seu contramestre lhe dispensava. De vez em quando, resmungava sobre o *kamdar* estar se metendo onde não é chamado e esquecendo quem era o patrão. Mas ele também apreciava a lealdade firme e quase familiar que demonstrava em relação à empresa. O contramestre dirigia a oficina com um ar patriarcal e de proprietário. Referia-se à fábrica em termos que faziam você acreditar que seu avô era quem a tinha fundado. Era ele que vigiava e ralhava com os operários mais jovens e inexperientes, que tinham deixado suas vilas do norte e se mudado para Bombaim, acabando por ingressar na fábrica de meu pai. O mercado de madeira onde a fábrica estava localizada tornou-se mais do que um local de trabalho para esses homens, tornou-se o lar. Eles dormiam ao relento nos seus catres de corda estreitos; cozinhavam seu jantar aromático em pequenos fogões de querosene que brilhavam à luz crepuscular do dia, banhavam-se fora da fábrica antes que papai aparecesse de manhã; conseguiam água para beber e faziam sua higiene pessoal só Deus sabe onde.

O *kamdar* gostava especialmente de Mehroo. Mantinha-a sob um olhar paternal e protetor, porque ela era a única mulher que aparecia para trabalhar todos os dias num lugar exclusivamente masculino. A maioria dos negociantes de madeira no mercado eram muçulmanos da velha cepa, que tinham em casa esposas que cobriam o rosto segundo o costume da *purdah* quando saíam de casa. Como a única mulher — e solteira, ainda por cima —, Mehroo deveria ter sido alvo de muita fofoca e zombaria, mas não foi. O outro lado do conservadorismo muçulmano é uma quintessência do cavalheirismo e respeito indiano pelas mulheres. Talvez tenha sido uma noção de galanteria o que a protegeu. Ou talvez tenha sido a postura abertamente protetora de seus dois irmãos que desviou qualquer tentativa de flerte ou indiretas. Sem dúvida, a própria Mehroo, com seu rosto sério, sua dedicação evidente aos dois irmãos, sua obstinação e seu trabalho duro, não atraía nenhuma investida sexual. Em todo caso, quando eu já estava bastante crescida para ficar admirada com o fato de que minha tia suave e doméstica tinha sido uma pioneira ao se infiltrar numa indústria masculina, Mehroo já era parceira de meu pai havia tanto tempo que a maioria dos outros negociantes a aceitava desde longa data.

Papai ainda estava sorrindo.

— *Saala*, que pragas esse *kamdar* me rogou. Tudo por causa de sua *Mehroofui*.

— O que aconteceu?

O *kamdar* estava perto da porta do escritório com ar condicionado de meu pai, e o escutou gritar para minha tia. "Roupas novas!" Inclinou-se mais para perto da porta, a fim de escutar outros pedacinhos da conversa. "Roupas bonitas, caras... Gastar dinheiro", escutou papai dizer. "Por favor, Burjor", escutou minha tia responder. "Desta vez me perdoe. Apenas ignore."

O *kamdar* ficou lívido. Ficou andando pelo chão sujo até meu pai sair do escritório. Então caiu sobre ele.

— Burjor *seth*, Deus o perdoe pelo que escutei hoje! — gritou. — Todos esses anos tenho trabalhado para você e nunca pensei que chegaria este dia. *Arré, seth*, esta mulher tem sido uma mãe para você. Criou você assim como uma vaca cria o bezerro. E você lhe paga dessa maneira? Vergonha, vergonha, até Alá acharia difícil perdoar você.

Meu pai parecia confuso.

— O que é que fiz de errado? Estava apenas tentando...

— Errado, *seth*? O que você fez de errado? Gritar com sua pobre irmã porque ela comprou algumas roupas caras? Olhe, senhor, o que há de errado se ela gastou um pouco de dinheiro consigo mesma? As mulheres, elas têm seus hobbies e desejos. O negócio está indo bem, *Inshallah*. E tudo porque ela cuida da contabilidade para você. E você grita com ela por gastar um pouco de seu próprio dinheiro...

Meu pai começou a rir.

— *Saala, bevakoof*. Que imbecil! — disse ele. — Eu estava gritando para ela comprar algumas roupas novas, idiota, e não porque ela foi às compras. Não vê os trapos que ela usa todos os dias? Eu estava zangado porque ela se recusa a pegar um pouco de dinheiro e fazer compras. Eu estava lhe dizendo a mesma coisa que você me diz, que o dinheiro é também dela e que ela deveria gastar um pouco. Se não acredita em mim, entre e pergunte para ela.

O *kamdar* parecia mortificado.

— Que Alá seja louvado, e, por favor, perdoe-me, *seth*. Conheço sua família há todos esses anos, eu devia saber. *Mehroobai* tem sorte de ter um irmão como você. Que Deus abençoe vocês três. Seu velho pai terá orgulho de vocês, mesmo no céu.

Estamos todos rindo, quando meu pai termina a história.

— Que vergonha, Mehroo — diz mamãe. — Arrumar uma encrenca dessas para meu pobre marido.

Fico tensa por um momento, esperando detectar uma aresta no tom de voz de mamãe, mas não há nada. Mehroo sorri timidamente e dá de ombros.

Eu relaxo e me permito desfrutar o momento. Se ao menos toda refeição da família fosse assim...

Acontece.

Ainda não provei um *scone*, e sei agora que minhas muitas neuroses, meu medo de altura, nunca me permitirão ser uma moleca despreocupada como Georgina, mas ao menos um de meus sonhos de Enid Blyton se torna realidade.

Sou agora a companheira orgulhosa de um cocker spaniel dourado que se parece exatamente com Scamper de *O clube dos sete*.

Chego de uma festa certa noite, e nossa rua está coberta de escuridão. Falta energia em todo o bairro. Papai me encontra ao pé da escada com uma lanterna na mão. Quando chegamos a nosso apartamento, a família inteira está esperando por mim na porta da frente. Há velas no corredor do apartamento.

— Vamos — diz papai. — Há alguém esperando por você na sala de estar.

Assim, a minha primeira visão de meu cachorrinho é à luz de uma lanterna. Ele está enrolado e deitado numa caixa forrada, os olhos bem fechados. Suas orelhas douradas são quase tão grandes quanto seu corpo, o rabo é absurdamente curto, e seu focinho, um botão mimoso, brilha como couro preto. Ele é gordo e tão pequeno que papai consegue segurá-lo numa só mão.

Sinto uma felicidade tão intensa, uma gratidão tão profunda que não tenho palavras para expressá-la. Olho para papai e depois para o cachorrinho, que agora está acordado. Embora esteja escuro, capto a expectativa no rosto de todos os adultos. Estão todos esperando que eu diga alguma coisa, mas não há palavras para expressar o que sinto. Não, nada servirá, a não ser este grito de alegria e esta dança louca que estou executando, pulando de um pé para o outro. Os adultos estão sorrindo agora, e continuo a dançar minha felicidade até que o cachorrinho se assusta com o barulho que estou fazendo e começa a choramingar. Eu paro imediatamente.

Eu esperei tantos anos por este cachorro, derramei tantas lágrimas por ele enquanto pleiteava e implorava um animal de estimação, eu o vi aparecer em meus sonhos tantas vezes que não me ocorre que terá outro nome que não Scamper. Desde o primeiro momento em que seguro esta bolinha de pelo dourado a se contorcer, farejar, remexer-se nas minhas mãos, penso nele como Scamper.

— Alô, Scamp — sussurro. — Alô, pequeno.

Mas, na manhã seguinte, Mehroo me chama num canto.

— Você tem que pensar num nome diferente para o cachorrinho.

Fico horrorizada.

— Mas por quê? Eu sempre quis dar o nome de Scamper para um cachorro. Todo mundo sabe disso.

— Bem, há um problema. Você sabe, os criados não saberão pronunciar o nome. Melhor pensar num nome menos complicado.

No final, nós lhe damos o nome de Ronnie. Assim acaba o encontro do Oriente com o Ocidente. A lacuna entre a vida que levo na minha cabeça e a vida que realmente vivo se escancara. O sonho Enid Blyton fica esquecido nas páginas de um exemplar de *O clube dos sete*.

Capítulo 8

Duas revelações de abalar a Terra em dois dias. É quase mais do que posso suportar.

A primeira revelação envolve Mehroo. Papai e eu estamos a caminho do Crawford Market para comprar algumas frutas, quando ele deixa escapar um comentário sobre o noivo morto de Mehroo. O mundo para por um momento. Eu nem sequer sabia que Mehroo havia se apaixonado, muito menos que tivesse noivado para se casar. Tenho doze anos, quero dizer a papai: Como é que ninguém me falou disso antes? Em vez disso, simplesmente escuto enquanto ele me conta toda a história triste.

Alguns anos depois da morte da mãe por tuberculose, a própria Mehroo contraiu a doença temível — e frequentemente fatal. Depois de sua recuperação, meu avô, perturbado, enviou-a para um sanatório na estação montanhosa de Panchgani, para se recuperar. Papai ficou de coração partido. Desde a morte da mãe, Mehroo tinha se tornado mãe e irmã para ele. E mais: ela era muitas vezes a única que conseguia falar com o pai, cujo pesar o tornara tão distante como uma estrela. Meu avô, um homem gentil e culto, achava muito duro ter que aguentar seus filhos ativos e turbulentos. Sem se dar conta, ele se ofendia com seu alarido, suas piadas, suas risadas, porque pareciam uma perturbação, uma violação do mundo silencioso que tinha construído para si. Assim, temendo os longos silêncios da casa, meu pai não queria que sua irmã fosse embora.

Durante todos os anos em que conheci Mehroo, ela nunca me falou sobre os meses em Panchgani. Mas meu pai se lembrava de não ter reconhecido a irmã, quando a família a visitou alguns meses mais tarde. Olhando para a jovem de cabelos castanhos volumosos e trançados, com as faces vermelhas como morangos e lisas como creme, ele a tomou por uma inglesa. Por isso, viu com espanto meu avô envolver essa estranha num abraço. "Alô, *pappaji*", disse ela. Ah, meu Deus, é Mehroo, meu pai pensou.

O brilho no seu rosto provinha de algo mais além da boa alimentação e do ar limpo das montanhas, como a família logo descobriu. Mehroo estava apaixonada. No sanatório, tinha conhecido e se apaixonado por outro paciente com tuberculose. Seu nome era Rumi, tinha vinte e cinco anos e trabalhava como engenheiro na força aérea. Morava em Karachi, a centenas de quilômetros ao norte de Bombaim. Décadas mais tarde, vi uma antiga foto tecnicolor dos dois juntos. Rumi alto e esbelto, com um bigode escuro e exuberante sobre lábios grossos. De terno também escuro. Mehroo mais baixa, seus olhos ardendo de juventude. Nenhum dos dois está sorrindo na foto, mas, apesar da formalidade do retrato tirado em estúdio, é palpável a intimidade entre o casal. Eles parecem muito apaixonados.

Nos primeiros dias depois do retorno de Mehroo, meu pai se sentia tímido e desajeitado perto de sua mana. A irmã mais velha familiar que, depois da morte da mãe, lhe dava banho e cozinhava para ele e que, mais tarde, vestia-lhe o uniforme do colégio antes de ela própria se aprontar para a escola, tinha sido substituída por uma estranha serena e um pouco mística. A própria Mehroo se admirava da mudança em seus irmãos. "Olha como vocês dois cresceram enquanto eu estava fora", dizia quase para si mesma. Depois de alguns dias, no entanto, quando Mehroo reassumiu as responsabilidades do lar, depois que retomou das tias mais velhas, encarregadas de ficar de olho nos meninos, a tarefa de cuidar dos irmãos, tudo voltou a ser como se ela nunca tivesse se ausentado.

Mas os três homens da casa sentiam outra perda se aproximar e temiam que dessa vez fosse para sempre.

— Não quero que você vá embora! — papai disse com fúria depois que Mehroo lhe explicou a situação. — Se o seu Rumi é tão maravilhoso, ele pode se mudar para Bombaim e vir morar conosco.

— Tente compreender, irmão — disse Mehroo com brandura. Mas ele estava inconsolável.

Meu avô estava igualmente inflexível. Ele temia pela saúde de sua filha e pela sua separação da família. Já havia tomado sua decisão quando a tia materna de Rumi, Perin, veio reforçar o pedido de casamento feito pelo rapaz.

— Um bom menino de uma boa família, é o que ele é, *Hormazdji* — disse Perin. — A sua Mehroo será uma rainha na nossa família, pode crer.

Mas Hormazd não estava convencido.

— Dois pacientes com tuberculose casando-se — objetou ele. — Qualquer médico desaconselharia o casamento. E se houver problemas mais tarde? Deus nos livre!

— Absurdo, absurdo, *Hormazdji*. As duas crianças estão saudáveis, graças a Deus. Tenho fé que *Ahura Mazda* vai conservá-los sãos e salvos.

Hormazd tentou outro caminho.

— Mehroo dirige esta família desde a morte da minha querida esposa. Sou viúvo, com dois filhos jovens para criar. Com meu emprego no banco, como vou conseguir criá-los sozinho? Karachi fica muito longe, na outra ponta do país. Quem sabe quando vou ver minha Mehroo de novo?

Perin estava preparada para responder dessa vez:

— Rumi pediu que o informasse de que ele próprio vai trazer Mehroo a Bombaim ao menos uma vez por ano. Ele tem uma grande família em Bombaim; eles podem ficar conosco... ou com você — ela se apressou a acrescentar.

Mas o temor da tuberculose assombrava meu avô. Foi uma grande desgraça que sua única filha tivesse contraído a mesma doença que matou sua jovem esposa. Não podia permitir que ela se casasse com um homem portador dos mesmos temíveis germes. Ele se recusou a permitir que Mehroo se casasse com Rumi. Mehroo ficou de coração partido, mas não lhe ocorreu casar-se contra o desejo do pai.

Durante dois anos ela se correspondeu secretamente com Rumi. As cartas de Karachi endereçadas a ela aportavam na casa de sua melhor amiga e lhe eram entregues na faculdade. Ela respondia às cartas antes de voltar para casa à noite. Os irmãos sabiam dessa troca de cartas e conspiravam para não revelar o segredo ao pai.

Não sei ao certo como meu avô acabou descobrindo. Então, naquela noite, pai e filha tiveram uma conversa. Ninguém sabe o que disseram um para o outro. Mas, depois de maltratar o coração da filha por dois anos, Hormazd de repente cedeu. Mehroo estava livre para se casar com Rumi.

Os preparativos para o casamento, que seria realizado em Bombaim, começaram imediatamente. Titia Perin ajudou Mehroo a escolher sáris para o casamento e o noivado. Papai e meu tio também participaram das atividades, quase delirantes de emoção com a ideia de um casamento na família. Apesar da sombra da separação iminente, uma rara sensação de alegria e diversão envolveu todo mundo.

Papai ainda se lembra do dia em que chegou a má notícia. Exatamente dois meses antes do casamento. A campainha tocou, e a tia de Rumi — a mesma mulher que alguns meses antes havia ajudado Mehroo a escolher seu sári de casamento — entrou apressada.

— Onde está Mehroo? — perguntou a meu pai. Depois, antes que ele pudesse responder, ela se lançou para a cozinha.

Mehroo levantou o olhar do balcão onde estava picando cebolas. Os olhos estavam vermelhos por causa das cebolas, e o rosto corado pelo calor de Bombaim.

— *Su che,* titia Perin? O que foi? — ela perguntou. — O que aconteceu?

A mulher deu um passo na direção da sobrinha e disse de supetão:

— Mehroo, Rumi morreu. Teve pneumonia apenas por dois dias...

O resto, tenho que imaginar. Papai não recorda o que aconteceu depois do momento terrível em que a dor e a morte entraram pela segunda vez em suas vidas. Roteiro nº 1: por um segundo, Mehroo continua picando as cebolas, mecanicamente, de maneira muito semelhante a esses corpos que se crispam e mexem mesmo depois de terem sido decapitados. Roteiro nº 2: a faca cai de suas mãos trêmulas, de modo que ela tem que dar um pulo para trás a fim de evitar sua lâmina cortante. Depois ela começa a gritar, e por um momento Perin acha que a faca atingiu o pé de Mehroo. Roteiro nº 3: Mehroo fita Perin com um horror silencioso. Os olhos se arregalam, enquanto as palavras espalham veneno por todo o seu corpo. Então, sem dizer nada, ela cai no chão.

Papai acaba de contar a história. Não estou certa de que faça ideia de quanto ela me afeta, porque reajo como de costume quando meu coração está se partindo: esforço-me para que meu rosto fique sem expressão. Não deixo que a dor apareça nos meus olhos. Faço perguntas cuidadosas que não forneçam nenhuma pista do tumulto e da confusão que sinto. Digo a papai que vou esperar no carro enquanto ele faz as compras no Crawford Market. Depois que ele sai, deixo meu queixo cair de incredulidade, meus olhos se inundar de lágrimas não derramadas, permito-me sentir a ferroada da traição e do choque.

Confissão: a princípio, senti pena principalmente de mim mesma. Como membro mais jovem da família, como alguém de quem Mehroo cuidou desde o berço, eu aceitava simplesmente como fato que Mehroo me amava mais do que a qualquer outra pessoa no mundo, que sua vida tinha começado basicamente depois do meu nascimento. Ah, eu sabia que ela era louca pelos irmãos, sabia quanto tinha adorado o seu pai, mas era diferente. Essas pessoas sempre fizeram parte da minha vida, eram entidades conhecidas e, por isso, não representavam ameaça para mim. Não eram concorrentes; eram a família, portanto não contavam.

Mas esse homem estranho que saiu das névoas do passado para os campos da realidade, o que vou fazer com ele? Esse homem que foi criado pela história contada por meu pai, esse morto que renasceu pelo poder das palavras, onde é que vou enterrá-lo? Esse homem a quem Mehroo amou antes de eu sequer ter nascido, por que é que eu o vejo como rival? Por que sinto como se Mehroo me tivesse enganado, traído de certa maneira? Como é que devo pensar agora na minha tia pequena e solteira, nessa figura unidimensional em preto e branco que eu acreditava existir apenas para me amar? Agora que ela é de repente restaurada em cores vivas, agora que tenho de reconhecer sua plena humanidade, seu direito de amar a quem quer que deseje sem pedir minha permissão, o que vou fazer com sua imagem de cartão-postal que jaz toda despedaçada aos meus pés? E por que tenho ciúme de um homem que morreu anos antes de eu nascer? Afinal, ele está morto, e eu estou viva. Isso não é vingança suficiente?

De repente escuto a mim mesma, e minha divagação se dissolve, e então sinto uma dor tão aguda, tão penetrante que me tira o fôlego. Mehroo tinha recebido esse ferimento colossal, sem que eu disso tivesse ciência.

Moro na mesma casa com uma mulher que foi abatida duas vezes pela morte do amor, e ainda assim é ela que cuida de mim, que me alimenta. Tenho doze anos, sou crescida o bastante para conhecer a sensação do fim do amor, como ele se ergue diante de nós à maneira de um muro de tijolos, decepando todas as visões do futuro.

Quando chegamos em casa, quero perguntar a Mehroo sobre Rumi, quero lhe dizer quanto lamento, quero ao menos lhe dizer que fiquei sabendo de Rumi. E que compreendo. Mas permaneço em silêncio. Não sei ao certo por quê. Não há explicações para o meu silêncio. Exceto talvez esta explicação egoísta: por alguma razão, eu tinha aprendido ainda bem pequena a proteger uma certa parte profunda de mim mesma, a não revelar, nem mesmo para aqueles que me amavam, um certo miolo, um certo nervo que era demasiado sensível e demasiado vulnerável. Quanto mais profunda e intensamente eu sentia as coisas, mais reservada eu me tornava. Quanto mais silenciosa e introspectiva eu me fazia por dentro, mais sabe-tudo e verbal eu me sentia compelida a ser. Havia um espaço em branco dentro de mim que eu tinha medo de partilhar com outra pessoa. A ironia era que minha desgraçada hipersensibilidade, minha pele fina, minha capacidade terrível de ser facilmente ferida, eu sabia ter herdado tudo isso de Mehroo. Sabia, da maneira instintiva como as crianças sabem das coisas, que os olhos de Mehroo escondiam uma tristeza crua que ecoava a minha.

E assim vou ao encontro de Mehroo nessa noite, enquanto ela dorme na sua cama de solteira, e beijo sua testa. Ela abre seus olhos castanhos e úmidos.

— O que foi, Thrituma?

Sacudo a cabeça, tentando manter à distância o nó na garganta.

— Nada. — Mas isso não parece suficiente. Então eu lhe faço o maior elogio que conheço. — Seus olhos me lembram os de um velho cavalo. Os olhos mais bondosos que conheço.

Ela sorri.

A segunda revelação acontece no dia seguinte, quando papai e eu levamos Ronnie, meu cocker spaniel dourado, ao veterinário. Entramos no pátio grande e espaçoso do hospital veterinário, e, apesar de minha preocupação com Ronnie, eu me vejo respirando com maior facilidade neste lugar belo e tranquilo. Então Vishnu, a assistente, informa que nosso veterinário habitual está de licença por um mês e que há outro veterinário atendendo em seu lugar. Ficamos um pouco incomodados com isso, mas pegamos nosso lugar no banco de madeira dura e esperamos nossa vez.

A porta se abre, e a nova veterinária se apresenta. Meu queixo desaba. É a Dama do Ovomaltine que adquiriu vida real. O cabelo escuro da veterinária está preso num coque e suas faces não têm covinhas, mas sua gentileza, sua voz macia e baixa, suas mãos graciosas que coçam a cabeça de Ronnie, tudo me diz que ela é, mesmo assim, a Dama do Ovomaltine. Está com um sári de *chiffon* rosa-claro e brincos de prata e sorri para mim com ternura, dá palmadinhas na minha cabeça e diz que não preciso me preocupar muito, porque meu cachorro ficará bom. Estou encantada. Quero lhe dizer que ela é a minha mãe verdadeira, há muito tempo perdida, quero lhe contar que sou adotada, que fui criada por lobos e esperei sua chegada durante toda a minha vida. Então, de repente, eu me lembro de Mehroo e de sua dedicação a mim, da história triste que escutei ontem, e fico confusa. Ocorre-me que já tenho um número excessivo de mães e que outra, por mais bela, graciosa e amorosa que seja, só vai complicar a situação. Penso em todas as mães que tenho e sei que deveria me sentir grata e satisfeita, mas não consigo me livrar desse sentimento de privação, vazio e ruptura que tenho dentro de mim.

Outra coisa está me deixando confusa, a maneira como a Dama do Ovomaltine está falando com papai. Há um quê de procura e reflexão em seus olhos que reconheço, mas ainda não compreendo. Eles estão falando suavemente, e ela acaricia meu cachorro durante todo o tempo em que conversa com papai. Eu o ouço dizer "Não está com seu apetite habitual" e "Fez cocô dentro de casa", mas nem estou escutando. Porque aquilo que prende minha atenção, o que me transfixa, é a expressão no rosto de papai. Ele parece encantado, solitário e melancólico, e levo um minuto para reconhecer que sua expressão está espelhando a minha. Levo um minuto inteiro para compreender que papai e eu desejamos as mesmas coisas — bondade, amor, beleza e graça — e que nenhum de nós encontrou essas coisas na minha mãe. Essa compreensão faz meus olhos doer com as lágrimas, por isso me afasto e resmungo alguma coisa sobre ir lá fora brincar com os outros animais.

Não sei quanto tempo se passa, mas depois papai já está aqui fora, com Ronnie louco para se ver livre como de costume. A Dama do Ovomaltine está ao seu lado, e, quando me vê, ela sorri. Meio curvada na minha direção até nossos olhos ficarem nivelados, ela me diz que Ronnie ficará bom, que não preciso me preocupar. Papai sorri em gratidão e estende a mão para ela.

— Obrigado — diz docemente.

— De nada. Foi um prazer conhecer vocês dois.

Papai coloca a mão ao redor do meu ombro enquanto caminhamos para o carro. Quando partimos, a Dama do Ovomaltine está voltando para a clínica. Seu sári rosa brilha como um halo ao sol do meio-dia.

Ficamos os dois quietos na volta para casa, perdidos em nossos pensamentos. Depois ouço papai suspirar, um longo e pesado suspiro, e me sinto compelida a dizer:

— Ela foi querida, não? Na verdade, gostei muito mais dela que do nosso veterinário habitual.

— Sim, ela foi muito querida. — Então, como se não conseguisse guardar as palavras para si por mais tempo, ele acrescenta: — Assim é como sempre sonhei que seria... que a mulher com quem eu me casasse fosse assim, de fala macia e amorosa. — Espero que diga mais alguma coisa, mas ele mergulha no silêncio.

Quero dizer a meu pai que o compreendo — compreendo as duas coisas, o sonho e a traição desse sonho. Quero lhe falar sobre minha fantasia da Dama do Ovomaltine e como hoje, pela primeira vez, vi a fantasia em carne e osso. Quero lhe dizer que desejamos as mesmas coisas, ele e eu, e que compreendo que o fato de não as possuir deixa um ponto vazio e entorpecido em cada um de nós. Quero lhe contar o que mamãe faz e diz para mim quando ele não está por perto, quanto me sinto assustada e sozinha, quero que ele faça o retorno, volte para o hospital veterinário e peça que a Dama do Ovomaltine fuja conosco, e quero que nós três partamos para algum lugar muito longe, deixando a beirada da nossa vida e entrando numa queda livre de sonhos e possibilidades.

Não digo nada.

Observo Ronnie, a cabeça pendurada na janela, as orelhas douradas balançando na brisa, e permaneço em silêncio. Engulo o nó que se forma na minha garganta, olho pela janela e pisco até as lágrimas desaparecerem.

Mas, desse dia em diante, carrego a dor e o desejo de uma outra pessoa junto comigo, por isso minhas tristezas já não serão apenas minhas. Estarei ligada a meu pai de maneira mais profunda que a geografia acidental de nascimento e sangue. A partir de agora, verei papai como um companheiro de viagem, um camarada marcado e traído pelo mesmo ideal inalcançável. Meu pai, vou compreender, tinha sua própria Dama do Ovomaltine.

Durante anos ele falará sobre aquele dia no veterinário, falará às vezes de forma casual, outras vezes de forma melancólica. Será nossa linguagem cifrada particular para o que falta em nossa vida, para as partes incompletas de nós dois.

E vai nos marcar, esse desejo não realizado. Por isso vamos nos reconhecer um ao outro no escuro, por isso seremos mais que pai e filha. Seremos confidentes. Vou consolá-lo, suportar a sua cruz, passar décadas buscando permissão do universo para ser feliz na minha própria vida, tendo diante de mim o conhecimento da sua dor.

E os dois vamos sempre procurar fugir da monotonia cinza da realidade — ele das teias de um casamento arruinado, eu do aprisionamento das mitologias da maternidade — e passaremos a vida procurando o caminho de volta para a brilhante fantasia de celuloide sobre a Dama do Ovomaltine.

Capítulo 9

A Parse Louca.

O apelido me foi dado por uma professora do quarto ano e acabou pegando; vive me seguindo como uma sombra pela escola.

É complicado fazer jus a uma reputação tão formidável. Alimentada pelas caricaturas de parses nos filmes hindus, a Parse Louca tenta fazer o melhor possível para estar à altura de seu papel. Nenhuma proeza é escandalosa demais, nenhuma façanha é ousada demais. De repente, ela é a guardiã da reputação de todo um grupo de pessoas cujas excentricidades já são tema de lendas. Cabe-lhe levar adiante essa orgulhosa tradição.

Sua reputação é selada no sexto ano, quando ela vem para a escola numa certa segunda-feira e conta às amigas que descobriu um novo hobby — estilhaçar as vidraças com os punhos nus. (Vale registrar que ela fez isso apenas uma vez, e além do mais numa vidraça que já estava rachada, com isso escapando de qualquer machucado. Esses detalhes, desnecessário dizer, são omitidos nas narrativas do caso.)

Mas, no sexto ano, há outra candidata ao título de Parse Louca. Anita Khalsa é uma menina alta e desengonçada, com um sorriso largo e contagioso tirado de um romance de Billy Bunter. Sua mãe é uma mulher altiva de maneiras brandas, e sua reação característica à filha é um perplexo sacudir de cabeça, como se ainda não acreditasse que deu à luz essa menina engraçada que lembra uma girafa.

Por algum tempo, Anita e eu competimos cabeça a cabeça pelo título de Parse Louca, mas no Dia da Língua Azul ela me ultrapassa por uns centímetros e torna-se a mais louca das parses loucas. O que aconteceu foi o seguinte: na aula de biologia, aprendemos que a tinta de escrever é feita de óleo de peixe. No dia seguinte, Anita chega na escola com um frasco de tinta azul da Parker novinho em folha. Como só podemos usar caneta-tinteiro na escola, levamos todos os dias uma caneta-tinteiro, um frasco de tinta e folhas de mata-borrão cor-de-rosa. Por isso, o fato de Anita trazer um frasco de tinta para a escola não desperta suspeita. Na minha escola, as freiras consideram as canetas esferográficas com a mesma suspeição e desprezo que reservam para as camisinhas. "Engenhocas repulsivas", diz a Irmã Hillary se alguma de nós é flagrada com uma esferográfica pagã. "Arruínam a letra das pessoas. As meninas de boa família usam canetas-tinteiros."

Pouco antes da hora do almoço, Anita faz uma declaração dramática. Depois da refeição, ela vai tomar a tinta.

Apressadas, comemos o almoço quente, que nos é entregue pelos portadores das marmitas. Os portadores são homens magros, porém musculosos, que toda manhã pegam em casas particulares centenas de refeições quentes acondicionadas em marmitas metálicas de três peças e depois as entregam nas escolas e nos escritórios por toda a cidade. Meu portador de marmita particular aparece na escola equilibrando na cabeça uma longa caixa de madeira, do tamanho de um barco pequeno. Muitas vezes fantasio matar a aula e seguir o portador, para vê-lo navegar num trem apinhado de gente com essa prancha de madeira na cabeça.

Depois do almoço, voltamos para a sala de aula no segundo piso tão discretamente quanto possível. Se suspeitarem da performance de Anita, as professoras vão cancelá-la. Esse é o primeiro ano em que temos uma sala de aula com porta, e aproveitamos ao máximo a privacidade que ela nos proporciona. Um mês antes, houve a infame batalha de sapatos em que, por alguma razão misteriosa que nenhuma de nós conseguiu lembrar mais tarde, tiramos os sapatos e começamos a jogá-los umas nas outras. Lá fora estava chovendo forte, transformando o chão num campo de barro, imundo, encharcado. Em certo ponto, quando a luta se tornou mais turbulenta, o sapato de alguém saiu voando pela janela aberta e aterrissou na lama dois andares abaixo. Nós aplaudimos a aterrissagem do sapato, até que Zenobia, uma menina plácida de pele clara e índole meiga, se ofereceu para ir buscá-lo. Ficamos observando da janela e batemos palmas quando ela pegou o sapato coberto de lama, erguendo-o em triunfo para que todas pudessem vê-lo. Mas, quando ela estava prestes a retornar para a sala de aula, alguém teve uma ideia brilhante. Enquanto Zenobia estivesse lá embaixo, poderíamos atirar mais sapatos na lama. E foi o que fizemos.

Quando a sra. Pereira entrou na sala de aula naquela tarde, foi saudada por quarenta meninas dando risadinhas, meninas sentadas a suas carteiras com sapatos molhados cobertos de lama já endurecida. Mas tínhamos treinado muito bem a sra. Pereira, e ela nunca entabulava uma conversa conosco se pudesse evitar. Quem sabia o que poderia acontecer? Uma pergunta sobre sapatos molhados poderia produzir uma resposta sobre um túnel para a China se ela não tomasse cuidado. Assim, ela ignorou as poças de lama no chão, abriu o livro e começou a ler para a classe.

Na verdade, tínhamos transformado a sra. Pereira numa mestre em evitar encrencas, uma realização de que nos orgulhávamos. Dia após dia, semana após semana, tínhamos dobrado sistematicamente o ânimo da sra. Pereira, por isso ela agora dava um pulo sempre que uma de nós falava, e sobressaltava-se quando uma de nós levantava a mão.

— Senhorita, senhorita, senhorita — dizia Roxanne, balançando freneticamente a mão erguida.

A sra. Pereira levantou os olhos de seu exemplar de *David Copperfield* com cautela.

— O que foi, Roxanne?

— Por favor, senhorita, a senhorita acabou de dizer uma coisa que não entendo. Por favor, senhorita, o que é um elástico? Pode explicar?

— Uma tira de elástico. Agora fique quieta.

Todas nós ficamos encantadas com essa interrupção e a evidente irritação da sra. Pereira.

— Essa foi brilhante, *yaar* — alguém sussurrou para Roxanne.

Passaram-se dois minutos. Henrietta levantou a mão.

— Desculpe-me, senhorita. Senhorita?

A sra. Pereira parecia aflita.

— Sim?

— Eu apenas queria saber, senhorita. Posso comer esta maçã na aula?

Todas nós engasgamos. Comer na aula era tabu, um pecado semelhante a escrever com uma esferográfica.

Mas a sra. Pereira estava aturdida.

— Não. Sim. Quero dizer, faça o que quiser. Apenas fiquem quietas, todas vocês. Nem mais uma pergunta.

— Sim, sra. Pereira. Obrigada, sra. Pereira — disse a classe inteira, naquele jeito cantado que, sabíamos, a deixava maluca.

Henrietta deu uma mordida bem ruidosa na maçã e depois passou-a para a menina sentada ao seu lado. Passamos a maçã ao redor como se fosse um baseado, dando nossas mordidas exatamente quando a sra. Pereira começava uma nova frase.

Quando o sino tocou para marcar o fim da aula, a professora atordoada fechou o livro e saiu correndo da sala, antes que pudéssemos nos levantar para lhe desejar um bom dia. Olhamos umas para as outras e balançamos a cabeça de satisfação. Outra aula bem-sucedida.

Dois dias mais tarde, preparamos outra surpresa para a sra. Pereira. Ela abriu a porta e entrou numa sala de aula que tinha sido misteriosamente rearranjada. Tínhamos removido as longas fileiras verticais de carteiras para o fundo da sala e reconfigurado a disposição para que todas as carteiras ficassem alinhadas horizontalmente em três longas fileiras. O ventilador de teto girava loucamente sobre uma sala com três quartas partes vazias. E ali estava o nosso *tour de force*: tínhamos atado três bolsas a tiracolo de pano no ventilador de teto, para que na velocidade máxima, como estava então, as bolsas girassem como demônios, os enfeites de espelho na bolsa verde lampejando ao sol do meio-dia.

A sra. Pereira considerou a mobília rearranjada, a sala de aula quase vazia, com uma expressão impassível no rosto. Mas se encolheu involuntariamente diante do perigo das bolsas giratórias, como se fossem uma guilhotina prestes a decapitá-la. Nós demos risadas e nos cutucamos, esperando que ela reconhecesse nossa obra ou ao menos desligasse o ventilador de teto.

Em vez disso, ela deslocou sua escrivaninha alguns centímetros, para que ficasse fora do alcance das bolsas esvoaçantes, abriu o livro e enterrou a cabeça nele. "Capítulo cinco", entoou com voz monótona.

Anita e eu nos olhamos, arrasadas. A mudança nas carteiras fora ideia de Anita, enquanto a do ventilador de teto fora minha. Mas, dada a reação murcha da sra. Pereira, nenhuma das ideias parecia particularmente brilhante. Senti a contragosto uma admiração involuntária por nossa professora. E imediatamente jurei inventar um truque para o dia seguinte que provocasse uma reação mais vigorosa.

Agora alguém fecha a porta da sala de aula, enquanto outra menina se oferece para ficar de guarda e assegurar que não há professoras por perto. O restante de nós forma um círculo ao redor de Anita, que desatarraxa a tampa do frasco de tinta com um gesto teatral e o leva até seus lábios. Estremecemos.

— Anita, não faça, *men* — diz alguém. — E se for venenoso ou algo assim?

Mas as faces de Anita estão coradas, e ela tem aquele brilho revelador no olhar que nos diz que sua decisão está tomada.

— Não prestaram atenção na aula hoje, meninas? — diz ela numa voz aguda e afetada, sacudindo o dedo para nós exatamente como a sra. Pinto costuma fazer. — A tinta é feita de óleo de peixe. E isso faz bem para vocês. — E, antes que possamos detê-la, ela inclina a cabeça para trás e derrama um terço da tinta. Engasga um pouco, mas continua bebendo.

Observando-a, eu me vejo presa entre dois pensamentos contraditórios. De um lado, estou tomada de admiração por Anita. De outro, sei que terei que imaginar um modo de superá-la para recuperar o título de Parse Louca.

Contudo, o que sela minha admiração e meu afeto por Anita é o que ela faz a seguir. Ela inclina a cabeça de novo e bebe um pouco mais. E depois estala os lábios. Esse estalar dos lábios é que nos faz romper o silêncio perplexo e preocupado que nos invadiu e cair na gargalhada.

Anita sorri. Seus dentes estão azuis.

Estou numa festa de aniversário da minha amiga Diana, uma das meninas mais populares da escola. Magricela mas resistente, ela é, na expressão admirativa de minha mãe, um "curinga": uma boa aluna e uma atleta competitiva. As freiras e as professoras adoram Diana, não só porque é brilhante e inteligente, mas porque é educada e tem boas maneiras. Além disso, ela vem da aristocracia parse — seu pai é um ilustre médico e descende de uma família conhecida por sua sofisticação e suas maneiras refinadas. Por isso, sei que é um privilégio ser convidada para uma festa de aniversário de Diana.

A casa é espaçosa, com pé-direito alto e paredes cor de creme. É o tipo da casa que me faz querer baixar a voz quando falo. Esta casa, estas pessoas são diferentes da minha casa e da minha família, de um modo que posso sentir, mas não expressar. A mãe de Diana é uma mulher refinada e de voz macia que está fazendo o possível para entreter o grupo turbulento de meninas de sexto ano na sua casa. Brincamos com vários jogos como o de mímica, e depois é hora de comer. A mãe de Diana se dirige a nós.

— Algumas de vocês poderiam ir à sala ao lado e pegar uma ou duas cadeiras? Precisamos de cadeiras extras.

Eu me ofereço imediatamente para ajudar e vou com duas outras meninas para a sala ao lado, onde a irmã mais velha de Diana está sentada de pernas cruzadas no chão com algumas de suas amigas. Como sempre, elas nos ignoram. Um disco está girando na vitrola. Escuto a canção, que soa totalmente não musical para mim, e não compreendo nenhuma das palavras. Levanto uma cadeira e começo a carregá-la para a outra sala, quando ouço a irmã de Diana dizer:

— Esta canção nunca deixa de me surpreender, apesar de já tê-la escutado um milhão de vezes. Prestem atenção na letra. É como um poema. Vou lhes contar, esta é a canção pela qual os anos 1960 serão lembrados.

— Qual é o nome? — pergunta uma das outras meninas.

A irmã de Diana parece não acreditar.

— Quer dizer que você não conhece "The Boxer"? — grita ela. — Esta canção vai ser um clássico do rock, pode crer.

Não faço ideia do que elas estão falando. Mas meus braços se arrepiam, e um ímpeto de emoção me invade. No lugar de onde venho, ninguém jamais fala dessa maneira sobre música. No lugar de onde venho, uma canção é alguma coisa a ser assobiada, e a música é um luxo pouco prático, como flores, arte e museus. Ninguém que eu conheço jamais me pediu para escutar a letra de uma canção. Amo o que a irmã de Diana acabou de dizer, a importância que empresta à sua voz, a confiança em seu tom, o modo solene como as outras acenam com a cabeça, como se todas fizessem parte de uma tribo secreta. De repente, eu não quero ter nada a ver com as meninas tolas e infantis que estão devorando sanduíches de frango ao meu redor. Eu quero me deixar levar para a outra sala e entrar no círculo sagrado das meninas mais velhas, quero escutar de novo aquela canção com atenção igual à delas, quero compreender o que a voz murmurante do cantor está dizendo, quero ser crescida e inteligente para dizer frases maravilhosas, inexplicáveis e glamorosas como: "Esta é a canção pela qual os anos 1960 serão lembrados".

Mas estou presa com as meninas dos sanduíches de frango. Não tenho confiança para me levantar da mesa e pedir que me aceitem em outro círculo. Além disso, sei que, como a maioria das irmãs mais velhas, a irmã mais velha de Diana não vai me dar atenção. Um sentimento triste e pesado passa sobre mim. Assim como as palavras da srta. D'Silva me abriram as cortinas por um instante e me proporcionaram um vislumbre de outro mundo maravilhosamente complicado, as palavras da irmã de Diana tiveram efeito semelhante. Então a cortina se fechou de novo, banindo-me como sempre para o mundo das colegiais de risinhos tolos que cantavam "Born Free" e "A Spoonful of Sugar", que diziam coisas previsíveis e vazias em vez de declarações inexplicáveis e exorbitantes que me arrepiavam toda de emoção. Um sentimento amargo de desejo e perda se instala na minha barriga, por isso afasto meu sanduíche comido pela metade.

— Você está bem, Thrity? — pergunta a mãe de Diana, e respondo que sim com um silencioso movimento de cabeça, tentando não deixar transparecer meu sofrimento.

Sou diferente dessas meninas que dão risadas à mesa. Sei disso agora. Há outro mundo lá fora, um mundo em que talvez exista um canto para desajustadas como eu. Mas como entrar nesse mundo é um mistério maior que qualquer um dos resolvidos pelo *Clube dos sete*.

Minha obsessão por Enid Blyton se dissolve finalmente em pensamento adulto, mas não sem um último u-hu. Acontece no dia em que Freny me diz, delicadamente, que me acha crescida demais para ler minha amada autora, e sim, até mesmo para os romances de Billy Bunter e Nancy Drew que ando lendo, e que já é hora de eu ler algo mais apropriado para a minha idade, como os romances de Mills & Boon.

Estou estarrecida. O quê? Renunciar a meus amados amigos da infância cujas vidas me eram mais familiares do que a vida das garotas com quem fui à escola? Peter, Georgina, Colin, Scamper e Billy e Bessie Bunter tinham me feito companhia quando os adultos estavam ocupados demais para me dar atenção, naquela correria de sempre nos seus círculos privados de sofrimento. Renunciar deliberadamente a esses amigos leais seria um ato covarde de traição. Lembro-me das incontáveis horas que tinha passado lendo essas histórias a ponto de poder recitar de cor páginas inteiras dos livros — uma façanha que costumava executar regularmente até a tarde em que minha mãe me esbofeteou na presença da velha que morava no andar térreo. Acabávamos de voltar de um encontro de pais e professores em que a sra. Patel tinha se queixado de meu hábito de repetir as últimas palavras de tudo o que dizia. "Faz com que as outras meninas pensem que ela está caçoando de mim", ela dissera. "Não sei se ela está tentando ser uma sabe-tudo ou não." E, embora eu tenha negado veementemente sacudindo a cabeça, mamãe decidiu que a queixa da professora era genuína e estava de certo modo ligada à minha capacidade de memorizar passagens inteiras de livros. Durante o percurso de ônibus até em casa, ela me disse que esses dois hábitos irritantes tinham de acabar imediatamente, e eu tinha lhe prometido que não faria mais. E, assim, nós duas ficamos igualmente espantadas quando comecei a recitar frases inteiras de *Último curso em Torres de Malory* enquanto subíamos a escada do prédio. A porta do apartamento do andar térreo se abriu exatamente quando a mão de mamãe voava pela minha boca, e por um momento fiquei tão envergonhada e estarrecida que não chorei. Era a primeira vez que mamãe me batia na frente de uma estranha. Ela começou a gaguejar uma explicação para a velha do andar térreo, mas eu já estava subindo a escada correndo, dois degraus de cada vez. A bofetada funcionou. Daquele dia em diante, perdi minha capacidade de memorizar passagens. Em geral, não me importava com isso. Mas em certos dias parecia uma grande perda, como esquecer um truque de cartas que se tinha dominado a vida inteira.

Por isso, sinto como outra perda o fato de Freny me pedir para renunciar a Enid Blyton. Durante essa conversa estamos no quarto dela e de Babu, onde há um retrato engrinaldado do profeta Zoroastro na parede cor de limão. Com um gesto dramático, caminho até o retrato, ficando na ponta dos pés para tocar a parte de baixo da moldura.

— Juro por Deus que nunca vou parar de ler Enid Blyton — digo. — Esses são os únicos livros que desejo ler em toda a minha vida.

Freny reprime um sorriso.

— Ok, mas, se um dia quiser ler alguma outra coisa, avise-me.

Duas semanas depois dessa declaração de devoção eterna à sra. Blyton, pego por acaso um dos romances de Roshan. Na capa, um homem alto de cabelos negros densos, com uma camisa branca folgada ondulante e uma calça preta justa está levantando do chão uma garota de cintura fina e longos cabelos ruivos. Certificando-me de que Roshan não está por perto, folheio o livro, parando quando encontro uma passagem do que parece ser uma cena de amor tórrida.

Sou fisgada. Alô, Brad, Luther e Hal. Adeus, Fatty, Peter e Colin. Adeus, Georgina moleca. Alô, Daphne, a virgem.

Capítulo 10

Jesse tem sobrancelhas grossas e cerradas, que ela arranca com força quando está tentando se concentrar, uma grenha de cabelos rebeldes e uma calça jeans cor-de-rosa.

É o jeans cor-de-rosa que nos faz amigas.

Por alguma razão, os adultos odeiam o jeans de Jesse, sentem-se ofendidos, veem nele indícios da rebeldia de Jesse e de sua natureza indomável. O jeans os induz a pensar que Jesse é uma não conformista imprevisível que do alto de seu longo nariz parse menospreza as maneiras simples da gente de classe média. E, como isso é em grande parte verdade, tudo os leva a odiá-la. Ninguém na nossa vizinhança — onde todos vivem e morrem segundo a lei disseminada por toda parte de "O que as outras pessoas vão pensar?" — ousa usar jeans cor-de-rosa. Além disso, nunca se ouviu falar de uma adolescente que se importasse tão pouco com sua aparência, que usasse tênis em vez de sapatos de salto alto, que se interessasse mais por livros que por joias, que preferisse a prata ao ouro, que passasse as mãos impacientes pelo cabelo curto em vez de pentear suas longas tranças. E, para piorar tudo ainda mais, Jesse fala abertamente de seus muitos relacionamentos platônicos com os meninos com quem ia à escola, fala sobre eles com um tom fácil e casual que nada tem da timidez afetada que em geral define a maneira como as garotas devem falar sobre os garotos. Comenta-se que Jesse se apaixonou por um colega muçulmano e que seus pais escandalizados a mandaram para a casa da avó em Bombaim. Se Jesse sabe que esses boatos flutuam ao seu redor como um enxame escuro de abelhas, nada faz para refutá-los.

Ela fala com grande afeto sobre a pequena cidade em que cresceu e a escola liberal, progressista e mista que frequentou. Ao fazê-lo, ela irrita ainda mais o pessoal da vizinhança. A maioria das famílias parses com recursos manda seus filhos para escolas católicas, onde nos envaidecemos de receber uma grande educação nas mãos das freiras irlandesas e britânicas. Mas Jesse faz troça de nossos modos misteriosos de escola particular — tais como nossa divisão em "casas" ou grupos diferentes com nomes em homenagem a diferentes santos, nossa luta tão fervorosa nas competições atléticas interescolares anuais, como se ganhar medalhas para nossa escola fosse a expressão máxima de nosso propósito sobre a Terra. Na sua escola, ela nos conta, a diretora desleixada porém brilhante dava um prêmio a cada estudante que participasse de um esporte. E o próprio prêmio era revelador — em vez das medalhas militarizadas de ouro e prata que recebemos, cada garota na escola de Jesse recebia uma fita. Enquanto repetimos da boca para fora homilias como "Não importa o que você ganha, mas como ganha", a escola de Jesse põe a máxima em ação.

O maior insulto, no entanto, é que Jesse não parece tão grata e lisonjeada por estar em Bombaim como gostaríamos que estivesse. Afinal, somos de Bombaim, residentes na maior cidade da Índia. Em nosso orgulho pela cidade, em nossa compaixão por alguém que não seja daqui, somos tão arrogantes e insulares como os nova-iorquinos. Queremos que todos os recém-chegados reconheçam a boa sorte de estar em Bombaim, queremos que respeitem esse fato. Mas Jesse insiste em continuar a falar sobre sua pequena e sonolenta cidade natal — é assim que vemos sua cidade pequena porém movimentada — como se fosse algo de que se orgulhar.

Tenho treze anos quando Jesse vem morar com a avó no apartamento ao lado do nosso. Mas já nos conhecíamos muitos anos antes de Jesse se mudar de vez para Bombaim, porque ela e sua irmã mais moça passavam todos os verões com a avó. Nosso apartamento e o de sua avó partilhavam uma porta de conexão na sacada. A irmã de Jesse, Perin, tinha apenas dois anos a mais que eu, e passávamos a maior parte das férias de verão sendo enxotadas de um apartamento para o outro, enquanto as meninas mais velhas — Jesse,

Roshan e as vizinhas do terceiro andar — se uniam em gangues contra nós duas e nos evitavam como se tivéssemos lepra.

É a Sede de Viver que nos faz amigas.

Alguns meses depois de ela ter se mudado para Bombaim, encontro Jesse por acaso na padaria na frente de nosso prédio, do outro lado da rua. Ela espera até que eu compre o pão e vamos para casa juntas. Choveu mais cedo, e as ruas estão lustrosas e laranja ao crepúsculo.

— É uma bela tarde — digo, quase num sussurro.

— É. Lembra-me aquela canção do Moody Blues, "Voices in the Sky". Conhece?

Balanço a cabeça, negando, e Jesse começa a cantar suavemente, numa voz bela e melancólica que corre por mim como um calafrio:

Bluebird, flying high	Azulão, voando alto
Tell me what you sing	Diga-me o que você pipia
If you could talk to me	Se pudesse falar comigo
What news would you bring?	Que novas me traria?

Sinto-me de repente absurdamente, insanamente feliz. A canção e o tom triste da voz de Jesse ecoam perfeitamente o sentimento fluido de solidão que me invade ao crepúsculo desde que me conheço por gente.

Chegamos à porta da frente do meu lado do edifício. Jesse para de cantar e me fita por um segundo. Depois diz:

— Quando chego da faculdade toda tarde, quase sempre vejo você naquela cadeira de balanço na sacada. O que é que você faz? Dever de casa ou alguma coisa assim?

— Escrevo — murmuro.

— Não entendi. O quê? — diz ela, com seu falso sotaque do sul da Índia.

— Escrevo... poesia — respondo, sentindo meu rosto corar.

Mas Jesse não faz nada que me deixe acanhada, como me chamar de poeta ou pedir que eu lhe mostre alguns de meus poemas. Em vez disso, ela diz:

— Acabei de comprar um disco quarenta e cinco rotações que talvez lhe agrade. Que tal dar um pulo lá em casa depois do jantar hoje à noite para escutá-lo?

Algumas sobrancelhas se erguem na minha casa quando falo que vou dar um pulo no apartamento de Jesse por alguns minutos. Observo que Roshan parece surpreendida, como se a proximidade de suas idades tornasse muito mais lógico que fosse ela a convidada. Finjo não notar seu ar ofendido e desconcertado.

A canção é "Vincent", de Don McLean. Sei quem ele é, porque "American Pie" é uma das canções favoritas da Irmã Hillary, mas nunca escutei "Vincent". Desde o início, *Starry, starry night*, eu me sinto fisgada, hipnotizada pela voz limpa e sedosa de Don McLean, pela melodia perfeita e pela letra impressionista e poderosa. *Frameless heads on nameless walls*... Como é que alguém consegue compor um verso desses? Nesse momento, meus poemas patéticos murcham e sofrem mortes anônimas, enterrados nos cadernos de notas em que nasceram.

O disco termina.

— Mais uma vez — peço com voz engasgada. — Dá para tocar de novo?

É minha intenção decorar a letra antes de voltar para casa hoje de noite. Apesar do escuro — Jesse apagou todas as luzes na sala de estar, para que pudéssemos escutar a música em paz —, imagino ver um ar de aprovação no rosto de Jesse.

Tocamos a canção sete vezes seguidas. Quando a última nota morre, digo com a minha habitual maneira exageradamente dramática:

— Peço a Deus que antes de morrer eu escreva um poema que tenha metade da beleza dessa canção.

Para minha surpresa, Jesse dá uma risadinha.

— Não peça a Deus uma coisa dessas. Se quiser escrever um bom poema, leia alguns grandes poetas. O que Deus pode fazer, escrever o poema para você?

— Você não... acredita em Deus? — pergunto, sem querer escutar a resposta.

— Não — responde Jesse sem rodeios. — E não acredito em toda essa história de Zoroastro e em toda essa história de Jesus Cristo, as duas são o mesmo lero-lero.

Engulo em seco. Posso defender Jesse por causa do jeans cor-de-rosa. Não acreditar em Deus é outra história.

Depois lembro como Jesse tinha cantado "Voices in the Sky" mais cedo naquela tarde, com pureza e dor, como ela ficou de olhos fechados enquanto Don McLean cantava "Vincent", com uma expressão no rosto como se estivesse na igreja, e sei que, embora sem crer em Deus, Jesse ainda acredita em algo grande e belo. Compreendo pela primeira vez que é possível rezar sem acreditar em Deus, que é possível estar tão apaixonada pela beleza pungente do mundo que só esse sentimento já se torna uma espécie de religião.

— Sabe, Van Gogh também não acreditava em Deus — Jesse está dizendo, e retorno ao presente.

— Van quem? De quem você está falando?

— Van Gogh? Ele é o pintor que se canta em "Vincent". Não ouviu falar dos impressionistas?

Balanço a cabeça sem dizer palavra, o desespero me invadindo como uma febre. Nunca tinha me dado conta de quanto existe no mundo para conhecer e do pouco que eu conhecia. Nem tinha pensado que Don McLean estava cantando sobre uma pessoa real. Estou certa de que agora Jesse vai se afastar de mim, desgostosa.

Em vez disso, ela sai pulando da sala e retorna com um livro pesado e lustroso. É um livro de pinturas intitulado *Vincent*. Ela me passa o livro, e viro as páginas com mais reverência do que um papa manuseando uma Bíblia.

São pinturas de um louco. Pelo menos isso fica evidente para mim, assim que começo a virar as páginas. Um riso de encanto comovido escapa de meus lábios. Viro cada página com a respiração entrecortada de prazer, sentindo uma alegria louca e vertiginosa em absorver os sóis enormes e abrasadores, os céus em redemoinho, as linhas tortas e malucas, as pinceladas loucas e apaixonadas.

Jesse se senta ao meu lado enquanto olho o livro, puxando suas sobrancelhas. Seu rosto é pura expectativa enquanto ela examina o meu, e me ocorre que ela quer que eu ame esse livro tanto quanto ela o ama, que ela está me procurando, assim como estou procurando sua amizade. O pensamento me surpreende, assusta e encanta.

— A marca de Caim — murmura ela, depois de parar de escrutinar meu rosto.

— O quê?

— Ah, desculpe. Nada. Apenas uma expressão de um livro que amo, chamado *Demian*. É de um escritor alemão chamado Hermann Hesse.

Aceno com a cabeça. Desisti de tentar acompanhar essa menina estranha e brilhante, que é uma mistura inesperada de confiança veemente e sensibilidade vulnerável.

Na tarde seguinte, estou sentada na minha cadeira de balanço na sacada, tentando escrever um poema que capte o ouro do céu vespertino, quando Jesse bate na porta de conexão.

— Abre! — grita ela quando levanto os olhos de meu caderno.

Ela tem dois presentes para mim, os primeiros de uma longa fileira de presentes. Um é um exemplar do livro de arte que eu tinha contemplado ontem. O outro é um livro chamado *Sede de viver*. Meu coração leva um baque diante da palavra "biografia". Estou lendo, sobretudo, novelas de Mills & Boon. Não sei se posso lidar com um livro desses. Mas, depois de expressar os protestos costumeiros que as gentis meninas parses de boa família fazem toda vez que alguém lhes dá um presente ("Ah, você não deveria ter gastado seu dinheiro suado comigo, não deveria"), aceito os dois livros.

Mais tarde, ocorre-me que nunca ganhei um livro de presente antes. Estou acostumada a ganhar roupas e sapatos da minha família.

Igualmente pouco familiar é o fato de que Jesse escreveu uma dedicatória dentro do livro. Sei que, se eu fosse dar um livro a um amigo, mamãe ou Mehroo me pediriam que não escrevesse nada, para o caso de meu amigo querer devolver o livro. O fato de Jesse ter escrito no livro, eliminando a possibilidade de devolução, é um ato de autoconfiança tão ousado que aumenta a novidade de toda a experiência.

Leio a dedicatória: *Para Thrity*, diz. *Pelo amor da cor e da luz*.

Acabou o jogo. Essa menina estranha, estouvada, excêntrica me conhece melhor que meus próprios pais. Vamos ser amigas, afinal de contas. Estou fadada a defendê-la, protegê-la, lutar pelo seu direito de usar jeans cor-de-rosa. Sei que essa amizade vai cobrar um preço, que já não serei capaz de fingir ser a boa menina amável e quieta que todos os vizinhos amam. Jesse vai exigir que eu escolha lados.

Pelo amor da cor e da luz. Mas não há realmente escolha, certo? Jesse desvendou em mim, no meu ato humilde de menina boazinha, uma alma tão inquieta e desafiadora quanto a dela. Há muitos anos tenho dividido em segredo todas as pessoas que conheço em dois campos: os moradores da Terra e os moradores do Céu. Jesse é definitivamente uma moradora do Céu.

Sede de Viver. É o que de repente tenho, sem dúvida.

Leio a biografia de Van Gogh em dois dias.

E aprendo mais sobre os mistérios de minha própria vida que sobre a dele. Todas as coisas que nunca fizeram sentido para mim — por que nunca me sinto confortável quando estou com a turma "in", por que sempre me junto aos pobres-diabos, por que não desejo coisas que fazem a felicidade da maioria dos meus amigos, por que o céu do crepúsculo me faz sentir melancolia e solidão desde que me conheço por gente, por que certas canções têm um efeito devastador sobre meu coração — de repente se tornam mais claras.

Tenho sido uma desajustada por muito tempo. Agora tenho a companhia de um pintor holandês doido que morreu muito antes de eu ter nascido. *Sede de viver* me afeta de maneira peculiar. De repente começo a gaguejar de leve quando falo, a passar as mãos pelos cabelos no que imagino ser um gesto excêntrico e errático. Começo a ver as funções da família e eventos resplandecentes como casamentos com grande suspeição, mantendo-me à parte da alegria e da superficialidade que essas ocasiões exigem. Por um breve período sempre levo um caderno comigo, fingindo escrever poemas mesmo quando nenhum poema se apresenta. Recuso caronas para a escola com meu pai, preferindo caminhar ou pegar o ônibus, tentando rejeitar os pequenos privilégios da riqueza, mais ou menos como o jovem Vincent virou as costas para sua família rica de negociantes de arte.

Se percebe essas mudanças, Jesse não diz nada. Em vez disso ela me enche de livros, até que os nomes de Monet, Dali, Turner e Degas rolam da minha língua com tanta facilidade quanto os nomes das colegas. Nos finais de semana, visitamos os livreiros que montaram estandes na calçada em Flora Fountain, e a duras penas consigo dinheiro para comprar livros de arte. Um dia espero ter uma coleção capaz de competir com a de Jesse.

Esses livros dão lugar a outros livros. Jesse me apresenta Shaw, Dostoiévski, Hesse, Tchekhov, Steinbeck. Eu me perco no mundo dos livros, eu me divirto com o espírito mordaz de Shaw, a moralidade dos russos, a confiança atrevida dos americanos. Leio tanto que às vezes tenho dificuldade em me concentrar e pensar na minha própria vida. Minha cabeça está inundada de palavras, diálogos e nomes de personagens. À noite, tenho sonhos estranhos em que cascatas de palavras transbordam de mim, uma corrente infindável e fluida de bela linguagem, coesa como contas enfiadas num cordão. Acordo no dia seguinte e escrevo. Escrevo poemas, histórias, ensaios. Às vezes sinto como se não tivesse corpo, nenhum cerzido de carne e ossos que me mantenha unida. Em vez disso, sou unida pelas palavras, um corpo fantasma que desaparecerá se as palavras sumirem, como o desenho de uma linha que pode ser apagado.

Decido parar de usar blusas rosa estampadas, preferindo as *kurtas* brancas, e me recuso a sorrir nas fotografias, assumindo um ar sério e estudioso. Parte das minhas posturas é genuína — Jesse desencadeou em mim um desejo de conhecimento que nenhum professor, freira ou livro didático foi capaz de provocar. Pela primeira vez na vida, não quero adotar o caminho fácil e preguiçoso.

Toda tarde Jesse e eu ficamos em nossos respectivos apartamentos, inclinadas sobre o parapeito da sacada, e conversamos até o céu se tornar laranja e depois índigo e depois preto. Falamos sobre música, arte e livros, e muitas vezes comentamos as mudanças da luz do dia. Eu me sinto completamente realizada e energizada por essas conversas, como se elas preenchessem um vazio que eu nem sequer sabia que existia. Desejo ardentemente cada migalha de conhecimento que Jesse deixa cair, guardando-a com cuidado assim como um cachorro esconde seu osso. Mehroo sai várias vezes e me chama para jantar, mas ignoro seus chamados. A fome pelo mundo é maior que o próprio mundo, e nenhum jantar de costeletas de carneiro e quiabo vai saciá-la. Com frequência me pergunto para onde a vida teria me levado se Jesse não tivesse se mudado para o apartamento ao lado do nosso, e então chego a chorar de gratidão por essa reviravolta do destino. Eu me pergunto se não teria me tornado uma das inúmeras meninas convencionais, dóceis e brandas de que a vizinhança está cheia, e certa vez até insinuo esse pensamento para Jesse, mas ela sacode a cabeça com impaciência.

— Que disparate — diz ela. — Você teria descoberto tudo isso, eu estando aqui ou não. Você tem muita inteligência para acabar como Dolly Dollhouse ou Polly Pollyanna.

Rio, mas não tenho tanta certeza.

As coisas têm sido diferentes para mim na escola desde os últimos anos. Agora sou uma das indiscutíveis líderes de grupo, conhecida pelas minhas proezas escandalosas, desafio de autoridade e caráter extrovertido em geral.

Nem sempre foi assim.

Anos antes, eu era a garota-alvo das piadas das outras, a garota tola, amável e sonhadora que vivia atrás das meninas mais populares, que eram mais rápidas, mais vivas, mais ousadas. Em desvantagem por causa da minha desgraçada sensibilidade, eu fingia rir de piadas que tinham a mim como tema, mesmo quando sofria por dentro. Lia os anúncios de Charles Atlas no verso da história em quadrinhos Archie, identificando-me com o fraquinho de quarenta e cinco quilos que recebia na cara a areia que nele jogavam, e fantasiava sobre o dia em que me tornaria alguém confiante e assertivo. Mas, por ora, eu ria tão alto quanto o restante das garotas quando alguém fazia uma piada às minhas custas.

— Ei, garotinha — dizia Olga. — Como é que um de seus olhos é maior que o outro? Você fica parecendo um corvo vesgo.

— Um corvo vesgo? — repetia outra. — Olga, *men*, essa foi demais.

E eu engolia o ódio por Olga, que se alojava como uma pedra na minha garganta, e sorria apreciando o gracejo.

Certo dia, decidi mudar. Fiquei diante da pia do banheiro em casa e tomei a decisão de que era hora de acabar com as piadas. Eu não sabia exatamente como quebrar essa matriz, esse papel de bufão de bom coração em que estava sendo moldada, mas tinha consciência de que, se quisesse manter um fiapo de autoestima, ele tinha de acabar.

Assim, fiz algo revolucionário. Na vez seguinte em que Olga gracejou sobre minhas pernas serem tão curtas que Deus deveria ter mandado uma escada grátis, eis o que fiz: nada. Não ri com as outras garotas. Não participei do coro de elogios à inteligência e à graça de Olga. Em vez disso, apenas permaneci ali olhando para ela sem sorrir, meu rosto tão sem expressão quanto um quadro-negro.

E Olga entrou em pânico. O chão debaixo de seus pés tinha se movido, algumas rachaduras pequenas e ainda invisíveis tinham se aberto no lugar onde estava, mas ela não conseguia detectar o que tinha mudado. Sabia que algo estava diferente, que a balança do poder tinha oscilado em seu detrimento, mas não conseguia identificar o quê. Olhou para mim inquieta, como se estivesse compreendendo pela primeira vez que precisava de minha cumplicidade, minha afabilidade bajuladora, para manter sua posição de poder. Na realidade, observando as várias emoções — inquietude, desconfiança, constrangimento, medo — esvoaçar pelo rosto redondo de Olga, compreendi pela primeira vez quanto Olga precisava de mim para construir sua personalidade. Senti algo semelhante à onda de poder da heroína.

— Qual é, *men*? — perguntou Olga, numa tentativa desesperada de interromper a transferência dessa força invisível, dela para mim. — Por que você está me olhando mal-humorada como uma pescadora suja?

Senti um segundo de pânico diante desse desafio explícito. Depois me lembrei da resolução de uns dias antes. Por isso, quando comecei a falar, minha voz saiu calma e felizmente livre do tremor emocional que em geral a acompanhava:

— Ah, desculpe. Apenas não achei engraçado o que você disse, só isso.

Olga cuspiu uma resposta e passou os dias seguintes tentando desesperadamente recapturar sua antiga glória, mas a maré tinha mudado. E eu tivera minha primeira lição do poder da mudança transformadora.

No nono ano, sou uma das garotas mais populares da classe. As freiras me amam porque sugiro canções originais para celebrar todas as suas festas e os dias dos santos, as professoras gostam de mim porque passo o recreio da tarde ensinando história e inglês para as meninas "atrasadas", e minhas amigas demonstram uma admiração perplexa pela minha disposição de nunca recusar um desafio.

Então Jenny chega de Nova York.

Capítulo 11

Na verdade, Jenny é três anos mais velha que a maioria de nós, mas foi colocada no oitavo ano porque todo mundo sabe que a educação que ela recebeu nos Estados Unidos é muito inferior à nossa. Há boatos de que seu irmão em Nova York a mandou de volta para Bombaim depois de encontrá-la seminua com seu namorado, um boato que imediatamente a torna parecida com uma deusa de um planeta diferente. Todos estranham a incongruência da sofisticação nova-iorquina de Jenny e seus pais simples e idosos, que vemos de vez em quando na escola. Os pais de Jenny são católicos de Kerala, e sua mãe é uma mulher tímida e introvertida que mal fala uma palavra de inglês.

Jenny é tudo, menos simples ou tímida. Com seu sotaque americano, seu constante mascar de chiclete e suas gírias, ela é uma explosão colorida de glamour na escola, onde a maioria das alunas se conhecem há anos. Ela é também muito bela, de uma tez de chocolate escuro e cabelos volumosos de azeviche, assentados numa franja que chega até a beira de seus grandes olhos pretos. Ao contrário de todas nós, está sempre estalando balas e chocolates na boca, mas o açúcar não corroeu os dentes grandes, brancos e perfeitos. Ela não fala como nós, e se refere ao banheiro como "sanitário" e pede uma "gasosa" em vez de um refrigerante. Ela também deixa as freiras loucas com sua insistência em usar o uniforme bem curto a ponto de exibir as coxas musculosas. Enquanto o restante de nós usa meias brancas que chegam até a barriga da perna, Jenny vem para a escola com meias pelos tornozelos. Em poucas semanas, nós todas dobramos as meias na altura do tornozelo.

A nossa primeira conversa é sobre música. Por um feliz acaso, Jenny e eu tomamos o mesmo ônibus escolar, ela entrando no veículo cerca de vinte minutos antes de mim.

— Ei, garota, gostei daquele seu comentário inteligente na aula do sr. Singh ontem — Jenny me diz certo dia, rolando o *r* quando diz "garota", como todos fazem nos filmes de Hollywood. — Conta uma coisa, alguém me falou que você está por dentro do rock and roll. De que tipo de bandas você gosta?

Mas, quando falo nos Beatles, Jesse parece desapontada.

— Ah, sim, eles são ok. Mas e sobre a música mais recente, como, por exemplo, você gosta do Deep Purple?

— Sim, gosto muito dele — minto.

Jenny parece desconcertada.

— Hum, na verdade, é uma banda.

Sinto as orelhas ficar vermelhas. Estou convencida de que essa menina americana glamorosa, três anos mais velha que eu, não vai querer nada comigo depois desse meu lapso, tendo percebido a impostora, a pretensa *hipster* que sou. Por isso, é uma agradável surpresa quando embarco no ônibus escolar na manhã seguinte e Jenny me passa um disco do Deep Purple, *Burn*.

— Toma — diz ela num tom ligeiro. — Trouxe para emprestar a você. Ouça, e depois me diga se gosta.

Escuto. Gosto. Pergunto se ela gostaria de tomar emprestados alguns dos meus álbuns, e ela sem pensar diz que uma tarde vai descer do ônibus comigo e dar uma olhada na minha coleção. Fico maravilhada com essa informalidade de não esperar ser convidada. É bem diferente das regras de etiqueta sufocantes a que estou acostumada.

Contudo, quando Jenny me acompanha até em casa certa tarde, posso ver imediatamente que os adultos não gostam dela. Minha mãe parece perplexa com o fato de ela ser muito mais madura e fisicamente desenvolvida em comparação com a maioria das minhas amigas tolas. Mehroo parece perturbada pela aparente falta de boas maneiras em Jenny. Ao contrário da postura bajuladora, nauseantemente polida que minhas amigas e eu adotamos quando visitamos as casas umas das outras, Jenny é polida, mas reservada. Ela não passa muito tempo batendo papo com os adultos, quer ir logo para a sala de visita e começar a escutar alguns discos. E, chegando lá, ela coloca o estéreo tão alto quanto possível. Os músculos da minha barriga se apertam à espera do que vai acontecer. E, sem surpresa, Mehroo aparece na sala alguns minutos mais tarde, cobrindo as orelhas com as mãos e gritando para ser escutada por cima da música.

— Está alto demais! — grita ela. — Tenho certeza de que os vizinhos do andar térreo também estão escutando. Não posso fazer nenhum trabalho na outra sala. Diminuam o volume.

Mas, em vez de se desculpar profusamente, Jenny apenas fixa os olhos escuros em Mehroo.

— Tudo bem, titia. Vamos fechar a porta.

Mehroo parece tão surpresa quanto eu. A nossa não é uma família que valorize a privacidade individual a ponto de fecharmos as portas uns para os outros. Na verdade, a única vez que fechamos a porta é quando estamos no banheiro. Mas Jenny parece felizmente ignorante do grau revolucionário de suas palavras, e, depois de me lançar um olhar "Que tipo de pessoa você trouxe para casa?", Mehroo sai da sala.

Jenny imediatamente se levanta e fecha as duas portas da sala de estar. Mantenho meu rosto sem expressão e minhas maneiras tão casuais quanto as dela, mas por dentro sinto uma confusão de emoções. Sei que Mehroo ficará magoada por esse gesto e que mamãe o usará para reforçar sua aversão instintiva por Jenny, porém também sinto uma liberdade e uma tranquilidade triunfantes que nunca experimentei antes.

É a primeira de muitas dessas experiências. Duas coisas logo ficam claras para mim depois de conhecer Jenny. Primeiro, a maioria dos adultos que conheço não gosta dela e não se sente à vontade na sua presença. Segundo, eles não percebem o efeito oposto que seu conselho de não me aproximar muito de Jenny causa em mim. A antipatia que demonstram por ela me leva a procurá-la ainda mais, porque eu posso finalmente experimentar o prazer duplo de azucrinar os adultos e sentir estonteada a liberdade desafiadora que estar com Jenny me proporciona. Minha amizade com Jenny faz com que eu me sinta ligada aos Estados Unidos, arranca-me dos caminhos estreitos de minha vida e me transporta para uma terra distante, quase fictícia, de energia juvenil, onde os símbolos da autoridade são derrubados todos os dias.

Mas, antes disso, Jenny e eu temos que aumentar nosso grupo. Nós duas sozinhas não podemos enfrentar todas as forças contra nós — as freiras e os professores na escola, minha família, até minhas colegas que se escandalizam com as histórias francas de Jenny sobre seu namorado nos Estados Unidos, com quem ela "fez coisas", e outras histórias como a de um colega na sua escola em Nova York que tinha jogado um frasco de tinta no professor que o chateara. Acho que a história da tinta nos escandaliza mais, por estarmos crescendo numa sociedade em que os professores são reverenciados como minideuses. Em todo caso, logo se juntam a nós duas outras amigas: Patty, uma menina católica cujos irmãos fixaram residência na Austrália, e Yasmin, uma menina de uma família muçulmana progressista. Agora somos um bando de quatro, prontas para enfrentar o mundo.

A escola tem uma enfermaria — um pequeno quarto com uma única cama dobrável, onde podemos nos refugiar e tirar uma soneca quando não nos sentimos bem. O quarto tem uma escada que leva a uma porta, e, certo dia, Jenny decide empurrar a porta para ver o que há por trás dela. Descobre um sótão onde as freiras guardam seus pertences. Mas há bastante espaço no chão para que três ou quatro meninas se sentem com calma e conversem em sussurros abafados (através das paredes, escutamos o murmúrio baixo das vozes das freiras movendo-se pelo convento) enquanto passam um cigarro de mão em mão. Patty também faz uma descoberta que nos convence que estávamos destinadas a descobrir esse quarto para nossos encontros clandestinos: no chão, perto das caixas de papelão bem acondicionadas, achamos a metade de uma casca de coco, o que serve à perfeição como cinzeiro para as cinzas dos cigarros. A casca seca é nosso talismã contra sermos apanhadas, nosso amuleto de boa sorte. E, na realidade, nunca seríamos flagradas, embora o sr. Narayan, o professor de matemática, frequentemente me lance um olhar de águia alerta quando entro com passos pesados na sua aula depois de uma de nossas sessões.

Algumas vezes escapamos por pouco. Certa tarde, depois de a escola encerrar as atividades do dia, Jenny tem uma ideia brilhante: em vez de caminharmos até a enfermaria para acender um cigarro, talvez pudéssemos sentar no chão, no fundo da sala de aula, e fumar ali mesmo. Tenho o bom senso de sugerir que deveríamos acender um cigarro de cada vez, para fazer menos fumaça. Por alguns minutos, fumamos em paz. Depois, vemos a Irmã Hillary caminhar pela sala de aula e nos abaixamos, esperando que ela não tenha nos visto. Mas a Irmã Hillary, uma freira quieta de movimentos lentos, que, segundo os boatos, é um pouco retardada, conseguiu me ver e está vindo em nossa direção. O cigarro queimando está na minha mão, é tarde demais para apagá-lo. Eu me levanto em um salto e corro para a frente da sala de aula, tentando manter a Irmã Hillary longe das outras. Seguro o cigarro atrás das costas enquanto a encaro.

— Ah, que bom que você ainda não foi para casa — diz ela. — Queria falar com você sobre o estéreo.

Suspiro por dentro. O sistema estereofônico da escola é o orgulho e a alegria da Irmã Hillary, uma das poucas tarefas que a Madre Superiora sente confiança em deixar ao seu encargo de poucas luzes. Como meu amor por música é lendário, como estou sempre sentada na aula batendo em bongôs imaginários, sou a única menina em quem a Irmã Hillary confia para manusear o sistema estereofônico em eventos sociais e outras funções. Ela me passa a incumbência com toda a cerimônia de um prefeito entregando as chaves da cidade a um convidado de honra. A desvantagem é que, em toda oportunidade que se apresenta, a Irmã Hillary busca conversa comigo para discussões obscuras sobre a manutenção e o manuseio apropriado de seu precioso sistema estereofônico. Na maioria das vezes não me importo, mas agora, com a fumaça enovelando-se por trás das minhas costas e o calor do cigarro começando a se fazer sentir nos meus dedos, eu me sinto apanhada sob o olhar inocente e bovino da Irmã Hillary. Eu me preparo para que ela fareje o ar com suspeita, pergunte-me o que estou segurando atrás das costas e proclame que onde há fumaça deve haver um cigarro, mas ela simplesmente continua a falar comigo. Atrás de mim, escuto Jenny e Patty tentando abafar suas risadinhas. O cigarro continua a queimar cada vez mais perto de meus dedos. Por fim, não aguento mais.

— Desculpe, irmã. Uma cólica forte na barriga. Tenho de ir ao... banheiro — resmungo, e saio correndo para o banheiro antes que ela possa dizer mais uma palavra. Peço a Deus que não encontre outra pessoa no caminho.

Não ser apanhadas nos torna mais ousadas. Alguns meses depois de ter conhecido Jenny, eu tinha me recusado a continuar tomando o ônibus escolar, preferindo pegar um ônibus Best. Cansada dos dramas diários de tentar me tirar da cama a tempo de pegar o ônibus escolar, Mehroo concordou. Mas não tomar o ônibus da escola significa que posso ficar para trás com as outras três no final do dia. A cada um ou dois dias, juntamos o dinheiro que temos e nos dirigimos para a loja de bebidas alcoólicas que fica a algumas quadras da escola. Nas primeiras semanas, nós nos revezamos para entrar na loja e contar ao homem atrás do balcão histórias elaboradas sobre estarmos fazendo umas compras para os nossos pais, mas logo se torna evidente que, se temos dinheiro, ele não se importa com a nossa idade ou com o fato de comprarmos cerveja ainda com o uniforme da escola.

Escondendo as garrafas marrons de cerveja nas mochilas, vamos para a casa de Yasmin, porque seus pais só chegam do trabalho muito mais tarde. Pouco antes de chegar à sua casa, paramos em nossa barraca *paanwalla* favorita e compramos três maços de Gold Flake.

E depois consagramos a casa muçulmana, religiosa e abstêmia de Yasmin derramando nossas Kingfisher douradas em copos que jamais receberam álcool antes. Escutamos "Fernando" do Abba, "Smoke on the Water" do Deep Purple e "Band on the Run" dos Wings várias vezes. Cantamos junto, com Pat tocando uma febril guitarra imaginária enquanto Jenny finge bater tambores, seus cabelos escuros e lisos sacudindo no ritmo assim como os de Ringo. Uma fumaça azul-acinzentada enche a sala, enquanto Jenny tenta me ensinar a soprar anéis perfeitos de fumaça. Faço um O perfeito com a boca, assim como ela me ensina, mas não sei por que meus anéis se parecem mais com Cs ou Ls. "Garota, garota, garota", diz Jenny, sacudindo a cabeça e mostrando os dentes deslumbrantemente brancos. Uma sensação lânguida e indolente sobe pelas minhas pernas e se aloja na barriga à medida que bebo mais. Sinto a ambição deixar meu corpo, para que nada mais me importe senão prolongar essa sensação aveludada.

Essa falta de ambição aparece nas minhas notas. No nono ano, a maioria dos professores está a ponto de me dar como caso perdido, e mamãe está fora de si, lembrando-me que os exames finais, que determinam se posso me formar no ensino fundamental, são dali a um ano. Papai repete suas ameaças de me arrumar um emprego como empacotadora numa fábrica se eu não conseguir completar o ensino fundamental.

Mas não dou bola. Pela primeira vez, estou descobrindo um limbo agradável, um descanso bem-vindo da atmosfera irritadiça e nervosa da minha casa. Além disso, há a emoção de nós quatro contra o mundo, uma outra versão de *Butch Cassidy and the Sundance Kid*, saindo com nossos revólveres em chamas, subindo em labaredas. Depois de anos sendo a criança responsável e sensível com quem sempre se podia contar para fazer a coisa certa, estou me deleitando em ser a menina má, a adolescente que preocupa os adultos. Ser a menina má proporciona mais liberdade e emancipação, além de ser infinitamente mais divertido.

Logo os meninos são uma distração até maior do que a bebida alcoólica. Há muitos meninos na escola Christ Church, que fica bem perto da nossa, mas Jenny torce o nariz para eles e diz que são muito jovens e imaturos para nós. Claro que concordamos, porque, em matéria de questões sexuais, Jenny é a líder indiscutível. Assim, Jenny nos conecta com amigos de seu namorado atual que tem idade de escola superior, e há tardes passadas em cinemas escuros e muitos amassos, carícias e beijos. Depois, Patty descobre que um primo seu é o DJ numa discoteca em Apollo Bunder, e ele vai nos deixar passar as tardes de sábado de graça no local, antes que chegue a turma da noite. O primo convida alguns de seus amigos, e logo formamos pares e dançamos um pouco. Então, há um pouco de amassos, carícias e beijos. Nunca vai muito além disso, ao menos não para mim, porque anos de propaganda sobre as virtudes da castidade, o alerta de que os homens não respeitam as mulheres fáceis e a importância de ser virgem na hora do casamento me marcaram. Além do mais, a ideia de ficar grávida é aterrorizadora, e todo mundo sabe que as boas meninas não usam camisinhas. Por isso, faço questão de não parecer provocadora, tento engatar uma conversa com esses garotos entre as sessões de carícias, embora, às vezes, o tiro saia pela culatra, porque é difícil voltar a palpitações quentes e intensas depois de perguntar a alguém o que pensa sobre o Estado de Emergência.

Minhas notas estão caindo também por causa do Pacto. O Pacto estipula que nós quatro tentaremos ganhar mais ou menos as mesmas notas. Estipula que, cada vez que uma de nós parar de escrever num exame, todas as outras devem igualmente parar. É assim que provaremos nossa lealdade mútua. Tenho uma vaga consciência, como suspeito que Yasmin também tenha, de que ela e eu temos mais a perder concordando com esse pacto do que Jenny e Patty. É sabido que Jenny vai acabar voltando para os Estados Unidos e que o restante da família de Patty logo se juntará a seus irmãos na Austrália. Mas Yasmin e eu vamos ficar na Índia e fazer parte de um sistema educacional impiedosamente competitivo. Teremos de ingressar no ensino médio com base em nossas notas do ensino fundamental, e todos os dias somos bombardeadas com histórias de garotos que fizeram noventa e nove por cento dos pontos e ainda assim não conseguiram ser admitidos nas melhores escolas superiores da cidade. Mas coloco esses pensamentos no fundo da minha mente e firmo o Pacto, embora, às vezes, um fiapo remanescente de ambição me faça rabiscar apressadamente mais algumas linhas, antes de depor minha caneta quando as outras param de escrever.

Quando tiro uma nota ruim num exame de literatura, Greta Duke fica furiosa. Dessa vez, fui longe demais.

Greta Duke nos ensina história e inglês desde o sétimo ano. Eu estava em casa cuidando de um resfriado no primeiro dia em que a srta. Duke se apresentou na minha classe, mas, quando apareci no dia seguinte, toda a classe estava alvoroçada de muita emoção.

— Uau, adivinha! — Brenda irrompeu a falar. — Espere até conhecer esta nova professora de inglês, *men*, você vai amá-la. Não é como as outras. É muito engraçada e...

— Sim, e ela parece jovem e ativa em vez de uma semente de borragem murcha — acrescentou Anita.

— E ela disse que Shakespeare foi realmente sexy — outra interrompeu, a surpresa já velha de um dia ainda fresca na sua boca.

— Sim, ela disse realmente a palavra *sexo* — acrescentou Anita. — Repetiu a palavra várias vezes.

— Ei, calma, todas vocês! — exclamei, usando um tom de superioridade na voz. — Não esqueçam, ela é uma professora. Até que ponto pode ser legal?

Mas eu estava enganada. Três segundos depois que Greta Duke entrou na sala de aula, eu já sabia que estava enganada. Com cabelos crespos até a altura dos ombros, o grosso bracelete de prata no pulso e o vestido amarelo berrante que usava mais curto do que o da maioria das professoras, a srta. Duke era diferente das outras professoras agastadas e de ar esgotado a que estávamos acostumadas. E, quando ela abriu o seu exemplar bem manuseado de *Sonho de uma noite de verão* e começou a ler, as palavras de Shakespeare tornaram-se de repente vivas de cor e paixão. Tínhamos crescido ouvindo falar de Shakespeare, a ideia de estudá-lo nos intimidava, mas, pela maneira como a srta. Duke explicava sua poesia, o bardo parecia tão acessível e contemporâneo quanto Nancy Drew poucos anos antes.

— Bem, o que acham? — ela quis saber pouco depois, levantando os olhos do livro. — Vocês, pirralhas, gostam de Shakespeare?

— Sim, senhorita, sim — respondemos em coro.

A srta. Duke nos lançou um sorriso dentuço e malicioso. Uma pequena brecha entre seus dentes da frente fazia com que parecesse uma adolescente travessa.

— Ah, vocês gostam dele por causa de todo o sexo e romance.

Ficamos escandalizadas. Imagina uma professora falando tão tranquilamente sobre sexo. E na realidade gracejando sobre gostarmos de sexo, como se fosse a coisa mais natural do mundo.

— Não, senhorita, não! — protestamos. — Não é por isso, não.

— É a linguagem — sugeri. — É tão bela...

Greta Duke olhou para mim, como se percebesse minha presença pela primeira vez.

— Você é Thrity, não? Ouvi falar muito de você — comentou ela enigmaticamente. As outras meninas trocaram olhares, com inveja desse reconhecimento especial. Eu me mexi no assento, sem saber como interpretar suas palavras.

— E aí? — as outras meninas me perguntaram no fim da aula. — Estávamos certas ou não?

— Ou não — respondi automaticamente. Depois, tive que reconhecer: — Todas vocês estavam certas. Ela é fabulosa.

No nono ano, mais ou menos na época em que minhas notas estão caindo como a maçã de Newton, Greta Duke e eu somos grandes amigas. Ela é a única dose de vigor e juventude numa escola em que as freiras com seus hábitos brancos e os professores invariavelmente de óculos parecem mais fósseis que seres humanos vivos. Ao contrário dos outros professores — e até de algumas das minhas colegas mais convencionais —, Greta Duke não se escandaliza nem se intimida com meus voos de fantasia e meu papo sobre o poder da juventude. Continuo ameaçando vir à escola num sábado para pintar margaridas amarelas por todas as paredes, falando sobre lançar um golpe de Estado contra as freiras e assumir o comando da escola. Sempre que possível, organizo abaixo-assinados protestando contra todas as injustiças grandes e pequenas. A Parse Louca está viva e em ação, e agora ela acrescentou algumas palavras-chave políticas como *revolução* e *ocupação* ao seu vocabulário.

A reação de Greta Duke a todas as minhas questões é de tranquilidade. Certo dia, estimulada pelos meus esforços de liderar a classe inteira para assinar mais uma petição contra uma freira particularmente cruel, abro num rompante as portas da sala dos professores e entro com ímpeto, o rosto corado de excitação. A srta. Duke está sentada à longa escrivaninha de madeira, enquanto o sr. Narayan está sentado a uma escrivaninha de canto.

— A revolução da juventude está aqui! — grito e espero por uma resposta. O sr. Narayan me olha boquiaberto, seus olhos amarelos arregalados em expectativa.

A srta. Duke levanta os olhos devagar dos trabalhos que estava corrigindo.

— Bom. Avise-nos quando ela for embora — diz tranquilamente.

Saio da sala dos professores devidamente castigada.

Mas, agora que minhas notas estão despencando ladeira abaixo, a srta. Duke decide que é hora de falar sério.

— Escute aqui, sua pirralha — diz certa tarde. — Você é muito inteligente e está desperdiçando esse talento. Não sou como os outros professores; nunca tive problemas com o fato de você ser amiga de Jenny e o restante dessa turma. Sei que, em muitos aspectos, elas lhe fizeram bem. Mas, quando essa história começa a interferir em seus estudos, bom, então está na hora de eu falar. Daqui para a frente, você vai permanecer na escola depois das aulas e prestar atenção às aulas particulares que dou a outras meninas. Quero que você comece a aparecer na biblioteca depois de encerrado o horário regular.

Protesto como exige meu papel, mas secretamente estou maravilhada. Quando dou a notícia a Patty e Jenny, elas parecem surpresas. Depois, no entanto, Jenny dá de ombros e diz esperar que de vez em quando eu ainda possa passar uma tarde com elas.

Quando conto à mamãe minha conversa com Greta Duke, ela parece surpresa e depois preocupada. Ela vai à escola no dia seguinte e fala com a srta. Duke em sussurros abafados que o negócio de papai vai mal das pernas e que simplesmente não podemos pagar uma professora particular.

— Mas, madame, Thrity deve ter compreendido mal — protesta a srta. Duke. — Não falei nada sobre dinheiro. Na realidade, nem vou gastar muito tempo com ela. Sei que ela vai aprender automaticamente o que precisa saber apenas escutando o que ensino às estudantes que pagam a hora de aula.

E assim passo minhas tardes na biblioteca da escola, sentada à mesa e fingindo não escutar o que a srta. Duke ensina e pergunta a um grupo de seis ou sete alunas a quem ela dá uma aula particular depois do horário. Certa vez, tenho certeza de que ela me pega enfiando de volta o maço de Gold Flake que eu estava tirando do bolso do uniforme. Mas, se percebe os cigarros, não fala de meu hábito de fumar nem me dá um sermão a respeito. Jenny e Patty passam por lá de vez em quando, e sei que estão indo para a casa de Yasmin tomar uma cerveja. Às vezes sinto inveja, mas o que me surpreende ainda mais são as muitas vezes que não sinto. Como estou gostando dessa atmosfera de estudos e, apesar de meu ensaiado desinteresse, fico eufórica quando, depois de todas as alunas pagantes não conseguirem responder a uma pergunta, Greta Duke se vira para mim com olhar silencioso e inquisitivo, e eu sem pensar deixo escapar a resposta. Nesses dias, se caminhamos para casa juntas, ela me ralha.

— Viu como você respondeu àquela pergunta hoje, quando nenhuma das outras incompetentes atinava com a resposta? — questiona ela com sua voz grave. — Você acha que não estou observando você, garota, mas vejo tudo. Mesmo quando olha para fora da janela o tempo todo, mesmo com metade de seu ser vivendo só Deus sabe em que terra de fantasia, você ainda aprende mais do que qualquer uma das outras. Apenas pense no que poderia fazer se utilizasse essa sua inteligência.

Digo algo para me mostrar modesta ou sabe-tudo, mas por dentro estou cantando. Dentre os adultos que conheci, Greta Duke é a primeira capaz de me fazer sentir especial e estimada, mesmo quando me critica. Ao contrário do que acontece com as críticas de minha mãe, nunca deixo a presença da srta. Duke me sentindo pequena e feia. Ela me faz sentir como se todos os meus defeitos nascessem de escolhas que fiz, por isso não me sinto condenada ou desesperada ao seu lado. Afinal, se fiz escolhas erradas, posso também desfazê-las. Mesmo quando está exasperada comigo, posso perceber que a srta. Duke gosta de mim e se diverte comigo, e isso tira o ferrão de suas palavras.

Além do mais, há o seguinte: apesar de todas as minhas declarações sobre pouco me importar com as notas e a reputação, bem lá no fundo de mim eu me importo. Anos de sermões de meus pais produziram seu efeito, e o pensamento de repetir um ano é tão vergonhoso, tão impensável que sei que rodar no ensino fundamental não é realmente uma opção. E sei que Greta Duke sabe que eu sei disso. É por essa razão que ela não está disposta a desistir de mim. Certo dia, numa tentativa de me estimular a estudar, copio versos de uma canção de Dylan numa folha de papel pautado, dobro o papel e escondo a folha no meu livro de química. "Ela sabe que não há sucesso como o fracasso, e que o fracasso não é sucesso nenhum", Dylan canta, e acho que sei o que ele quer dizer. Sei que Greta Duke está me lançando uma tábua de salvação, arrancando-me dos perigos do mundo pelo qual estou sendo seduzida. Ainda que finja em público desdenhá-la, eu me agarro a essa tábua de salvação, ora com muita força, ora meio desanimada, mas continuo me agarrando mesmo assim.

Afinal, posso ser a Parse Louca. Mas não sou maluca.

Capítulo 12

O sonho de infância sobre os pobres da cidade parou de me visitar. Mas os pobres ainda estão comigo. Como fantasmas, como sombras, eles estão por toda parte, e sua presença expõe as contradições, as loucuras e as hipocrisias da vida de classe média, vida que eles racham e abrem como a um ovo podre.

Ir a Chowpatty Beach tornou-se uma agonia para mim. Papai nos leva frequentemente para as barracas de comida que se alinham ao longo da praia, onde comemos *bhel* e *kulfi* de manga e bebemos *lassi* ou caldo de cana. Somos inevitavelmente seguidos por uma procissão de crianças seminuas exibindo barrigões e narizes ranhentos, e jovens mulheres de cabelos desgrenhados com um bebê erguido numa das ancas e outra criança a seu lado. Braços estendidos e palmas viradas para cima esperando as moedas da caridade, a procissão nos segue de barraca em barraca, fitando-nos, faminta, quando abrimos a boca para comer *puri*, abafando nossa conversa com um coro ininterrupto de "*Arré, sahib*, a criança está com fome. Não come faz dois dias, *sahib*. Tem compaixão". Quando o coro se torna alto ou agressivo demais, o irritado *bhaiya* responsável pela barraca sai em direção à turba com uma das mãos erguida em sinal de ameaça:

— *Chalo*, andando! — grita ele. — Deixem as pobres pessoas comer em paz. Animais sem-vergonha, inconvenientes.

Como num ritual de tempo combinado, a pequena multidão se dispersa, embora se afaste um pouco apenas para retornar em questão de minutos, um olhar atento no *bhaiya*, a boca ainda curvada para baixo numa expressão de lástima, a mão direita (ou a esquerda, se não houver mão direita) estendida. As crianças mais velhas às vezes chutam a areia com pés que ganham velocidade pela impaciência e desespero, mas são dominadas por um rápido olhar dos adultos. Algumas das mais ousadas se aproximam um pouco e nos tocam, puxando nossas mangas com os dedos sujos, e nós nos encolhemos e recuamos um passo, como naqueles filmes de horror quando o monstro se aproxima da donzela pura de cabelos dourados que está em dificuldades. Se nos demoramos demais numa determinada barraca, com papai pedindo uma segunda rodada de *kulfi*, algumas das crianças menores se sentam na areia, dobrando as pernas e virando para si os pés nus rachados e endurecidos, a fim de arrancar lascas, pequenos pedaços de vidro ou algum outro detrito neles incrustados. As pessoas de classe média que se reúnem ao redor dessas barracas de comida — aquelas que juram fazer um *pooja* especial se Baby ou Baba entrar na Escola da Catedral ou na Escola Escocesa de Bombaim e que vão a coquetéis em Juhu e Breach Candy onde lamentam que o país esteja entrando pelo cano — observam essas crianças e depois desviam o olhar.

Já não consigo comer em Chowpatty. As contradições, as iniquidades com que vivo todo dia em Bombaim estão demasiadamente estampadas em meu rosto em Chowpatty. Em casa é fácil ignorá-las, mas aqui, em campo aberto, não há como evitar os olhos escuros e famintos, nem as questões sobre os acasos do nascimento e a aleatoriedade do privilégio que eles provocam em mim. A culpa aumenta como a bile, de modo que perco o apetite e não desejo nada mais que pegar meu *lassi*, *puris* e *kulfi* e dar tudo às crianças que fitam os petiscos com olhos ávidos. Mas sei que esse gesto sairá certamente pela culatra, vai despertar a proteção leonina que mamãe sente por mim em matéria de alimentação, tanto que ela insiste que eu acabe o que quer que ela esteja comendo, o que por sua vez vai compelir papai a insistir em comprar outra coisa para ela, e esse gesto fará com que eu me sinta ainda mais culpada. Assim, eu me forço a engolir o que quer que esteja comendo, numa tentativa alternada de ignorar e sorrir para as crianças que continuam a me fitar. Eu quero dar um jeito de me distinguir do mundo a que pertenço, quero defender meu caso em silêncio para esse grupo esfarrapado que me rodeia como um júri, que eles compreendam que não sou como meus pais, que eu compreendo a sua fome, o ressentimento e a fúria que ela deve despertar neles. Sorrio para as mulheres que carregam as crianças aturdidas nas ancas. Às vezes elas me devolvem o sorriso, um lampejo rápido e luminoso de dentes surpreendentemente brancos, e outras vezes elas me fitam sem expressão, o rosto transformado numa máscara de náilon que oculta um mundo inteiro.

Parte da razão pela qual quero me diferenciar — e, Deus, como é difícil de admitir — é porque muitas vezes sinto em relação aos mendigos a mesma fúria de se sentir enganado experimentada por meus pais. Muitas vezes sinto uma onda de autopiedade passar sobre mim: *Danem-se, eu só quero ter uma família convencional que faz excursões a Chowpatty para se divertir e comer alguma coisa, e como é que podemos fazer isso com essas pessoas nos rodeando como urubus? É tão injusto, nunca podemos ir a lugar nenhum sem ter que pensar sobre os pobres e enfrentar a culpa que sua presença suscita. Queria estar em Londres ou algum lugar onde pudesse caminhar pela rua tomando um sorvete de casquinha sem que ninguém deseje roubá-lo de mim.* Depois, escuto minhas palavras e sinto raiva e vergonha diante da superficialidade da minha autopiedade queixosa, quando comparada com o peso da fome e do sofrimento dessas pessoas. E assim, como penitência, sorrio para as mulheres e crianças.

Mais ou menos nesse momento, como se fosse parte de um roteiro, um velho e uma velha — ele apoiado num pau grosso e com uma longa barba branca, ela com olhos cinzentos e leitosos pela idade (ou será cegueira?) e dentes amarronzados com manchas de *paan* — caminham lentamente em nossa direção.

— *Arré baba*, um troco — dizem a meu pai numa voz patética e monótona. — Deus vai abençoar você, meu filho, um trocado para os pobres. — O velho começa a tossir, mas ele não precisava se dar a esse trabalho, porque meu pai já enfiou a mão no bolso da calça e tirou um punhado de moedas. — Deus abençoe você, *seth* — canta o casal, surpreso e gratificado pela facilidade de conseguir algum dinheiro.

Eles se afastam, e uma das crianças — um menino de dez anos — corre atrás deles, zangada com sua intromissão e seu inesperado sucesso em engabelar meu pai e ganhar algumas moedas. O velho pega seu pedaço de pau e ameaça o menino, que recua e vai embora. Mas, agora, o grupo de jovens mães e crianças está tenso e agitado, sabendo que seus instintos estão certos, que esse cavalheiro parse, que passou os últimos vinte minutos ignorando-os, é uma presa fácil afinal. Eles não sabem o que sei: que por alguma razão — talvez porque perdeu a mãe quando tinha quatro anos, talvez porque amava e respeitava o pai — papai não consegue deixar de dar esmolas aos idosos. Às jovens mães, ele dará dinheiro a contragosto, às crianças, ele se recusará terminantemente a dar dinheiro, tendo pacotes de biscoitos Glucose no carro para distribuí-los em lugar das moedas.

— Não se pode estragar a geração futura. Eles devem ser estimulados a trabalhar, não a mendigar — diz ele, ignorando despreocupadamente o fato de que há ph.Ds. neste país que trabalham como serviçais em pequenos escritórios porque não há empregos. Mas, para os velhos e as velhas, ele não consegue dizer não. Por eles, papai sente uma certa responsabilidade que beira a reverência. No carro, ele guarda uma pilha de moedas de prata e se, no meio de um engarrafamento, descobre uma velha mendiga a alguns carros de distância, ele baixa a janela e chama a mulher até o seu carro.

Agora nossa procissão particular começa a se agitar, sabendo que nossa expedição alimentar está chegando ao fim e já tendo visto uma prova da generosidade de meu pai. Seus gritos por esmolas se tornam mais altos e dramáticos. Os músculos da minha barriga se apertam, e sinto os dedos dos pés se dobrar de culpa e vergonha.

— Por favor, *seth*, *memsahib*! — grita uma das mulheres. — As crianças não comem faz dias. Um dinheiro para a comida da noite. — Ela empurra para a frente uma das crianças de aspecto mais patético, um menino de quatro anos de cabelo desgrenhado e olhos cinzentos e líquidos que indicam cegueira. Lançado no centro do palco, o menino repete suas frases.

— Por favor, *baba* — diz ele. — Barriga vazia. Deus vai lhe dar tudo o que deseja, *seth*. Por favor, uma esmola. — Sua pequena mão se estende e, por acaso, bate no fundo do meu copo, derramando um pouco do meu *lassi*.

O *bhaiya* se agita, torcendo zangado seu bigode de pontas viradas.

— *Saala, badmaash*. Filhos da mãe. Parasitas. Vamos andando, todos vocês, antes que eu lhes dê umas bofetadas. Importunando meus melhores clientes. — Dessa vez o *bhaiya* parece sério, e, sentindo a mudança, o grupo se põe a correr. Mas, bem nesse momento, papai fala alto:

— Ok, vocês estão com fome? Não vão ganhar dinheiro de mim. Não acredito em estimular miséria. Mas, Dilbar — diz virando-se para o *bhaiya* —, dê a cada um deles um prato de *bhel*. Pagarei a rodada.

Um murmúrio passa pelo grupo, enquanto as mulheres tentam calcular rapidamente se deveriam exigir dinheiro ou aceitar o oferecimento. A oferta de comida é irresistível, porém aceitá-la significaria levar para casa menos dinheiro para pagar o *dada* local que é o dono delas. Mas, antes que elas possam fazer alguma coisa, Dilbar fala, a boca torcida de repugnância:

— Por favor, *saar* — diz ele. — Você é meu bom cliente, mas essa gente é um incômodo. Muito ruim para o negócio, *saar*, se outros clientes virem essa gente comendo na minha barraca. Espero que compreenda, *saar*.

Dilbar decidiu por eles. Os mendigos se viram contra ele, vários falando ao mesmo tempo:

— *Bara seth* disse que paga. Por que está dizendo não?

— Você escutou o que o *seth* disse. Dá o *bhel* pra gente.

— Deus vai abençoar o *seth* por sua generosidade, mas Ele vai amaldiçoar você por seu orgulho, seu malvado. Tratando a gente como se a gente fosse animais.

Dilbar está inflexível. Ele cruza as mãos na frente do peito forte e balança a cabeça para dizer não.

A comoção atraiu a atenção do homem que tem uma barraca de *bhel puri* dois espaços além da barraca de Dilbar. É um homem magro e simpático, com lábios vermelhos riscados de *paan*. Ele vem correndo ao nosso encontro.

— Qual é o problema? Qual é o problema? — pergunta com uma voz fina e aguda. — Dilbar, como é que você pode mandar o *seth* parse embora desse jeito, com o coração infeliz? Vergonha, vergonha. Sabe de uma coisa, senhor, eu vou alimentar essa gente pobre e infeliz para você. Apenas venha até a minha barraca, senhor, a dois passos daqui, senhor, bem perto.

Dilbar resmunga. Papai está agora ansioso por acabar com toda a cena. Passamos para a nova barraca, as crianças nos seguindo como um cortejo nupcial. Papai puxa sua carteira e tira algumas notas.

— Pronto. Isso deve ser suficiente.

O homem magro abre um sorriso fino.

— Um minuto, *saar*, por favor. Ahn, necessário um *baksheesh*, um dinheirinho extra, *saar*. — Ele baixa a voz. — Estou fazendo isso como um favor para você, *saar*. Sabe como essa gente é, sujos e tudo o mais. Vamos ter que lavar os pratos muito mais vezes, o que vai custar água extra, *saar*. — Ele aponta para o balde de metal sujo em que lava as tigelas de vidro.

Papai olha com nojo, embora eu não saiba ao certo se é da visão da água imunda ou da avareza do homem. Ele tira outras duas rupias.

— Pronto. E, se isso não bastar, vamos fazer o negócio em outro lugar. — Ele gira nos calcanhares e começa a ir embora, com mamãe e eu o seguindo. Mamãe fala alguma coisa sobre querer ficar mais tempo para ver se o homem vai realmente alimentar a turba, mas papai esgotou sua paciência. — Vir a Chowpatty deixou de ser um prazer — diz ele a ninguém em particular. — São cada vez mais raros os lugares em Bombaim em que podemos passear.

Naquele dia, vou embora cheia de boa vontade e afeto por meu papai. Ele é idiossincrático nas suas crenças, sim, mas tenta fazer a coisa certa.

Entretanto, quando me torno mais velha, observo como os valores de classe média de meu pai vêm à tona nas circunstâncias mais estranhas. Quando já tenho treze anos, estamos os dois encerrados em nossas ideologias, e meus sonhos simplistas de alimentar e abrigar toda a população de rua se transformaram num desprezo duro e amargo pelas pessoas de classe média bem-intencionadas que fingem saber o que seria melhor para aqueles que encontram todos os dias, mas sobre as quais nada sabem. Pessoas como meu pai. Na realidade, pessoas como eu própria, embora eu tivesse me jogado num tonel de água fervente antes de admitir tal coisa para mim mesma.

Estamos no velho e volumoso Ambassador, apenas ele e eu no imenso assento dianteiro, indo para casa depois de uma reunião de negócios a que o tinha acompanhado. A reunião foi muito boa, e papai está de ânimo alegre e expansivo. Estamos em Bori Bunder, e o tráfego lento se arrasta até parar de vez. Em geral isso o incomodaria, mas naquele dia ele espera, paciente, nem sequer se zangando quando o motorista de táxi atrás de nós buzina aparentemente sem razão, pois não há outro lugar onde possamos nos enfiar. Abaixamos as janelas, sabendo que vamos ser assaltados pela fumaça da descarga dos velhos ônibus

Best, mas precisamos de algum ar para combater o calor abafado e úmido do meio da tarde. Bem nesse momento, um menino de aspecto saudável e olhos brilhantes aparentando oito anos corre até o carro e se aproxima rapidamente de papai. O cabelo está cortado rente, o rosto é longo e fino, o que faz seu sorriso cheio de dentes parecer ainda mais largo e contagioso.

— Ei, *seth* — começa ele. — Uma moeda, por favor. Irmã e mãe doentes em casa. Por favor, *seth* bondoso. *Bhagwan* vai abençoar você.

Papai olha para o menino e depois para mim.

— Está vendo? — diz ele, como se o menino não pudesse escutá-lo. — É isso que gera o atraso do país. Um menino ativo, de corpo sadio, esmolando para viver.

O tráfego se move um pouquinho, e o menino se agarra à janela, seguindo com passo rápido ao lado do carro. Escutou papai falar a seu respeito, e isso talvez lhe tenha dado esperança, porque, como todo mendigo sabe, os piores clientes são aqueles que ignoram sua presença, que olham através do mendigo como se ele fosse feito de ar. Ao menos esse *seth* parse reconheceu sua existência.

Papai se move tão rapidamente que o menino dá um salto e recua quase meio metro. Torcendo-se no assento, papai estende a mão para pegar a maçaneta da porta traseira do carro e deixa-a um pouco aberta. O carro à nossa direita buzina assustado para assegurar que a porta entreaberta não o atinja, mas papai já calculou a distância e ignora o motorista.

— Vamos — diz ele para o menino perplexo. — Entre no carro. Você pode vir para a nossa casa e trabalhar lá. Estamos procurando um bom menino para criado. Você vai ganhar três boas refeições por dia, roupas decentes. Vou até mandá-lo para a escola. Você poderá se tornar alguém decente. Vamos, o que acha?

O menino dá mais um passo para trás, fitando atentamente meu pai.

— Papai, por favor, pelo amor de Deus — digo, mas ele ainda está falando com o menino mendigo.

— Como é? Não quer trabalhar? Quer continuar mendigando a vida inteira? Há algum futuro nesse tipo de vida? Na minha casa, você pode aprender inglês, ir à escola. Ser talvez um peão ou um empregado no meu escritório algum dia...

O menino olha para meu pai de olhos arregalados. De repente, ele solta um grito e começa a correr afastando-se do carro, ziguezagueando entre os veículos amontoados. Olha por sobre o ombro uma vez, para certificar-se de que o homem estranho não o está seguindo.

Papai se recosta no assento, desapontado mas satisfeito.

— Está vendo? São apenas preguiçosos. Preferem pedir esmola a trabalhar. É por isso que nunca estimulo essas crianças dando-lhes dinheiro.

Não sei ao certo se todo esse episódio teve a intenção de me instruir, mas no momento estou zangada demais para procurar saber.

— Papai, ele tinha oito anos. E que dizer de sua mãe, pai, irmãs? Você acha que uma criança pode simplesmente abandonar toda a sua família e entrar no carro de um estranho?

Ele não compreende.

— Você sabe que nós o teríamos tratado bem. Você sabe que ele estaria a salvo conosco — diz com uma voz ofendida, como se eu o estivesse acusando de maltratar o menino.

— Não se trata disso. A questão é como é que ele poderia saber disso? Papai, ele é uma criança. E ele tem uma família...

— Sim, uma família que o obriga a esmolar para viver — ele me corta.

Estou fervendo, mas me controlo.

— Papai, sabe quando eu era pequena e você me disse tantas vezes para eu nunca entrar num carro com um estranho? E se os pais do menino lhe disseram a mesma coisa?

Alguma coisa clica na cabeça de papai. Posso ver a luta no seu rosto, enquanto ele tenta se ver com a aparente contradição de pais que deixam os filhos pedir esmolas e ao mesmo tempo alertam as crianças para tomar cuidado com estranhos. Papai dá um longo suspiro.

— Talvez. Talvez seja assim. Mas uma coisa eu sei... os problemas da Índia não serão resolvidos com esmolas. Algo tem que ser feito.

(E, como se algum Deus perverso tivesse escutado meu pai, algo foi feito um ano mais tarde, nos tempos sombrios do Estado de Emergência imposto por Indira Gandhi, quando a polícia tinha como rotina retirar das ruas os mendigos sem-teto. Era como se alguém houvesse tomado meu sonho infantil de arrebanhar os pobres e o tivesse alterado, porque, em vez de receberem abrigo no porão da minha escola, os mendigos eram jogados fora dos limites da cidade ou armazenados em barracões do governo em condições desumanas.)

Passamos o resto do tempo até chegar em casa numa trégua inquieta, os dois enclausurados na retidão do que acreditávamos. Porém, nos meses seguintes, papai vai falar sobre o incidente em festas — de como ele tinha oferecido a um menino sadio a chance de uma vida melhor e de como o preguiçoso saíra correndo em vez de aceitar sua oferta. E os outros adultos vão assentir de um jeito solene e sacudir a cabeça de um lado para o outro com expressões de consternação diante dos rumos que o país está tomando. Às vezes discuto com eles, arriscando ser humilhada por sua condescendência adulta, quando me dizem que esse é o idealismo da juventude e que logo vou crescer e compreender os erros de minhas maneiras. Mas, na maioria das vezes, fico quieta e tomo, às escondidas, uísque e cerveja, engolindo o resto dos copos de nossos convidados enquanto carrego a louça para a cozinha, bebendo um gole direto da garrafa quando ninguém está olhando, para que eu possa flutuar por essas festas num atordoamento cego. Tudo o que os adultos veem é uma adolescente extraordinariamente prestativa, que se oferece para fazer os drinques e retirar os copos vazios. Entretanto, quanto mais sorrio para eles, mais oca me sinto por dentro, como se houvesse uma bomba tiquetaqueando dentro de mim. E, em meu atordoamento bêbado, imagino que existe uma bomba escondida dentro de todos os pobres da cidade e que ela está tiquetaqueando o tempo todo — enquanto eles transformam seus rostos em caricaturas deploráveis para suscitar nossa caridade, enquanto eles nos dizem que Deus vai nos abençoar, mesmo pensando que, se houver um Deus, ele certamente nos destruirá por nossa indiferença despreocupada, por nosso egocentrismo pecaminoso. Eu me pergunto como os adultos podem continuar tão cegos, sem perceber seu lugar precário no topo da montanha. De vez em quando alguém aparece com uma notícia sobre um ataque especialmente hediondo contra os Intocáveis ou Harijans por uma turba hindu de casta superior, e então todos falam com menosprezo sobre o maldito sistema de castas e sobre o atraso de alguns desses hindus rurais, a ponto de seguirem seus antigos preconceitos. O texto subentendido é que temos sorte de ser parses, sorte de ter "nascido e sido criados em Bombaim" e, portanto, livres das intolerâncias opressoras de pessoas menos civilizadas que nós. "Como essa gente é bárbara", dirá uma convidada. "Imagina... queimar alguém vivo nos dias de hoje só porque é um Intocável. Afinal, um ser humano é um ser humano." E, mais tarde nessa noite, a caminho de casa, a mulher terá seu braço carnudo tocado por um menino mendigo de doze anos que insiste em arrancar algumas moedas dessa mulher de ar bondoso, e ela, aterrorizada com esse desrespeito de uma criança imunda, gritará e recuará dois passos, perdendo com isso um pouco do equilíbrio, e essa visão fará o menino perder suas maneiras de mendigo profissional por uma fração de segundo, e ele dará uma risadinha antes de voltar a contorcer o rosto para assumir sua expressão normal de pedinte lastimável. Mas será tarde demais, porque o marido da mulher terá visto o toque e a risadinha e com seu orgulho viril machucado gritará "Pervertido malvado!" e erguerá a mão direita como se para correr atrás do menino, que, compreendendo que a risadinha inoportuna lhe custou as moedas, fugirá para dentro da noite escura...

Quero contar a todos os nossos convidados sobre um experimento que alguns de meus amigos estão realizando. Um de meus amigos fez uma brilhante observação sobre as posturas rígidas e estilizadas que os mendigos e os doadores tendem a assumir quando o dinheiro está trocando de mãos. Os membros da classe média de Bombaim invariavelmente deixam cair suas moedas nas mãos em forma de copa dos mendigos a partir de uma certa altura, assegurando-se de que nem por acaso cheguem a roçar o que eles imaginam ser mãos contaminadas com germes e doenças. Por isso, eu e um bando de amigos decidimos mudar as regras da transação. Em vez de segurar a moeda com cautela entre dois dedos e deixá-la cair rapidamente na mão estendida do mendigo, eu agora mantenho a moeda na palma aberta da minha mão, instando sem falar que o mendigo a pegue. Esse simples gesto inverte a ordem social, de modo que é a minha mão que está agora por baixo. Isso também viola um tabu não expresso, quase não reconhecido: para pegar a moeda, os dedos do mendigo devem certamente tocar minha palma, ainda que muito de leve. E acontece algo surpreendente: até crianças de três anos já estão tão condicionadas pelas onipresentes distinções de classe que ficam paralisadas com essa inversão de posição. Elas me fitam com os olhos arregalados, confusos, repletos de apreensão, medo, até. Algo está errado, não é natural, e dá quase para ver as mentes jovens se agitar sem compreender, tentando decifrar onde está o erro e como endireitá-lo. Nesse meio-tempo, a moeda oferecida continua na minha palma, intocada. Momentos se passam. Trocamos olhares, e observo uma caravana de emoções passar por seus rostos perplexos. De vez em quando, um dos jovens mais ousados toma coragem e agarra a moeda com rapidez. É mais frequente, porém, que eles se afastem, fitando-me o tempo todo como se tentando compreender essa nova perversão com que se depararam.

Sei o que acontecerá se contar aos adultos sobre esse experimento: eles vão ficar horrorizados e me passar sermões sobre como eu, dentre todas as pessoas, com todos os meus problemas de saúde, deveria ter cuidados extras para não entrar em contato com germes. E eu lavei as mãos depois desses encontros tolos?

Em momentos assim, olho para as canecas de cristal em que os convidados estão tomando cerveja, os finos copos de uísque em que estão bebericando, e sinto como se o mundo inteiro fosse feito de vidro, que ele é frágil e tênue e vai se estilhaçar assim que alguém do lado de fora atirar a primeira pedra. Em alguns dias, a ideia me assusta, porque, afinal, amo esses seres humanos defeituosos, egocêntricos, bem-intencionados, esporadicamente bondosos que estão nesta sala comigo. Em outros dias, desejo um momento de destruição, mal posso esperar que essa fachada caia por terra quando os aparentemente desamparados demonstrarem sua força e aqueles que se acham tão poderosos compreenderem quão insignificantes e pequenos eles realmente são...

Bem nesse momento, Sheroo Nayak interrompe meu devaneio assassino.

— E que tal um pouco de música? — sugere alegremente. — Qual é aquela canção de que gosto, sobre um menino de olhos azuis ou coisa parecida?

Eu me levanto e ponho "A Hard Rain's A-Gonna Fall" para tocar. Os adultos riem e falam sobre a canção, alheios à sua mensagem apocalíptica.

Capítulo 13

Watergate.

A palavra é exatamente tão complicada e desconcertante quanto a palavra *sexo* há uns anos. *Sexo* era uma palavra que eu via impressa o tempo todo — o *Stardust* entrevistava estrelas do cinema sobre o que gostavam no sexo, *The Illustrated Weekly of India* tinha artigos sobre as atitudes reprimidas dos homens indianos em matéria de sexo —, mas ninguém jamais vinha a público explicar o que a palavra significava. Seja como for, eu conhecia o bastante para saber que a palavra deixava as pessoas cheias de vergonha e embaraço e que era melhor não perguntar aos adultos sobre sexo, mas decifrar o significado sozinha, um pouquinho de cada vez. No sexto ano, as freiras tinham explicado muita coisa sobre os pássaros e as abelhas, mas as discussões eram tão funcionais que eu não consegui ligar o que diziam à misteriosa e mágica palavra de quatro letras que estava por toda parte e continuava um enigma. De fato, meu despertar mais cru do sexo se deu certa tarde, quando estava sentada nos degraus de mármore do prédio da escola durante o recreio do lanche.

— Anita — disse eu com gravidade. — Uma coisa não compreendo sobre o que a Irmã Ignatius nos ensinou. Como é que o esperma chega ao óvulo se tem que passar por todas as roupas?

Anita me fitou por um longo momento, encantada com esse passe inesperado que eu jogara bem nos seus pés.

— Não há roupas — disse ela finalmente. — As pessoas fazem sexo nuas.

Eu ri. Anita tinha cada piada.

— Sim, claro.

— Não é piada. Juro, *men*, é assim mesmo — disse Anita, beliscando a garganta para enfatizar. — Se não acredita, pergunte a Diana.

Eu passei por cinco tons de branco. Ficar nua na frente de um menino parecia impossível demais, ridículo demais, fora dos limites da minha imaginação.

No dia seguinte, Philomena D'Souza trouxe um monóculo fotográfico para a escola. Durante toda a manhã, blocos de meninas espiavam às escondidas pelo seu olho quadrado sempre que a professora saía da aula. O que quer que estivessem vendo provocava muitos risos nervosos em Philomena e em algumas das meninas mais velhas. Por fim, pouco antes do almoço, chegou a minha vez. Mas, em vez dos monóculos com fotos do Taj Mahal e da Torre Eiffel, havia imagens de homens e mulheres nus, entrelaçados uns nos outros. Era difícil ver exatamente o que estava acontecendo, mas as fotos pareciam bem literais.

— Philo, o que é isto? — perguntei finalmente.

Olhando-me desdenhosa, Philomena respondeu:

— É sexo, estúpida.

Eu estava confusa. O sexo nas páginas do *Stardust* parecia doce e inofensivo. O sexo descrito pelas freiras parecia tão aborrecido quanto as corridas de lesmas que costumávamos organizar no pátio atrás da estátua da Virgem Maria. Mas o sexo definido por Philomena parecia secreto e perigoso. Como é que uma única palavra podia ter tantos significados?

A mesma coisa acontecia com Watergate. Certa vez, papai me contou que era o nome de um edifício em Washington. Mas eu também sabia que era um escândalo que tinha algo a ver com Richard Nixon. A maioria das pessoas que eu conhecia odiava Nixon desde que ele ficara ao lado do Paquistão na guerra de 1971 pela independência de Bangladesh. Assim, supus ser algo bom o que quer que tivesse chutado Nixon da presidência. Então, por que os adultos continuavam a achar terrível o que havia acontecido?

Em 1976, a cultura pop veio em meu auxílio na forma de uma paródia da revista *Mad* sobre o filme *Todos os homens do presidente*. Examino a revista com cuidado, tentando ler nas entrelinhas e ligando a sátira ao pouco que já sei sobre Watergate. E, finalmente, tudo se encaixa: o arrombamento, os sistemas secretos de caixa dois, o papel do Garganta Profunda. (Claro, uma das ciladas de aprender história na revista *Mad* é que por muitos anos pensarei no pobre Gerald Ford como o Garganta Profunda, porque o último quadrinho de *O descaramento dos homens do presidente* mostra Ford num estacionamento escuro revelando segredos sombrios a Woodward.)

A essa altura, os Estados Unidos tomaram conta da minha imaginação com tanta força quanto o mundo das festas à meia-noite e de policiais ingleses tinha me envolvido no passado. Estudamos os Estados Unidos na aula de geografia, aprendemos as capitais de todos os cinquenta estados e nos informamos sobre seus principais produtos de exportação, mas tudo isso é matéria árida comparado com o que estou rapidamente aprendendo. Pelos anúncios dos clubes de música no verso das revistas, me mantenho informada sobre as últimas novidades do rock and roll americano. É assim que escolho os discos que peço a papai quando ele faz uma viagem de trabalho a Dubai ou ao Kuwait. Passo horas na sacada pensando como "Gee whiz" soa na vida real. Afinal, é o que Archie diz o tempo todo. Peço um jeans azul e, quando finalmente ganho meu primeiro jeans, ignoro o fato de o tamanho ser três vezes maior que o meu. Logo tento desbotar o jeans derramando água oxigenada sobre ele, mas nada acontece. Para meu desgosto, nem sequer fica rasgado.

Com Simon e Garfunkel, aprendo sobre Bleecker Street e os invernos na cidade de Nova York sangrando as pessoas; com Neil Young, aprendo sobre os Quatro Mortos em Ohio; com Neil Diamond, sobre Brooklyn Roads. Woody Allen me ensina sobre terapeutas e Manhattan. John Steinbeck me ensina sobre Salinas Valley, os Oakies e Cannery Row; Fitzgerald me ensina sobre os buracos de traça no Sonho Americano; Hemingway me ensina sobre os heroicos e estoicos habitantes do Meio-Oeste, que são fortes na sua terra despedaçada. O discurso do Sonho de Martin Luther King, que está incluído em um de nossos textos das aulas de literatura, tem o efeito surpreendente de me arrepiar toda vez que o leio. Nenhum professor jamais menciona que King muitas vezes falou da luta pela liberdade da Índia como uma inspiração para seu movimento de desobediência civil. Enquanto isso, luto para aprender *marathi* a fim de poder conversar com a mulher de meia-idade que trabalha como criada na nossa casa.

Está longe de ser frequente, mas ocorre-me de vez em quando que levo uma vida esquizofrênica: sou uma adolescente parse que frequenta uma escola católica no meio de uma cidade que é predominantemente hindu. Sou uma menina de classe média que vive num país que está entre os mais pobres do mundo. Estou crescendo no país que expulsou os britânicos catorze anos antes de eu nascer, mas ainda não li nenhum romance de um escritor indiano.

Isso é o que significa ser uma habitante secular de Bombaim. Digo a mim mesma: tome todas as partes contraditórias da sua vida e faça um todo unificado com elas; saiba que você é uma mestiça cultural, uma filha bastarda da história, e aprenda a se divertir com isso, até mesmo orgulhar-se desse fato.

Porque a alternativa é inaceitável. Se, em vez de sentir perplexidade, você se deixar dominar pela fúria de ser o produto de um sistema de educação colonial que mal a prepara para as realidades da vida em seu próprio país, se você questionar por que conhece as palavras de todas as canções de Bob Dylan em vez das palavras de canções de... está vendo, esse é o problema, você nem sequer sabe quem poderia ser o Bob Dylan de seu país..., então estará fazendo perguntas com cujas respostas não será capaz de lidar.

E a história é complicada, é difícil saber quem está implicado nela. Os britânicos — com sua famosa declaração de construir uma elite indiana que pareça indiana mas seja inglesa "no gosto, nas opiniões, na moral e no intelecto" —, sim, claro, os britânicos estão implicados, mas esse dado é transparente demais. Depois você examina a cumplicidade daquelas freiras irlandesas que adorava quando era criança, e que deixaram sua ilha verde e fértil para vir a este subcontinente árido e crestado pelo sol a fim de educar os pagãos, e você se vê engolfada numa maré de sentimentos mistos, ressentimento e boa vontade engalfinhando-se pela supremacia. Mas, espere, o dedo indicador segue adiante e aponta agora para sua comunidade, as velhas chauvinistas que mantinham fotografias emolduradas da rainha Vitória nas suas paredes descascadas, e os velhos parses que saíam com guarda-sóis para proteger a pele clara e assim se distinguir das hordas de hindus, e seus pais, que insistiam que você tivesse lições de piano em vez de aprender a tocar cítara, como faziam muitas de suas amigas hindus. E, finalmente, você própria está implicada, porque certamente poderia ter procurado os romances de Tagore assim como buscou os de Hemingway, certamente poderia ter impedido que as outras colegas caçoassem da professora de híndi como você jamais sonharia caçoar daqueles que lhe apresentavam as obras de Shakespeare.

A única pista do meu caso de amor com os britânicos na infância surge agora no meu amor pelos Beatles, e os Fabs nem são mais realmente britânicos, visto que agora pertencem ao mundo, e visto que o próprio George Harrison se apaixonou pela Índia.

Assino uma revista juvenil chamada *J. S.*, que tem como atração principal ampliações de fotos de estrelas pop como Peter Frampton e Gary Glitter, que colo nas paredes e no teto do meu pequeno estúdio. A hora da verdade chega com um imenso pôster lustroso que troquei por um álbum do Queen. O pôster tem os Jackson 5 num dos lados e os Osmonds no outro. Sei que minha decisão de honrar um ou outro grupo na minha parede revelará um pouco do meu gosto e minha sofisticação musical, e sei que para ser considerada legal e sofisticada devo escolher os Jacksons. Mas meu coração pertence a Donny. Amor de adolescente, se preferirem.

O movimento punk que está se alastrando pelo Ocidente não nos alcança. Como sempre, estamos uns cinco a dez anos atrasados. Ainda cantamos "Puff the Magic Dragon" nos piqueniques da escola, embora graças ao cosmopolitismo de Jenny eu também toque uma guitarra imaginária para "Bohemian Rhapsody" do Queen.

Mas a maior influência na minha vida é Bob Dylan. As freiras tinham nos ensinado "Blowing in the Wind" na escola, e todas conhecíamos a versão etérea de Peter, Paul e Mary. Mas só vim a descobrir a força crua de Dylan quando Arvind, meu amigo por correspondência de Calcutá, plagia a letra de "Shelter from the Storm" de Dylan e tenta fazê-la passar como se fosse sua. Quando, desconcertado por meus elogios efusivos, ele finalmente confessa o verdadeiro autor do poema, eu procuro *Blood on the Tracks*. E me apaixono pelo jogo inventivo de palavras, as rimas fáceis, o humor mundano e, sim, até pela voz. Sem demora, estou avidamente atrás de qualquer álbum de Dylan que consiga encontrar. E meus próprios poemas começam a mudar. Desaparecem os poemas honestos, influenciados por Robert Frost, sobre velhos que trabalham duro e noites chuvosas. De repente estou escrevendo sobre gnomos de um só olho, sobre espelhos com cheiro de naftalina e sobre carrapatos.

A descoberta de Dylan me fornece sem querer a arma perfeita na minha contínua batalha com minha mãe. Mamãe está convencida de que Dylan, com seu lamento nasal, é uma zombaria contra ela, alguém que inventei com o propósito expresso de enfurecê-la. A voz de uma geração, a consciência de uma nação, o bardo dos anos 1960 é reduzido na mente de minha mãe a um sapo com laringite.

— Preste atenção na letra — digo, num eco inconsciente das palavras ditas pela irmã mais velha de Diana uma vida inteira atrás. Mas mamãe tem uma resposta pronta:

— Se Deus quisesse que nós compreendêssemos o que ele está cantando, ele teria lhe dado uma voz melhor.

Mamãe está tentando destruir minha amizade com Jesse. Depois de um ano de elogios constantes, ela se virou de repente contra Jesse e começou a falar mal da menina para quem estiver disposto a escutá-la.

Jesse fez amizade com o sobrinho de minha mãe, que mora dobrando a esquina de nossa travessa. Eles se encontram frequentemente no ponto de ônibus perto do edifício do rapaz e vão juntos para a faculdade. Isso deixou minha mãe apoplética. Ela está convencida de que Jesse tem um plano de induzir seu pobre e inocente sobrinho a se apaixonar por ela, para depois despedaçar seu coração. Toda a vergonha de minha mãe por ter crescido num ambiente pobre está vindo à tona contra a educação afluente e privilegiada de Jesse. Ela descreve essa amizade nascente entre Jesse e seu sobrinho em termos sinistros e suspeitos.

— Todo mundo sabe que ela estava apaixonada por um sujeito muçulmano na sua cidade natal — diz ela, o desprezo pingando de sua voz como filetes de gordura. — Agora, para esquecê-lo, está tentando apanhar meu pobre Dinshaw.

Meu pai, Mehroo e Babu a fitam sem expressão. Eles não veem razão para não gostar de Jesse — exceto o fato de que meus papos noturnos com ela me fazem perder o jantar — e não pensam que Dinshaw seja o santo alheio ao mundo que mamãe está criando. Ela se afasta deles insatisfeita, seu ódio sibilante precisando de melhores ouvidos.

Ela os encontra na sua irmã Villoo.

— Sabe o que esse malandro de seu filho está fazendo, saindo, dançando com essa menina sem Deus? — diz ela. — Sabe que ela é ateísta? É o que ela própria diz, e, ai, diz isso com orgulho. Preste atenção nas minhas palavras: ela vai usar o nosso Dinshaw e depois vai abandoná-lo como uma casca de banana num monte de lixo. Ela não pertence à nossa classe: todo mundo sabe que o pai é milionário.

Titia Villoo diz algo bem racional:

— Se ela é uma menina assim tão ruim, por que você deixa que Thritu e ela sejam amigas?

Eu quero aplaudir Villoo pela sua lógica, mas mamãe fala primeiro:

— Minha Thritu não está tendo um caso com Jesse. Ela não é um menino que vai ficar todo marcado por causa de uma garota arrogante sem Deus. Mas ele é o *seu* filho. Siga meu conselho, ou não siga, que me importa?

A irmã de Dinshaw, Persis, entra em cena. Junto com sua melhor amiga, Shinaz, uma mulher bonita com um nariz adunco que geralmente mantém escondido atrás de um envergonhado lenço. São boas meninas, respeitáveis, sexualmente inexperientes, convencionais, que aceitam sem questionar a autoridade de seus sacerdotes, pais e professores. A própria existência de Jesse, o modo como ela se comporta — seu andar desenvolto e assertivo, a inclinação alegre de sua cabeça, sua risada excêntrica, sua mímica impiedosa do modo afetado e pseudobritânico que a classe alta parse adota ao falar —, tudo é uma afronta para elas. Nos meus momentos mais bondosos, compreendo que alguém como Jesse deve lhes parecer ameaçador e estranho, que ela deve fazer com que suas vidas pareçam tristemente restritas, pequenas e sem oportunidades, que ela deve forçá-las a lutar corpo a corpo com sonhos noturnos que nem sabiam que existiam.

Mas meus momentos caridosos são poucos. Amo Jesse demais para ser gentil com suas detratoras. Na maioria das vezes, travo batalhas em seu nome, batalhas que ela felizmente não percebe porque não tenho coragem de lhe contar quanto ressentimento ela inspira em pessoas que mal a conhecem.

— O que diabos ela tem na cabeça para usar esse jeans cor-de-rosa? — começa Persis.

— Vou te contar, esta menina não tem noção de elegância — acrescenta Shinaz.

— Não se trata de elegância. É vergonha. Ela não tem vergonha — emenda Persis, como se fosse uma autoridade mundial sobre a questão.

— O que a vergonha tem a ver com o modo como ela se veste? — questiono. — Alguém poderia dizer que o modo como vocês duas se vestem, com seus vestidos curtos e tudo o mais, é vergonhoso.

Persis fala para o nada, como sempre faz quando está muito zangada.

— Só escutem o que ela está dizendo — fala sem olhar para mim. — Sempre saindo em defesa de Jesse, quer esteja certa ou errada. Lavagem cerebral total e completa. Agora ela também anda por toda parte usando tênis Keds e tudo o mais. E falando desse jeito com sua própria prima, por causa de alguém que ela mal conhece. Bem, vamos ver quando ela voltar correndo para nós em dois ou três meses.

Shinaz me lança um olhar funesto que ignoro.

Meu primo Dinshaw é um cara estranho e aparentemente não partilha minha necessidade de defender Jesse contra sua família. De fato, ele se esforça para criar mal-entendidos e animosidades. Agrada a seu senso de humor que sua nova amiga desperte tanta negatividade dentro de sua família.

Assim, ele vai direto na jugular, ou melhor... no nariz. O nariz de Shinaz.

— Jesse estava comentando outro dia sobre o longo nariz de Shinaz — diz à sua irmã num tom de conversa. — Ela disse que era mais adunco que o gancho no braço do Capitão Cook.

A Terceira Guerra Mundial acaba de ser deflagrada.

Minha mãe pisa duro pela casa numa nuvem de fúria, recusando-se até a reconhecer a presença de Jesse quando a encontra na rua. Persis vaza veneno e afronta.

— Quem ela pensa que é? — resmunga repetidas vezes. — Puta safada. Só porque eles têm dinheiro...

Shinaz faz o papel de uma mártir bem-aventurada, como se tivesse nascido para desempenhar esse papel. Titia Villoo murmura todo palavrão e praga que conhece, atacando até o bisavô de Jesse.

Eu revido com o que acho ser distanciamento científico.

— Olhem, conheço a maneira de falar de Jesse, ok? Ela nunca diria uma coisa estúpida e crua dessas. Se quisesse insultar Shinaz, ela pensaria em algo melhor do que um tolo insulto pessoal. — Minhas palavras se espalham sem criar sequer uma crispação na fúria instalada.

As coisas ficam tão fora de controle que finalmente confronto Dinshaw.

— Por que não conta a Persis a verdade, que você inventou toda essa estupidez? Elas estão odiando o atrevimento de Jesse por causa de você e de suas malditas mentiras.

Mas Dinshaw apenas pisca os olhos. Ele está se divertindo.

Mamãe finalmente assume a tarefa de dizer a Jesse o que toda a família de Dinshaw pensa a seu respeito. Ela a acusa de brincar com seu sobrinho, de insultar amigos da família. Ela retorna ao nosso apartamento presunçosa e cheia de si.

— Mandei-a plantar batatas, desabafei o que tinha no peito — ela se vangloria. — A minha família... somos honestos, pessoas francas, ao contrário de algumas que eu poderia mencionar. — E nesse ponto ela lança um olhar para Mehroo. — Se queremos dizer alguma coisa, *bas*, apenas falamos, sem pensar nas consequências. Apenas disse o que penso. Ela escutou tudo quietinha. Afinal, o que poderia dizer? Mas isso vai lhe ensinar a não tentar nenhuma patifaria com minha família.

Estou mortificada, repugnada pela linguagem de minha mãe e pela maneira como ela se voltou completamente contra Jesse. Esta não é a primeira vez que mamãe ataca uma antiga amiga, mas sua imprevisibilidade nunca havia causado impacto sobre mim.

Sei que minha amizade com Jesse está acabada. Lamento seu término, repassando cada uma das doces lembranças, mantendo-as na mente como uma bala dura na boca. Em todo caso, eu deveria ter pressentido. Se há alguma coisa de bom na minha vida, ela me será arrancada. Esse é o padrão, tão irreversível como as listras de uma zebra. Sempre foi assim. Fui tola em pensar que a amizade com Jesse era verdadeiramente uma ruptura com o passado, que sua pura diversão e alegria me impeliria a um futuro diferente.

Dois dias mais tarde, Jesse bate na porta da sacada. Não respondo. Sei que ela quer cortar laços comigo, tornar formal o que já pressinto no meu coração. Mamãe está fora de casa visitando minha avó, como ela faz todas as tardes. Mehroo me olha interrogativamente quando não respondo os gritos de Jesse... mas não diz nada. Por fim, os chamados e as batidas cessam. No dia seguinte, ela bate de novo. Dessa vez vou para a sacada, arrastando-me até lá. Sinto-me entorpecida, sem esperança. Há um gosto metálico na minha boca, como se eu tivesse mascado lata.

Jesse parece zangada. Bem, depois do que minha mãe fez, quem pode culpá-la?

— Chamei e chamei ontem, mas você não respondeu — diz ela. Espera que eu diga alguma coisa, mas eu apenas encolho um pouco os ombros.

Ela começa de novo.

— Você está me evitando. Por quê?

Ela não vai facilitar as coisas para mim.

— Bem, depois do que minha mãe fez com você...

Ela me interrompe.

— Mas isso se passou comigo e com sua mãe. Por que *você* está me evitando?

Será que vou ter de dizer o óbvio?

— Não pensei que você quisesse ser minha amiga depois do que mamãe fez. Pensei que você nunca quisesse me ver de novo.

O silêncio se arrasta por muito tempo. Penso que é assim que tudo vai terminar, nós duas nos afastando...

Quando Jesse fala, sua voz está áspera de... dor? Raiva?

— Não posso acreditar que você me despreze tanto — diz ela. — Você deve me ter em muito baixa conta para achar que eu deixaria sua maldita mãe ou qualquer outra pessoa interferir na minha amizade com você.

Será possível sentir duas emoções contraditórias no mesmo exato momento? É possível. Eu senti. Uma pontada aguda de esperança penetra em meu coração como uma agulha. E rola pelo meu corpo uma enorme pedra de remorso por ter perdido Jesse por causa de minha estupidez.

— Jesse, por favor... Desculpe. Pensei... — Estou tão a ponto de chorar que não consigo continuar. — Você não faz ideia — começo de novo.

Ela se debruça sobre o tabique entre os dois apartamentos e agarra minha mão.

— Não seja estúpida, Thrity. Você sabe que estamos cercadas por pessoas tolas e mesquinhas. Elas têm as suas razões para ser dessa maneira. Mas não temos de ficar presas nisso tudo.

Naquela noite, queria ainda acreditar em Deus, porque desejo gritar meus agradecimentos aos céus. Em vez disso, permaneço na sacada e falo com as estrelas. Uma delas me responde com uma piscadela.

Capítulo 14

Babu está perturbado, posso ver. Ele anda pela sacada e olha para o fim da travessa, aquele ponto em que ela desemboca na rua principal, como se estivesse procurando alguma coisa no horizonte. Depois ele entra e fica mexendo nos botões de sua camisa, nervoso. Em contraste, papai está calmo mas obviamente zangado.

— Pesi — diz ele com voz dura. — Não se preocupe demais. Depois de tudo o que já passamos, isso não é nada, apenas um incômodo de pouca monta, só isso.

Mas Babu está tomando as coisas como um problema pessoal. Afinal, ele é o encarregado da oficina. Na maior parte do tempo, os deveres de papai o tiram do escritório, pois ele angaria encomendas, submete orçamentos, encontra-se com clientes, faz inspeções de campo. A fábrica é o território de Babu, sua responsabilidade, e sua relação informal e de camaradagem com os trabalhadores é uma fonte de orgulho para ele. Babu pragueja contra os trabalhadores, brinca com eles, grita com eles, rouba de vez em quando um *chappati* deles, dá-lhes dinheiro extra quando vão para suas vilas uma vez por ano. E eles, por sua vez, adoram Babu, sorriem quando ele os chama de idiotas, animam-se quando escutam a tosse seca que o precede ao entrar na fábrica toda manhã, suplicam que ele partilhe as refeições modestas que preparam nos seus fogões de querosene toda tarde.

E agora esses mesmos trabalhadores estão em greve. Pior, a qualquer minuto vão aparecer aqui em casa, armados com cartazes, bandeiras vermelhas e megafones. Vão ficar embaixo de nossa sacada gritando palavras de ordem que condenam papai e Babu. É uma greve tática comumente usada em Bombaim nos dias de hoje, todo mundo sabe disso, porém nunca tivemos piquetes antes e estamos incomodados e com medo. Mas, de todos os membros da família, Babu e eu é que estamos tomando a greve como um caso pessoal — Babu por causa da relação quase fraternal com os trabalhadores em greve, e eu por causa de meus laços de infância com Jamal.

Quando era pequena, eu amava Jamal. Ele era um jovem alto e bonito por volta dos seus vinte anos, com enormes dentes brancos e um sorriso rápido e sempre prestes a se abrir. Papai dizia que, se Jamal tivesse recebido educação formal, nem dava para imaginar até onde poderia ter chegado na vida, porque era inteligente e aprendia as coisas num instante. Dentre todos os trabalhadores, ele era o favorito de Babu, porque, embora não falasse tanto quanto Babu, eles eram semelhantes em alguns aspectos: sociáveis, generosos, o riso sempre a postos. Sempre que havia trabalho extra em casa — se o apartamento tivesse de ser lavado e faxinado de cima a baixo, ou se algumas arcas pesadas precisassem ser baixadas do sótão para a cozinha, ou se o sorvete tivesse de ser batido à mão na batedeira de madeira —, Babu perguntava a Jamal se ele queria ganhar um dinheiro extra. A resposta era sempre sim, por isso Jamal era uma presença regular em nossa casa.

"Jamal!", eu gritava e corria ao seu encontro sempre que ele aparecia à porta, e ele ria, me pegava e colocava nos seus ombros, enquanto mamãe o seguia pela casa dizendo: "Cuidado, cuidado". Seu corpo era musculoso e tinha o mesmo aroma limpo e doce de serragem que acompanhava papai e meu tio quando eles chegavam da fábrica todas as tardes. Às vezes, quando estava limpando a casa, ele me atirava um pano e permitia que eu lavasse as paredes junto com ele, eu esfregando a parte mais perto do chão enquanto ele subia numa escada ao meu lado, olhando para baixo a fim de me lançar um sorriso rápido, os olhos bem pretos faiscando. Eu esfregava até as mãos doerem, e depois ele descia da escada e arrancava o pano das minhas mãos. "Chega, bebê. Vá brincar agora." Era impossível lhe explicar que trabalhar ao seu lado era muito mais divertido do que qualquer coisa que eu pudesse fazer sozinha, que eu estava cansada de inventar os jogos solitários de filha única, e que esse ato de trabalhar lado a lado com outra pessoa me deixava feliz e animada.

À medida que desenvolvia meu desajeitado corpo de adolescente, minha relação com Jamal passava por mudanças, pois ambos nos tornamos mais recatados e tímidos em nossos encontros, e prevaleceram os tabus invisíveis contra brincadeiras corporais e pesadas sob o olhar protetor da minha família. Nossa relação tornou-se mais complexa e éramos mais reservados um com o outro, mas por baixo dessa reserva exterior estava o conhecimento do passado, daqueles anos em que eu o tinha adorado como a um herói e ele havia me tratado como sua irmã mais moça. A afeição de Jamal por mim agora assumia uma forma diferente. Quando eu aparecia na oficina durante as férias de verão, ele confiante mandava alguém buscar uma Coca para mim, ao contrário do velho contramestre que recitava toda uma ladainha de "O que vai querer tomar, bebê? Mangola? Limca? Gold Spot? Coca-Cola? Ah, uma Coca-Cola então, bem gelada". Jamal tinha começado a me chamar de *memsahib* em vez de bebê, mas havia uma ironia no seu modo de falar, como se nós dois partilhássemos uma antiga piada.

Eu também expressava com menor exuberância o meu prazer de vê-lo, mas ainda reconhecia nosso antigo laço demorando-me a falar com ele na frente dos outros trabalhadores, perguntando sobre sua família e como ia a asma de seu pai. Muitas vezes, Jamal apontava para o livro que eu invariavelmente tinha na mão, pedindo para dar uma olhada, folheando as páginas embora ambos soubéssemos que ele não sabia ler. Quando me devolvia o livro, seu rosto brilhava de orgulho. "Continue a ler, *memsahib*. Aprende tudo o que dá para aprender no mundo. Depois volte e ensine ao pobre Jamal." Nós dois ríamos, mas às vezes eu tinha de desviar o olhar, para rebater as lágrimas que inexplicavelmente feriam meus olhos diante das suas palavras.

E agora aqui está Jamal, embaixo de nossa sacada, liderando um grupo de uns vinte e cinco trabalhadores, enquanto eles entoam suas palavras de ordem e erguem os punhos fechados no ar. Mesmo dessa distância, noto que aqueles olhos escuros faiscantes estão lampejando de fúria e a boca aberta está torta de raiva. Junto com as bandeiras e os cartazes, trouxeram tambores e sinos, instrumentos que tocam para cobrir o silêncio entre as palavras. Toda a nossa família está alinhada na sacada, espantada e constrangida demais para se mover, até que papai assume o controle.

— Ok, vamos. Todo mundo para dentro de casa. Quanto mais ficarmos aqui, pior se tornará essa palhaçada.

Há uma raiva real na sua voz. Mas é o rosto de Babu que me chama a atenção, ele parece tão aturdido pela transformação de Jamal quanto eu. E há outra coisa no seu rosto: uma expressão dolorida de traição bem como uma confusão desesperada, como se estivesse percebendo pela primeira vez que nem todas as piadas e palmadinhas nas costas podem alterar o fato básico de que pessoas como nós e pessoas como Jamal ocupam mundos diferentes, de que os muros que nos separam são grossos demais para serem derrubados apenas pela boa vontade. Bem nesse momento, o líder sindical — um estranho que apareceu para organizar os trabalhadores há somente dois meses — leva os homens a entoar uma frase particularmente obscena sobre as mulheres da família, e, ao escutar as palavras, uma luz sai dos olhos de Babu e seus ombros caem. Mas, num segundo, ele solta um rugido.

— Filhos da puta! Vou descer e agarrar esse líder sindical bastardo pela garganta. Podem usar toda a sua *maja-masti* sobre mim, mas se disserem alguma coisa sobre nossas mulheres... — Ele olha ao redor à procura de uma camisa para vestir sobre seu *sadra*, mas papai vai ao seu encontro.

— Pesi, acalme-se. Essa é exatamente a reação que eles querem de nós, não está vendo? Depois nos acusarão de acabar com a greve por meio de violência física. Não, vamos continuar sem reagir. Mais cedo ou mais tarde, eles vão se cansar de agir como macacos e vão para casa.

Contudo, sinto uma necessidade imperiosa de voltar à sacada, porque tenho um pensamento insano de que, se conseguir apenas trocar um olhar com Jamal, serei capaz de restabelecer nossa antiga amizade e então... então... Mas, nesse ponto, falta-me imaginação. Eu me arrisco a sair de qualquer maneira, mas não adianta. Depois de me localizarem, os sinos e os tambores soam mais alto, e a cantoria se torna mais frequente. Tento atrair o olhar de Jamal, mas a distância é grande demais, e ele já não está na linha de frente. Permaneço ali, querendo fazer alguma coisa, algum gesto grandioso que expresse solidariedade e desapontamento em partes iguais, mas nada me ocorre. Nesse momento, Roshan me descobre.

— Entre, sua idiota! — grita ela da sala de estar. — Por que você sempre quer fazer papel de boba?

A greve termina com um acordo quatro dias mais tarde. O líder sindical de fora procurou papai e Babu no dia seguinte ao da manifestação e perguntou quanto eles estariam dispostos a lhe pagar para que ele declarasse o fim da greve e sumisse da cidade.

— Claro, *bhaisahibs*, vocês, meus irmãos, terão de dar aos trabalhadores um pequeno aumento de salário, para que eu possa salvar as aparências — acrescentou com um sorriso matreiro. — Caso contrário, eles vão vir atrás de mim.

Papai não tentou esconder o desprezo em seu rosto.

— Então, todo este *hero-giri* não passava de uma cena? Parar minha empresa, vir até minha casa e me constranger...

O líder sindical parecia envergonhado.

— Era apenas teatro, senhor. Algo que faça os trabalhadores se sentir bem.

— E se não pagarmos o seu... suborno?

O homem permaneceu imperturbado.

— Não é suborno, senhor. É *baksheesh*. Uma pequena recompensa por terminar a greve.

E, assim, a greve acabou. Mas a relação desenvolta e tagarela entre Babu e Jamal sumiu. Babu mostrando-se cauteloso e Jamal, inquieto e constrangido. Às vezes, Babu não consegue esconder sua amargura pelo que ele considera ter sido deslealdade de Jamal. Esse, por sua vez, está cada vez mais taciturno e calado. Quando me cumprimenta na fábrica agora, seu rosto não tem expressão e, embora ainda peça automaticamente uma Coca para mim sempre que apareço, é uma reação condicionada, sem nenhum resquício da antiga relação ou autoridade. O homem exuberante com o sorriso fácil parece ter fugido junto com o líder sindical desaparecido. De vez em quando tento conversar com Jamal, mas as respostas são breves e superficiais.

Estou na fábrica no dia em que, quatro meses depois do fim da greve, a amargura remanescente de Babu transborda. Jamal estragou uma encomenda, cortou as toras de madeira meio centímetro mais curtas e Babu está furioso com a perda. Na sua maneira habitual, ele pragueja contra Jamal, mas dessa vez falta a velha caçoada, a piscadela que costumava tirar a mordacidade das palavras de Babu. Jamal não diz nada, o que só parece enfurecer ainda mais Babu.

— Então, onde está o Leão de Punjab nestes dias? — grita Babu, repreendendo o homem na presença dos outros trabalhadores. — O que aconteceu com o seu rugido? Ele o vendeu por um aumento de quinze *paise* ou alguma outra ninharia no preço da hora?

Todas as cabeças se voltaram para Jamal, esperando uma resposta violenta. Em vez disso ele abre um sorriso modesto, baixa a cabeça e se afasta.

Três dias mais tarde, ele aparece em nossa casa à noite. É a primeira vez que vem desde a manifestação. E assim, quando uma sobressaltada Freny abre a porta, ela hesita por um segundo antes de deixá-lo entrar.

— Como vai, *mensahib*? — diz, e depois, descobrindo-me atrás de Freny, ele me lança um sorriso rápido mas desanimado. — Os dois *seths* estão em casa?

Freny o leva para a sala de estar e depois sai para chamar papai e Babu, de modo que Jamal e eu ficamos sozinhos por um breve momento.

— Oi, Jamal — digo animada, tentando desesperadamente retomar a desenvoltura de nossos antigos encontros. — Quer tomar alguma coisa? *Chai*? Refrigerante?

Ele sorri de novo, mas sacode a cabeça. Ficamos quietos por um momento, e de repente ele diz:

— Pesi *seth* está muito zangado comigo, bebê. — Abro a boca para dizer alguma coisa, para contradizê-lo, para tranquilizá-lo, mas a tristeza no seu rosto me tira o fôlego. Antes que eu possa dizer qualquer coisa, ele continua: — Cometi um erro feio, muito feio.

E agora sou tomada por sentimentos contraditórios: uma parte minha concorda com ele, mas outra parte também quer fazer sermões sobre seu direito de fazer greve e sobre como ele não tem do que se desculpar. Mais uma vez ele fala antes que eu possa abrir a boca.

— Esta família tem sido muito boa para mim, bebê. — Desvio o olhar, e, quando me sinto segura para fitar seu rosto de novo, percebo que seus olhos estão vermelhos e lacrimejantes.

Babu e papai entram na sala, os rostos na defensiva.

— *Salaam wa'alaykum* — diz Jamal, e eles automaticamente respondem:

— *Wa'alaykum salaam*.

— Tudo bem na fábrica? — pergunta Babu e relaxa visivelmente quando Jamal lhe assegura que está tudo bem. Compreendo que eles não fazem ideia da razão dessa visita.

Logo descobrimos. Jamal veio se despedir. Ele nos agradece por lhe dar um emprego quando chegou a Bombaim vindo de sua vila ao norte como um menino de vinte anos acanhado e inexperiente. Diz que Babu tem sido como um pai para ele, agradece pelas inúmeras vezes que o tirou de encrencas financeiras. Ele cora e pede desculpas por toda a história da greve e diz que compreende que as coisas nunca mais serão como antes por causa dessa situação. Diz que sabe que agora perdeu a confiança de papai, Babu e Mehroo, e por causa disso veio se despedir porque não pode continuar trabalhando na fábrica, não com os efeitos da greve ainda flutuando no ar como partículas de poeira. Escuto minha respiração entrecortada quando Jamal diz que está indo embora, mas não sei se ele me escuta, porque continua. Já arranjou outro trabalho numa fábrica em Chembur, mas diz que, aonde quer que vá, sempre se lembrará de nós e das muitas gentilezas que recebeu da nossa família.

Ninguém interrompeu Jamal enquanto estava falando. Agora espero que alguém diga alguma coisa. Que Mehroo, que entrou na sala, diga que é hora de esquecer o que passou, que papai diga que ele não está em posição de perder seu trabalhador favorito, que Babu chame Jamal de seu idiota e ponha o braço ao redor de seus ombros. Mas ninguém se move. Por fim, papai pigarreia e agradece a Jamal pelos anos de serviço e pergunta quando será seu último dia. Ele roça de leve o braço de Jamal, deseja-lhe boa sorte, e Jamal acena com a cabeça agradecendo seu gesto. Estou espantada diante da facilidade com que estão deixando Jamal ir embora, como uma peça descartada da maquinaria. Mas não digo uma palavra, porque sinto o desapontamento e a dor tácitos que todos os quatro adultos estão experimentando nesta sala. De repente, me sinto muito pequena e inexperiente.

Depois que Jamal vai embora, papai e Babu decidem dar a Jamal um salário mensal extra por seus longos anos de serviço. Sei que deveria ficar feliz por isso, mas ainda estou sentindo vertigem pela sem-cerimônia com que a relação foi cortada. Estou também impressionada com a expressão derrotada de Jamal, enquanto todos nós nos recuperamos ilesos da greve. Penso nele começando do zero num novo lugar, e me pergunto se esse novo Jamal sério e de rosto triste é permanente, ou se o velho Jamal travesso voltará à tona. E compreendo que nunca saberei, porque nunca mais o verei. Fico zangada comigo mesma por ter acreditado que Jamal e eu éramos amigos, por acreditar que a amizade era possível entre nós. Compreendo que, naquelas ocasiões em que eu fingia trabalhar ao seu lado — quando ele satisfazia meu capricho deixando-me lavar as paredes com ele, por exemplo —, ele executava o serviço já morto de cansaço, trabalhando além de seu expediente na fábrica a fim de ganhar um dinheiro extra para... para quê? Para enviar dinheiro à sua família? Para guardá-lo num banco? Para comprar roupas novas? Compreendo que em todos esses anos de visitas minhas à fábrica, quando Jamal mandava buscar Cocas para mim, nunca o vi provar um refrigerante. Eu pensava que ele me tratava como sua amiga, quando na verdade estava me tratando como uma princesa mimada, uma visita importante que tinha de ser recebida com refrigerantes. E naquele dia da manifestação na sacada... o que eu achava que ele faria se encontrasse meu olhar? Sairia da greve? Decidiria que a amizade comigo era mais importante que um salário justo? Que tipo de arrogância de minha parte me fez sair para a sacada? E o que eu pensava ser solidariedade não era afinal solidariedade. Era apenas culpa liberal.

Não, Jamal e eu nunca fomos amigos. Ele provavelmente sempre soube disso, conhecendo, como não podia deixar de conhecer, as barreiras de classe entre nós. Eu tinha ignorado despreocupadamente essas barreiras, ou tinha me sentido uma boa pessoa por ignorá-las. Agora compreendo que ignorar essas barreiras não tinha sido um ato de humildade e democracia, mas de arrogância de uma privilegiada.

Vou dormir nessa noite zangada e desapontada comigo mesma. Quando durmo, sonho com Jamal. Seu rosto está no céu, como uma nuvem, e seus olhos estão opacos e cheios de lágrimas. Eu estou na Terra, com os olhos erguidos para o rosto de Jamal no céu, observando suas lágrimas se transformarem em chuva quando se derramam ao meu redor. Quero dizer alguma coisa a ele, consolá-lo, mas ele está muito longe.

Estamos ambos muito longe um do outro.

* * *

Pela segunda vez na minha vida, meu pai perde as estribeiras comigo. Mas, dessa vez, passamos quase quatro meses sem nos falar apesar de vivermos sob o mesmo teto. Ele não esconde o fato de que os meses de meu silêncio de castigo foram um inferno para ele, mas meu orgulho juvenil não deixará que eu admita a mesma coisa.

Nos últimos quatro meses, uma espécie de bandeira, o emblema de meu desafio, ocupa um lugar de honra no meu armário. É uma camisa de algodão listrada azul e branca que me foi dada por uma amiga, foi isso que inaugurou meu período de silêncio. A camisa é três vezes maior que meu corpo de quarenta e cinco quilos, mas camisas folgadas e jeans azuis estão na moda entre os universitários metidos a artista, e gosto do fato de que a camisa esconde meus seios pequenos e em desenvolvimento. Meu pai, sempre bem-vestido, como um dândi, com seus colarinhos engomados e calças bem passadas, odeia essa camisa. Ele se sente constrangido só de pensar que sua única filha anda pelo bairro com uma camisa grande demais para seu tamanho e jeans rasgado nos joelhos. Minha cabeça está cheia de imagens de estrelas do rock desmazeladas e de cabelos compridos como Bob Dylan. Ele ainda se lembra da elegância impecável de um Sinatra ou um Cary Grant. Somos de dois mundos diferentes, e em breve esses mundos vão colidir.

Durante meses, ele se mantém em silêncio. Mas tudo culmina certa noite, horas antes de ele tomar o trem noturno para uma viagem de trabalho. Naquela tarde, ele levava um amigo banqueiro de carona para casa quando me viu no ponto de ônibus perto da minha faculdade. Instintivamente, seu pé pisa no freio. Mas, quando nota como estou "maltrapilha", ele acelera e segue adiante. Não sabe ao certo se eu o vi. Ainda assim, no resto da tarde o fato de não ter parado para sua única filha o mortifica, faz com que se sinta desgostoso de si mesmo, e à noite a vergonha enrijecida se torna cólera. Naquela noite, ele está com a expressão carregada quando atendo a campainha e o deixo entrar. Esquecida do que se passou mais cedo durante o dia, falo sobre banalidades enquanto ele atira rapidamente as roupas dentro da mala. Mehroo lhe diz que o jantar está pronto, mas ele resmunga algo sobre comer alguma coisa no caminho.

— Espere, então. Vou embrulhar as costeletas para você comer no trem. — E ela entra depressa na cozinha.

Ficamos sozinhos no corredor enquanto ele espera Mehroo. A luz azul fluorescente pisca e zumbe no alto. De repente, os olhos de meu pai se estreitam ao focarem um pequeno buraco na manga direita da minha camisa. Quando ele fala, sua voz sai engasgada.

— Usando roupas rasgadas na rua. Minha única filha. Mesmo quando o negócio estava realmente mal, quando não tínhamos encomendas, quando o que comíamos todas as noites era apenas *daal* e arroz, mesmo então ninguém nesta família saiu na rua com roupas rasgadas...

— Não está realmente rasgada — respondo. — O buraco é tão pequeno, ninguém consegue ver. Além disso, está na moda...

— *Eu* consigo ver. É o que importa. Eu posso ver o buraco. — E ele dá um passo na minha direção, enfia o dedo indicador no buraco e puxa para baixo ao longo de todo o meu braço, a manga da camisa se rasgando, deixando meu braço exposto e, por fim, pendendo perto do meu pulso.

Faz-se um silêncio repentino. Nós nos olhamos, ambos sem saber o que fazer a seguir. Estou respirando fundo, querendo não cair no choro. Papai parece tão horrorizado quanto eu. Mehroo adentra o silêncio e sufoca um grito quando me vê, de pé com a minha camisa rasgada, parecendo uma menina de rua.

— O... o que aconteceu? Burjor?

Em resposta, papai pega sua mala.

— Eu... vou perder o trem. — Ele abre a porta da frente e depois para e me olha. — Desculpe. Eu... vamos falar quando eu chegar em casa. Passe bem.

Não respondo. No resto da noite, ignoro as súplicas dos adultos e ando pela casa com a minha camisa rasgada. Cada vez que dou uma olhada na manga rasgada, sinto uma sensação quente de satisfação, como sangue entrando num membro frio. A ação de meu pai deu voz a algo que sinto mas nunca consegui formular em palavras, expôs uma verdade essencial: sou uma desajustada, uma estranha neste meio, é o que minha camisa rasgada proclama. Sou diferente de todos vocês. Meus valores são diferentes. Não amo nem temo as mesmas coisas que vocês amam e temem. E isso me faz diferente.

Dois dias mais tarde, recebo um aerograma azul de meu pai, a primeira carta que me escreveu. "Querida Thritu. Estou prestes a embarcar no trem", ele escreveu. "Lamento o que aconteceu... Mas tenho razão."

Eu o odeio e o admiro pela última frase. Não agradeço a carta quando meu pai retorna de sua viagem. Na maior parte do tempo, nem reconheço sua presença, apesar da fala persuasiva de Mehroo. Quando ele me faz uma pergunta, faço meus olhos focar outro lugar, enquanto respondo com monossílabos. À medida que os meses se arrastam, minha hostilidade começa a parecer tola até para mim, mas então não sei como me afastar dessa atitude e me aproximar de meu pai. Parece terrivelmente importante, uma questão de vida e morte, não ser a que cede, para que não seja considerada fraca. Às vezes, vendo a expressão dolorida no seu rosto, choro lágrimas amargas no meu travesseiro. Depois eu me obrigo a olhar para a camisa em farrapos pendurada no meu armário, para reforçar minha posição. Então, ao final de quatro meses, ele desmonta à mesa de jantar certo dia, os olhos enchendo-se de lágrimas. É o bastante. Eu me aproximo e lhe dou um abraço, enquanto os outros adultos suspiram de alívio.

Mas levo mais três semanas para tirar a camisa rasgada do lugar em que está pendurada no meu armário. Mesmo então dobro a camisa com todo o cuidado e a guardo numa prateleira, onde vai permanecer por anos.

O *channawalla* anda a esmo até o carro, e papai paga uma rupia por um pouco de amendoim tostado. Esta é a primeira vez desde nossa briga que fazemos nosso passeio até a praia. Ele me diz que se envergonha de ter perdido as estribeiras comigo, que a lembrança da excursão abortada aos Jardins Suspensos ainda o mortifica. Esta é uma qualidade espantosa de meu pai: ao contrário da maioria dos adultos que conheço, ele não tem problemas em admitir que está errado. De fato, seu impulso obstinado para se aperfeiçoar, seus paroxismos de dúvida sobre si mesmo, sua sinceridade ao falar de sua vida, tudo me constrange e me fascina ao mesmo tempo. Ao contrário dele, sou fechada, emocionalmente na defensiva. Sob certos aspectos, meu pai é mais jovem, mais confiante, mais inocente que eu. Ocorre-me que, assim como ele ainda pode me ultrapassar ou seguir bem mais além, meu pai também pode se distanciar emocionalmente de mim.

Começamos a fazer esse passeio há vários anos, papai e eu, vir até a beira do mar depois do crepúsculo, para ficar no carro e conversar. Na maioria das vezes, ele fala e eu escuto. Ou melhor, ele fala e eu deixo minha mente errar pelas trilhas conhecidas: sonhar que já sou mais velha, que saí de casa, que estou usando sáris de algodão no meu emprego de jornalista no *The Times of India* e talvez até de posse de um pequeno apartamento em algum lugar bem longe da minha casa da infância. Mas papai não conhece minhas fantasias futuras e ainda fala à adolescente que sou. Às vezes ele percebe quanto minha cabeça se afastou das suas palavras, quando me dá lições sobre a importância da honestidade ("Não pegue nem mesmo uma moeda de dez *paise* do chão, se ela não pertence a você"), o valor da educação ("Se você não terminar a faculdade, o máximo que posso lhe prometer é arrumar talvez um emprego de empacotadora numa fábrica de caixas") e os perigos do sexo antes do casamento ("Os rapazes querem numa namorada coisas diferentes do que desejam numa esposa"). Depois sua voz se torna ainda mais intensa que de costume.

— Escute o que digo, Thrituma — diz com insistência. — Aprenda com a minha experiência de vida, não cometa todos os erros que cometi. Quero lhe poupar todo o sofrimento por que passei. Não tinha ninguém para me aconselhar. Tudo o que aprendi, aprendi da maneira mais difícil, por meio de tentativa e erro. Mesmo se você esquecer oitenta e cinco por cento do que estou lhe dizendo, quinze por cento voltarão à sua mente quando for mais velha. É por isso que repito e repito as mesmas coisas várias vezes, como um disco quebrado.

Eu o escuto, até compreendo o que está dizendo, mas não consigo evitar o tédio. Já escutei esses sermões muitas e muitas vezes e fico entediada. Além disso, comecei a compreender o abismo entre nossos mundos. Meu pai saiu da escola no sexto ano. É um homem que se fez sozinho, e tudo o que sabe, ele teve de ensinar a si mesmo. Nunca leu uma peça de Shakespeare na vida. Eu já li livros que meu pai nem desconfia que existem. Conheço coisas sobre arte e música que meu pai não sabe. Tampouco compreende quanto essas coisas me mudaram. Por exemplo, meu pai não sabe que, desde que li *Sede de viver*, a biografia de Vincent van Gogh, há dois anos, parei de lhe pedir carona no carro, preferindo andar nos ônibus públicos. Eu me identifico tão intensamente com Van Gogh que até comecei a gaguejar um pouco para soar como o pintor. Ando pelas ruas com o que imagino ser uma expressão assombrada e enlouquecida, e cultivo o desprezo de Van Gogh pela vida burguesa. *Demian* e *O lobo da estepe* de Hermann Hesse dão ainda mais voz à estranha isolada que me tornei. Já não sou a criança sinceramente boa que dava todo o seu dinheiro do lanche para as freiras. Já não sou criança.

Em contraste com o mundo intelectual, apaixonado, impregnado de arte, presente nos livros que leio — um mundo do qual, é claro para mim, tenho de morrer tentando participar —, o mundo descrito por meu pai parece aborrecidamente restrito, pálido e sem vida. O dele é o mundo da virtude e da prática. Mas a minha alma anseia por um mundo mais cinzento, cheio de ambiguidade e complexidade. Meu pai me promete um mundo de respostas — "A honestidade é a melhor política", "A limpeza é próxima da divindade", "Não deixe para amanhã o que pode fazer hoje" —, mas estou cada vez mais fascinada por um mundo em que as pessoas fazem perguntas impossíveis, perguntas sem resposta.

É impossível comunicar tudo isso a meu pai. Nas poucas vezes que tentei, ele se virou para mim com olhos preocupados, como se eu tivesse me tornado mais um problema na sua vida que ele seria forçado a resolver. Conheço muito bem as outras pressões que o oprimem, e não quero ser parte disso. Então não digo nada. Ou falo obliquamente: à mesa do jantar pergunto de repente aos adultos se eles sabem de um lugar onde eu possa conseguir uma reprodução do *David* de Michelangelo emoldurada, para pendurar na sala de estar. Eu me preparo para a resposta inevitável: "Poeira demais, vem da fábrica de tecidos. Qualquer quadro na parede terá de ser espanado todo santo dia, e você sabe como os criados são preguiçosos".

Assim, eu me sento na sala de estar sem quadros, e seu calendário solitário de Batliwalla and Sons continua a ser a única coisa pendurada na parede. Observo que nem o calendário tem uma imagem. Um dia, prometo a mim mesma, todo quarto na minha casa terá quadros na parede. E vou comprar flores frescas uma vez por semana. Um dia.

Eu me sento agachada como um tigre, esperando minha hora.

Capítulo 15

A sra. Beatrice D'Mello me expulsou da sua aula de física mais uma vez. Então, já passei cinco dias seguidos no corredor. Na maioria das vezes, é uma insígnia de honra ser chutada da aula da sra. D'Mello, mas hoje a Madre Ignatius tinha passado por mim no corredor e erguido as sobrancelhas ao me ver encostada nas paredes cor de creme. Tinha falado "De novo aqui fora no corredor, hein, criança?", e eu tinha sentido meu rosto corar com a injustiça de toda a situação. Quis explicar como a sra. D'Mello tinha implicância comigo, como me expulsava da aula à menor provocação, como me fazia pergunta após pergunta até me lançar uma questão que eu não sabia responder e então me pedia para sair da sala. Mas a Madre Ignatius já estava seguindo seu caminho.

Houve um tempo em que a sra. D'Mello gostava genuinamente de mim, embora pareça tão remoto que é difícil recordar. Houve um tempo em que ela ria de todas as minhas piadas e até me permitia interromper a aula para ligar meu rádio transistor e escutar o placar da partida de críquete quando a Índia estava jogando com o Paquistão.

No sétimo ano, fui a primeira menina a trazer um rádio portátil para a escola. Era um rádio Philips amarelo que Babu tinha comprado para mim. O rádio fazia com que eu me sentisse conectada com as legiões de fãs de críquete que faziam uma paralisação virtual na cidade quando havia uma partida internacional. Bombaim, quando nas garras da febre do críquete, era uma cidade transformada. Um número recorde de funcionários de escritório avisava que por motivo de doença ia faltar ao trabalho. Um negociante de meia-idade num Impala branco não via nada de inconveniente em baixar a janela do carro e perguntar a um menino de rua se Sunil Gavaskar ainda estava jogando. Estranhos se aproximavam uns dos outros e perguntavam: "Qual é o último placar, *yaar*?". Bombinhas estouravam por toda a cidade sempre que Bedi eliminava outro batedor. Durante as partidas Índia x Paquistão, os donos muçulmanos das lojas em Bhendi Bazaar distribuíam bombons toda vez que um alvo caía, enquanto os hindus vizinhos lhes lançavam olhares irados. Uma visão panorâmica das multidões de funcionários em Churchgate ou Flora Fountain teria mostrado homens e mulheres inclinados de leve para um lado, os rádios portáteis grudados numa das orelhas. O ar cheio da estática desses rádios, as vozes aceleradas dos comentaristas Vjay Merchant e Lala Amarnath elevando-se e baixando como ondas no oceano. Nenhuma guerra, assim parecia, conseguia unir os habitantes de Bombaim como uma partida internacional. E, se eu tinha de estar na escola e longe da comoção, o mínimo que eu podia fazer era carregar um rádio de bolso.

Eu ligava o rádio bem baixo, abria a tampa da minha carteira e colocava-o em cima dos livros ali dentro. A cada dois ou três minutos, eu deitava a cabeça nas mãos e pousava a orelha na carteira. Depois sussurrava o placar para a menina sentada ao meu lado, que por sua vez passava a informação para a seguinte até toda a classe ficar sabendo. Por alguns dias, a sra. D'Mello me observou executar essa farsa elaborada. Finalmente, disse: "Ok, minha filha, vamos fazer o seguinte. Eu deixo você escutar o rádio de vez em quando, e você pode passar o placar para toda a classe. Depois, voltamos a nossos estudos, sim?".

Achei que ela era a professora mais legal do mundo.

Mas a amizade entre a sra. D'Mello e minha pessoa teve vida curta. Terminou no dia em que minhas colegas e eu estávamos no corredor durante uma mudança de aula e fiz o que achei ser uma brilhante observação antropológica.

— Ei, você notou como a sra. D'Mello se parece com um cavalo quando ri? — comentei para Anita. — Ela tem dentes enormes.

Anita engoliu em seco. Seus olhos se arregalaram, fixos num ponto acima de meu ombro.

Eu me virei. A sra. D'Mello me fitava feroz, os olhos estreitos e agressivos. Tinha uma expressão extremamente mal-humorada no rosto. Senti um frio na barriga.

— Eu... eu... Era um elogio... adoro cavalos... Não quis dizer nada ofensivo... — gaguejei, mas era tarde demais. A sra. D'Mello tinha girado nos calcanhares e estava entrando na sala de aula.

Assim começou meu longo e solitário exílio no corredor. Na maioria dos dias eu não me importava, saía da sala com um andar arrogante, cuidando para que todo mundo percebesse o romance que estava levando para me fazer companhia no corredor. Mas hoje, constrangida pelas palavras da Madre Ignatius, estou enfurecida com a injustiça de todo o caso.

É o intervalo do almoço, e eu e umas sete colegas decidimos cruzar a rua e comprar um prato de *pyali*, uma mistura picante de batatas e feijão. Na volta, Tasneem decide comprar umas borás, as frutinhas vermelhas de cheiro forte, e lascas de manga verde, crua, mergulhadas em sal. O velho vendedor ambulante fatia a manga com destreza, e fico olhando para sua faca pequena e afiada.

— Juro, *yaar*, se eu tivesse uma faca, eu matava a sra. D'Mello agora mesmo — digo quase para mim mesma.

Mas Anita Khalsa me escuta.

— Desafio você — diz ela imediatamente.

— Me desafia a fazer o quê?

— Desafio que você tome uma faca, vá procurar a sra. D'Mello e diga as palavras: "Sra. D'Mello, estou aqui para matá-la".

As outras meninas se apinham ao nosso redor. Minha mente está operando rápido. Esta é a minha chance de ser para sempre a indiscutível detentora do título de Parse Louca.

— Qual é o valor da aposta? — pergunto.

E elas pensam por um minuto.

— Um LP — sugere Rukshan, conhecendo meu amor pela música.

— Não basta, *men*. Isso poderia me expulsar da escola, pelo amor de Deus. Não, isso vale ao menos quatro álbuns.

Minhas palavras as detêm por um minuto, e estou quase esperando que deem para trás. Então Anita diz:

— Sim, podemos todas contribuir um pouquinho! Ok, quatro álbuns.

Engulo em seco, perguntando a mim mesma como é que consigo me meter nessas enrascadas. Nada a fazer agora senão cumprir o roteiro até o fim.

O apartamento de primeiro andar de Tasneem fica ao lado da escola, e decidimos ir até lá para pegar emprestada uma faca. Ela decide não subir ao apartamento, convencida de que sua mãe vai suspeitar de alguma coisa se fitar a filha nos olhos.

— Ma, ma! — Tasneem grita da rua. Quando a mãe aparece na sacada, ela lhe pede para nos atirar uma faca.

— Para que vocês precisam de uma faca, *beta*?

Tasneem pensa rápido.

— Para a aula de biologia, ma. Temos de cortar um sapo.

Mesmo desta distância, podemos ver a mãe de Tasneem fazer uma careta. Mas ela entra na casa e retorna com uma faca embrulhada em jornal, que ela nos atira depois de pedir que saíssemos da calçada.

Agora não há mais como escapar. Minha última esperança, de que a mãe de Tasneem suspeitasse da história e não nos desse a faca, desapareceu. A presença da faca torna o desafio mais real. Quando caminhamos de volta à escola e subimos os dois lances de escada que levam à sala dos professores, a história se espalha, por isso um séquito de umas catorze meninas está agora me seguindo. Seguro a faca, ainda embrulhada no jornal, e tento pensar em como me tirar desta situação, de um jeito que cumpra o espírito do desafio e, ainda assim, consiga me livrar a cara. Então ocorre-me que, enquanto as outras esperam fora das portas de vidro da sala dos professores, eu posso ir até a sra. D'Mello e dizer em voz alta: "Sra. D'Mello, estou aqui para matá-la". Aí vem a parte do truque, aí é que vou me mostrar mais astuta que Houdini; acrescentarei, numa voz bem baixa para que só a sra. D'Mello me escute: "Não se preocupe, é apenas uma brincadeira".

Não me ocorre, no entanto, que a sra. D'Mello, que me odeia há mais de dois anos, talvez não goste muito da brincadeira. Eu me sinto tranquila com o meu plano secreto enquanto nos aproximamos da sala dos professores.

Mais tranquila que as outras, é o que se revela. Quando o grupo vê que estou determinada a cumprir o prometido, a enormidade do que poderia acontecer começa a entrar em cada cabeça. Estamos no fim do corredor que leva à sala dos professores, quando Tasneem amarela.

— Ai, vamos, *yaar*. Esta história está indo longe demais. Se minha mãe descobre para que eu queria a faca, ela vai fazer picadinho de mim.

Mary abre a boca.

— Sim, todas vamos arrumar uma encrenca braba. E, depois do que aconteceu apenas duas semanas atrás, nenhuma de nós pode se dar ao luxo de arrumar mais encrenca, não?

Todas entendem imediatamente do que ela está falando.

A encrenca a que Mary se refere começou com uma canção. Era uma canção que eu tinha escrito em homenagem à santa padroeira da escola, Claudine Thevenet, para ser cantada com a melodia de "I'll Be Your Long-Haired Lover from Liverpool", dos Osmonds.

Devíamos ter cantado essa canção numa performance especial realizada numa escola católica vizinha, mas tudo estava atrasado naquele dia, e a Irmã Ignatius abriu mão de nosso espaço de tempo em favor das formandas, por isso retornamos à escola sem ter cantado nossa canção.

O que aconteceu a seguir me tomou de surpresa: uma comoção estranha de orgulho ferido, angústia adolescente, histeria em massa e efervescência de hormônios entrou em combustão espontânea, e assim a classe inteira estava derramando lágrimas de indignação quando retornamos à escola. Como a criadora da canção, primeiro fiquei lisonjeada pela indignação provocada por ela não ter sido cantada, depois fiquei chocada pela efusão histérica de quarenta meninas muito emotivas. Nunca tinha visto minhas amigas desse jeito. Na maioria das vezes, tentávamos superar umas às outras adotando uma postura tranquila, sem emoção e indiferente. Então tentei argumentar racionalmente com elas, mas, quando percebi que eu era a única a não acreditar que tivéssemos sofrido uma grave ofensa, um insulto terrível, e que estávamos sempre sendo oprimidas, tratadas com condescendência e humilhadas pelas formandas mais velhas, eu também me vi tragada pela maré da emoção.

Duas horas mais tarde, uma incauta Madre Ignatius pediu que nos reuníssemos no saguão para ensaiar a canção que seria cantada no dia seguinte. Como não tivemos oportunidade de cantá-la hoje, ela declarou, executaríamos a canção durante a performance da escola amanhã.

Boicote. A ordem se espalhou rapidamente pelas nossas fileiras. Não participaríamos do ensaio de hoje, nem cantaríamos amanhã. Não ocorreu a nenhuma de nós comunicar nossa mágoa ou nossa nova decisão a Madre Ignatius. Ocupamos nossos lugares no tablado como de costume, e, quando a Madre Ignatius pediu que Mary viesse ocupar seu lugar ao piano, ela aquiesceu.

Mary era mais velha que muitas de nós, porque tinha repetido vários anos. Era uma menina anglo-indiana alta, atlética, de cabelos castanhos lisos e belos olhos verdes. Todos sabiam que Mary fazia parte do punhado de casos de caridade da escola, e comentava-se que a família enfrentava tempos difíceis porque seu pai era alcoólatra. Mas o que lhe faltava em capacidades acadêmicas, Mary compensava com sua disposição alegre de ajudar, e muitas das freiras a tinham como favorita.

A Madre Ignatius ergueu sua batuta.

— Prontas? Tudo bem, Mary, dê o acorde de abertura.

Permanecemos imóveis, Mary empoleirada no banco do piano, a cabeça abaixada.

Madre Ignatius parecia surpresa.

— Vamos, meninas, ao ensaio. Vamos tentar de novo. Prontas?

A grande sala estava em silêncio. Madre Ignatius virou-se para Mary. Podíamos ver que ela estava lutando para manter a paciência.

— Ok, Mary. Vamos escutar esse acorde.

Mas Mary baixou ainda mais a cabeça, a ponto de o queixo pousar sobre o peito. Madre Ignatius olhou dela para nós. Era óbvio que não tinha ideia do que estava acontecendo, e ocorreu-me que uma de nós deveria lhe passar a informação, mas a atmosfera na sala estava de repente tão carregada, estávamos todas tão enredadas nessa teia de silêncio desafiador que eu tinha medo de me mover.

Madre Ignatius não teve medo de se mover. Com alguns passos ágeis, ela se colocou diante do piano.

— Toque, Mary — disse com voz macia. E, quando Mary não se moveu, ela repetiu: — Toque, minha filha. Toque piano.

Mary continuou sentada de cabeça baixa. Madre Ignatius fitou-a por alguns momentos.

— Levante-se — disse de repente.

Mary se levantou, mas os olhos se desviaram. O restante de nós olhava sem poder fazer nada, prendendo a respiração.

— Olhe para mim — disse a Madre Ignatius. — Fale comigo. Diga-me o que está acontecendo.

Suas palavras caíram em ouvidos moucos.

— Olhe para mim! — repetiu a Madre, suas palavras precisas como balas dessa vez. E, no minuto seguinte, uma bala acertou o alvo quando sua mão direita voou sobre o rosto de Mary num tapa.

Sufocamos um grito. Mary e a Madre Ignatius se encolheram e pareciam aflitas. Então o mundo veio abaixo.

— Não é justo, não é justo, não é justo — Anu começou a choramingar, soando como uma sirene de polícia. Anu era uma menina baixa e sem graça de uma família hindu conservadora, e a maioria da classe a evitava porque todas sabiam que Anu era dedo-duro e mexeriqueira. A explosão pouco característica de Anu teve um efeito hipnótico sobre todas nós. Logo todo mundo estava falando, chorando e gritando ao mesmo tempo.

Madre Ignatius absorveu a situação.

— Ok, todo mundo para a sala de aula — disse ela com firmeza. — Ainda não tenho ideia do que está acontecendo, mas vamos resolver isso mais tarde.

Só que a Madre tinha feito um cálculo errado. Ficar sozinhas e sem supervisão em nossa sala de aula apenas permitiu que a histeria crescesse. Por um momento, cheguei a pensar que eu era a única menina de olhos ainda secos. Então surpreendi os olhos de Patty, e ela me deu um olhar rápido e perplexo, como se dissesse: "O que diabos está acontecendo aqui?". Dei de ombros em resposta.

— Temos de fazer alguma coisa. Não podemos deixar que essas meninas mais velhas nos tratem desse jeito — Barbara estava dizendo, e me convenci de que estava tudo de cabeça para baixo. Barbara era filha da sra. Pinto, uma menina boazinha e obediente, que falava tão baixo que parecia estar sempre com laringite.

Mas o pequeno discurso de Barbara teve um impacto sobre mim e deu asas a todas as minhas fantasias sobre o poder da juventude e a revolução estudantil. Agarre o momento, aproveite a hora, disse para mim mesma.

— Ok! — gritei decidida. — Eis o que vamos fazer. Vou rabiscar rapidamente um abaixo-assinado, e nós o entregaremos pessoalmente à Madre Ignatius.

Todas as quarenta assinaram a petição. Todas as quarenta, como uma nuvem escura de abelhas zangadas, saíram da nossa sala de aula, viraram à esquerda e atravessaram a distância curta até o escritório da Madre Ignatius.

Bati na porta. Ela levantou os olhos e sorriu, como se estivesse feliz por me ver. Senti uma onda repentina de afeto por ela, que tentei reprimir. Lembrei as muitas conversas que a Madre Superiora tivera conosco, conversas em que ela nos tinha contado partes de sua vida antes e depois de se tornar freira, diálogos que haviam eliminado parte da mística que cercava o convento, levando-nos a considerar as figuras vestidas de branco menos como alienígenas do espaço e mais como seres humanos de carne e osso.

— Vocês, meninas, podem me perguntar qualquer coisa — tinha nos dito certa vez numa de suas conversas informais.

Uma dúzia de mãos se ergueu ao mesmo tempo.

— Por que você se tornou uma freira, Madre?

— É verdade que todas as freiras foram abandonadas pelos namorados e por isso entraram no convento?

— Você sente falta de ver sua mãe e seu pai?

— Quantos anos você tem?

— É verdade que você é careca?

— Já se apaixonou por alguém?

A Madre Superiora tinha erguido a mão, rindo.

— Meninas, meninas. Uma de cada vez.

E ela nos contou que seu cabelo era antes longo e cheio, que tinha sido seu orgulho e alegria, um objeto de vaidade realmente. Que seu namorado — sim, ela teve um namorado — costumava tecer muitos elogios a seu cabelo. E não, ela não era totalmente careca, mas sim, tinha cortado o cabelo depois de entrar para o convento, porque era mais fácil de arrumá-lo sob o hábito e, além disso, porque tinha sido uma fonte de orgulho e vaidade e Deus não gostava de orgulho.

— Por isso ele caiu fora, tique-tique. — Ela sorriu.

Senti uma tristeza inexprimível quando ela nos contou sobre o cabelo. Não sabia decidir se o que ela fizera era tolo ou admirável.

Mas agora, parada no lado de fora de seu escritório, tirei essas lembranças sentimentais da minha cabeça.

— Podemos entrar? — perguntei.

— Claro, claro — ela respondeu. Depois levantou-se em um salto, assustada, quando todas nós entramos no seu pequeno escritório, aglomerando-nos ao seu redor.

— O que é isto? — ela quis saber. E fiquei surpresa ao escutar um tremor na sua voz. Seu corpo se retesou, e os olhos dispararam pela sala. — Como é que todas vocês, meninas, atrevem-se a entrar no meu escritório dessa maneira?

O dia estava me escapando das mãos como uma meada de fios a rolar.

— Mas, Madre, acabei de lhe perguntar se podíamos entrar — respondi, confusa. Madre Ignatius parecia zangada, como nunca a tinha visto. Pior, ela parecia... *amedrontada*. Então comecei a compreender: a Madre achava que isso era uma ocupação. Ela pensava que estávamos aqui para cercá-la no seu escritório e não deixá-la sair.

Eu estava prestes a explicar quando Anu veio em meu socorro.

— Não é justo, não é justo, não é justo — ela choramingava. Apesar da atmosfera carregada, tive vontade de rir. Então escutei atrás de mim uma parede de som avançando para a frente. Começou baixo e grave como um resmungo e depois se tornou agudo. Todo mundo falava ao mesmo tempo, e o realmente espantoso era que meninas como Anita Khalsa, que tinham forjado uma reputação de serem duras como aço, estavam soluçando como se estivessem num funeral.

— Você deu um tapa na Mary — chorava Barbara, e a Madre Ignatius se encolheu e deu um passo para trás, como se para escapar da acusação no tom da aluna.

— Por favor, alguém pode me dizer o que está acontecendo?

Mas a maioria de nós estava histérica demais para falar. A Madre olhou ao redor da sala sem saber o que fazer. Seus olhos finalmente encontraram os meus, uma das poucas que ainda tinham olhos secos na sala.

— Thrity? Pode me dizer o que isso significa?

Em resposta, eu lhe entreguei a petição. Ela leu, uma vez, duas vezes, mas quando levantou os olhos parecia mais confusa que nunca.

— É só isso? Tudo porque a classe de vocês não teve permissão para cantar?

Escutei a incredulidade na sua voz e senti vergonha do comportamento teatral das minhas colegas. A nossa causa me pareceu de repente insignificante e tola. Mas afastei esses pensamentos traiçoeiros, e, quando falei, minha voz estava calma e estável.

— Não é apenas isso, Madre. Há muitos outros problemas. As mais velhas sempre parecem ficar com o melhor de tudo, e isso nos faz sentir como...

Perdi minha linha de pensamento porque, bem nesse momento, olhei para o lado procurando o apoio de Patty e, para minha surpresa, percebi que seus ombros estavam tremendo. Ela estava de pé com a cabeça curvada e as mãos cruzadas à frente, e por um instante pensei que estivesse rindo. Então compreendi que Patty — a Patty durona, não sentimental — estava também chorando. Aí perdi a cabeça. Tentei continuar e listar nossas queixas, mas agora eu já estava presa no mar de mágoa e ressentimentos adolescentes que giravam ao meu redor, e senti que afundava. Para minha mortificação, compreendi que havia lágrimas correndo pelo meu rosto.

Madre Ignatius me fez o favor de desviar o olhar.

— Tudo bem, acho que escutei o bastante para saber qual é o problema — disse ela. — Agora todas vocês têm de confiar em mim para remediá-lo. Vou dar um telefonema para a diretora do St. Agnes e convidar suas estudantes para que venham retribuir nossa visita, e então vocês podem cantar sua canção. Agora, voltem para a sala de aula e acalmem-se.

Mas ainda havia um assunto inacabado. Minutos depois de retornarmos à nossa classe, a Madre Ignatius entrou na sala atrás de nós.

— Venha aqui, Mary. — Mary levantou-se de seu assento na última fila e caminhou até a frente da classe. — Desculpe por bater em você, minha filha — disse a Madre Ignatius. — Apenas perdi a paciência e errei. — Depois ela fez uma coisa muito fina. Primeiro, beijou Mary na testa. Depois, fez um pequeno sinal da cruz na testa.

Uma emoção correu por todas nós. Mary sorria, exultante.

Mas a Madre Ignatius ainda não tinha acabado. Seus olhos se fixaram em mim e estreitaram-se um pouco.

— Na próxima vez que decidir levar quarenta meninas ao meu escritório minúsculo, por favor, peça permissão primeiro — disse friamente.

— Mas, Madre... — protestei. — Eu pedi...

Ela já estava se afastando e não me ouviu. *Merda*, pensei. *Como é que acabo me metendo nessas situações?*

— Isso não é nem um pouco justo, *yaar* — disse Zarina, a menina que se sentava na minha frente. — Tenho toda a certeza do mundo que você lhe pediu permissão. Esses adultos são meio surdos, vou te contar.

Dei um sorriso fraco para Zarina. Mas não pude deixar de sentir que estava de repente na lista negra da Madre Ignatius sem ter feito nada de errado.

Menos de duas semanas se passaram desde o incidente da canção, e agora estou procurando ativamente mais encrenca. Já estamos bem perto da sala dos professores, suspeito que o bastante para que possam nos escutar. O grupo atrás de mim diminuiu para quatro intrépidas meninas. Agora que estamos a poucos momentos das portas de vidro, elas também começam a vacilar.

— Thrity, *men*, isso é estúpido — diz Kajal. — Vamos deixar pra lá.

Estou dividida. Uma parte de mim está assustada com a ideia de ir até o fim, mas estou igualmente assustada com a perspectiva de se espalhar a história de que a Parse Louca se acovardou diante de um desafio. As reputações são como os animais de estimação — é preciso tratá-las, alimentá-las e não abandoná-las. Além disso, percebo que Anita Khalsa, minha principal rival e a menina que começou toda a história, ainda não disse uma palavra.

Nesse instante, Anita abre a boca. Estamos diante da porta da sala dos professores, e vários deles estão nos espiando curiosos pelas portas de vidro.

— Ok, retiro o desafio — diz Anita, precipitada. — Kajal tem razão. Não quero que você seja expulsa da escola ou coisa parecida. Esses professores não levam nada na esportiva, sabe?

Essa é a minha chance de encenar uma saída graciosa sem quebrar a cara. De fato, fixo os olhos em Anita, e ela pisca primeiro. Tenho até duas testemunhas deste momento de suprema vitória. Ainda assim hesito, minha mão direita começando a se estender para alcançar a maçaneta da porta.

— Mas e meus quatro álbuns?

Anita parece exasperada. Ela sabe que me proporcionou uma saída que sou obstinada demais para aceitar.

— Danem-se os álbuns — diz ela. Depois, vendo a expressão determinada no meu rosto, ela pisca um pouco mais. — Ok, quer saber de uma coisa? Vamos lhe dar um álbum grátis, apenas para não fazer nada.

Penso rápido, tentando avaliar a situação.

— Não, *yaar*, não é o bastante. Quer saber de uma coisa? Vamos entrar num acordo. Dois álbuns, e eu desisto agora mesmo.

Elas hesitam, relutantes em gastar toda essa grana por nada. Por um momento, acho que mirei alto demais e que Anita vai pagar para ver. Aperto a mão na maçaneta dourada. Vendo meu gesto, Anita se dobra completamente.

— Ok, maldito Shylock, sua sanguessuga. Vamos te dar dois álbuns se parar agora mesmo.

E assim, no sábado seguinte, um bando delas me leva à Rhythm House, e todas observam em silêncio enquanto escolho *Greatest Hits* de Elton John e *Hot August Night* de Neil Diamond. Pago a diferença de preço, porque o segundo é um álbum duplo.

Nas próximas semanas, escuto todos os dias "Candle in the Wind" e "Song Sung Blue". Quando Elton John canta "*Daniel my brother, you are older than me/ Do you still feel the pain of the scars that won't heal*", eu invariavelmente penso na minha prima Roshan e na minha complicada relação com ela, e meus olhos se enchem de lágrimas. Na próxima reunião social da escola, levo o álbum e a Madre Ignatius ensina algumas de nós a dançar tango ao som de "Crocodile Rock".

E a sra. D'Mello dorme bem à noite, sem ser perturbada por pesadelos de alunas vingativas que irrompem na sala dos professores com facas escondidas em jornal, esperando que ela sorria mesmo quando lhe dizem que vão matá-la.

Capítulo 16

Comprando bebida alcoólica e cigarros ainda menor de idade, desrespeitei a lei muitas vezes durante meus anos de ensino médio. Além disso, cometi ao menos dois pecados durante meu segundo ano.

O primeiro foi ganhar o primeiro prêmio num concurso de ensaios literários patrocinado pelo governo, exaltando as virtudes do planejamento familiar durante o Estado de Emergência draconiano de Indira Gandhi. Claro, isso aconteceu no período ainda inocente do início de 1976, quando a notícia de que a campanha governamental de controle de natalidade saíra dos eixos ainda não tinha chegado até nós em Bombaim. Nada sabíamos sobre as vans itinerantes que rodavam pelas ruas de Nova Délhi, procurando homens — e até meninos de catorze anos — para esterilizá-los à força. Eu tinha crescido vendo os adultos torcer o nariz quando falavam que as classes baixas repetiam seus ciclos intermináveis de pobreza reproduzindo-se como coelhos, havia lido livros culpando a superpopulação por todos os males da Índia. Assim, quando um grupo de burocratas aparece na escola um dia e as freiras os bajulam e logo organizam o concurso de ensaios, escrevo um texto que teria alegrado o coração dos bandidos que perambulavam pelas ruas de Délhi no exato momento em que escrevia.

Mas esse foi um pecado produzido pela ignorância e, portanto, perdoável. O que fiz a Jaya foi deliberadamente cruel.

Jaya é a única colega que já tive com notas mais altas que as minhas na aula de redação. Só isso já é o suficiente para que eu perceba sua existência e sinta medo de uma possível concorrente. Ela é uma menina católica alta e magricela, com uma pele feia e pernas longas e finas. Ela é também um espírito mordaz, embora seja tão tímida e acanhada que levo meses para apreciar seu humor cáustico, mesmo que ela se sente ao meu lado todos os dias. Tenho uma amizade inquieta e complicada com Jaya. Por um lado, sinto-me atraída pela sua óbvia inteligência e sua consciência política. Por outro, sei que ela acha que estou desperdiçando meu tempo andando com Jenny e as outras, e esse julgamento tácito me deixa irritadiça e desajeitada perto dela. E também não ajuda o fato de ela ser louca por mim e falar comigo como quem presume que partilhamos valores e sensibilidades semelhantes. Há um ar de superioridade intelectual na sua pessoa que me deixa encolerizada, mesmo quando compreendo que o círculo de superioridade é suficientemente grande para me incluir. Sei que minhas outras amigas sentem que ela as trata com condescendência, e isso basta para me alinhar com elas. Mas também me empolgo com os lábios finos que tremem de emoção quando ela recita um soneto de Shakespeare, sei que os óculos grossos de Mulher Gato escondem olhos que são bondosos e que o humor sarcástico compensa uma natureza profundamente sensível. A verdade é que eu e Jaya somos parecidas por sermos ambas magras e hipersensíveis e por termos o desejo secreto de ser escritoras. Ela sabe disso e pressupõe uma amizade baseada nesse conhecimento tácito. Mas não quero me alinhar com alguém tão vulnerável e tímido, porque estarei me expondo. Afinal, tenho uma reputação a preservar, e minha personalidade é mais forte e mais extrovertida que a dela. Além disso, Jaya exala um leve aroma de possessividade que me provoca uma sensação de constrangimento na sua companhia. Por isso, quando perto dela, minhas piadas passam a ser mais grosseiras e eu me torno mais ruidosa, mais expansiva e turbulenta. Às vezes, ela ri com as outras de uma das minhas piadas. Na maior parte do tempo, apenas me espia por detrás daqueles óculos grossos, os lábios finos esticados numa linha que tomo como desaprovação. Como muitos dos adultos ao meu redor, Jaya parece pensar que sou melhor do que as meninas com quem passo meu tempo, e exibe sempre um leve ar de desaprovação que me tira do sério.

É 1976. Estamos no nono ano, prestes a nos formar. O Estado de Emergência já dura quase um ano, quando Jaya me procura um dia e diz que precisa falar comigo em particular.

— O que é, *men*? — digo imediatamente. — Não pode me contar aqui?

— Não, eu lhe disse, é particular. Vamos para o corredor, ok?

Jaya tem um namorado, digo para mim mesma. Céus, quem teria pensado? A velha Jaya tem um namorado. E ainda toda séria e tudo o mais, sem sequer abrir um sorriso.

Pulo da minha cadeira e sigo Jaya até o corredor. Mas ela ainda não sorri.

— O que é? — Então, vendo que ela está prestes a chorar, pergunto: — Jaya, o que há de errado, *men*?

— Nada de errado. É apenas que... ninguém na escola sabe, mas... minha mãe está na prisão.

Fico sem reação. Na minha mente de classe média, a prisão é sempre associada a um comportamento criminoso. Não conheço bem a mãe de Jaya, mas a mulher pequena, sorridente e de cabelos escuros vestindo um *kurta* e calça branca que eu tinha visto na escola em algumas ocasiões não me pareceu criminosa. Ainda assim, nunca se sabe...

— O que... o que ela fez? Que crime ela cometeu, garota?

Jaya parece chocada.

— Crime? Ela não cometeu nenhum crime. Ela era a chefe do sindicato dos professores. Estava simplesmente organizando os outros professores na sua escola. Mas, sob o Estado de Emergência, sabe, o direito à greve tem sido criminalizado...

Jaya continua a falar, mas eu paro de escutar. Ainda estou em choque. Nunca conheci ninguém que tivesse um parente na prisão. O conceito de ir para a prisão pelas suas ideias me é alheio. Venho de uma família apolítica por opção, na qual o único ancestral que participou na luta pela liberdade contra os britânicos era objeto de escárnio na saga familiar. Venho de uma comunidade étnica que tem se mantido distante do tumulto de seu país adotivo, uma minoria que tem prosperado por não tomar partido, por viver pacificamente com seus vizinhos. Todos os meus livros cívicos e de história me dizem que a Índia é uma democracia em que o Estado de Direito prevalece. Quando eu era criança, papai costumava rir quando eu batia continência para todo policial de trânsito pelo qual passávamos. Eu me arrepio involuntariamente quando escuto o hino nacional, e adoro ver a parada do Dia da República na TV. E agora Jaya está tentando me convencer de que sua mãe está na prisão apenas por tentar criar um sindicato. Não faz sentido. Jamal também tentou criar um sindicato, e ninguém o colocou na prisão. Não, Jaya está mentindo. Todo mundo sabe como é a história: a prisão é para os criminosos.

— Não sei. *baba*, não sei — eu a interrompo. — Só sei que as pessoas não vão para a prisão se não fizeram nada de errado. É assim que funciona a lei.

A expressão de Jaya desmorona como se eu tivesse lhe acertado um soco no queixo. Ela me fita boquiaberta.

— Mas... juro... — balbucia ela.

Não consigo encarar Jaya. Tenho vergonha de mim mesma, mas o meu senso de retidão sufoca meu constrangimento e me faz acertar o golpe final.

— Se sua mamãe está na prisão, ela provavelmente merece estar lá — digo e depois me afasto.

Faço questão de não olhar para Jaya durante o resto do dia.

Duas semanas mais tarde, o edifício de minha existência conformista de classe média jaz em ruínas aos meus pés. Tudo começa bem inocentemente com uma ida de ônibus ao Auditório Homi Bhabha para escutar um concerto de uma orquestra alemã visitante. Como sempre, Jesse e eu pegamos o ônibus de dois andares no seu terminal e lutamos pelos assentos da frente no andar de cima. Esses são nossos assentos favoritos, e muitas vezes colocamos o rosto para fora da janela a fim de sentir o vento contra o rosto. Como sempre, falamos sobre arte, música, literatura — ou melhor, Jesse fala e eu escuto, armazenando todas as informações que ela me transmite tão despreocupadamente, memorizando algumas de suas frases mais engraçadas para poder passá-las como minhas na escola no dia seguinte. Meu coração se enche de alegria, e tenho a mesma sensação selvagem, louca e inebriada que sempre me invade na companhia de Jesse. Toda conversa com Jesse me afeta da mesma maneira: sinto como se minha mente recebesse uma boa escovada e ficasse brilhante como latão. Ninguém no meu círculo lê, conhece ou pensa tanto quanto Jesse, e mesmo agora, depois de vários anos de estreita amizade, eu me espanto como ela desconsiderou os cinco anos que nos separam — tenho quinze anos e ela, vinte — e procurou minha amizade. Eu me sinto totalmente inadequada nessa relação, como se eu só recebesse todo o seu conhecimento, mas quando falo disso para Jesse ela sempre parece ofendida e me diz que estou enganada.

Agora ela está falando sobre alguma obscura ilha do Pacífico, e de repente não dá para esperar nem mais um minuto.

— Mas, Jesse — interrompo —, como é que você *sabe* tanto?

Há uma vida inteira de privações, temor reverente e admiração na pergunta, mas Jesse sacode a cabeça impaciente, afastando minha pergunta lisonjeadora e exageradamente ansiosa como se fosse uma mosca. Ela parece constrangida e depois resmunga alguma coisa sobre eu falar besteira.

Falamos sobre outras coisas, rimos dos estranhos nomes dos negócios — Rassiwalla Rope Company; Chimneywalla and Sons — e cartazes — "NÃO COLE ETIQUETAS AQUI"; "BUZINA OK POR FAVOR"; "NÃO CUSPIR NEM SENTAR NA GRAMA" — que vemos pelo caminho. Passamos também por vários outdoors gigantescos que surgiram da noite para o dia durante o Estado de Emergência: "MAIS TRABALHO, MENOS CONVERSA"; "INDIRA É ÍNDIA"; e o onipresente lema do planejamento familiar "*HUM DO, HAMARE DO*", "NÓS DOIS, NOSSOS DOIS".

Então, Jesse menciona um nome que ouvi antes: Karl Marx. Sei vagamente que Marx foi um comunista e que os comunistas são inimigos do Estado e, além do mais, uns tolos, porque todo mundo sabe que sem a motivação do lucro ninguém jamais trabalhará.

— Sim, ele foi comunista, certo? — digo. — Como aquelas pessoas na China? Ai, você sabia que esses chineses não podem votar ou coisa parecida? É por isso que Nehru lhes declarou guerra, eles nos odiavam pela nossa liberdade.

Estou repetindo alegremente o que sempre ouvi e por isso não estou preparada para a reação de Jesse.

— Não fale asneiras — diz ela de repente, num tom áspero que jamais tinha empregado. — Quem você acha que é livre em nosso país? As pessoas que vivem nas favelas? Os criados em nossas casas? E todos nós sabemos a espécie de liberdade de expressão que realmente temos, com todos os covardes da mídia fugindo assustados do Estado de Emergência.

Olho para Jesse num silêncio perplexo. Esse é um lado da minha amiga que nunca vi antes. O que a estava deixando tão zangada? E ela estava zangada *comigo*?

— Bem, de qualquer maneira, os comunistas querem distribuir o dinheiro com equidade — tentei, repetindo o que tinha ouvido na escola. — Mas, se todo mundo faz o mesmo, qual é o incentivo para as pessoas trabalharem? Parece legal, mas nunca funcionaria se as pessoas apenas ficassem em casa sem fazer nada?

Ela me olha diretamente pela primeira vez desde que começamos a falar desse assunto.

— Você sabe qual é o princípio básico do comunismo? Melhor, eu diria, do socialismo? — pergunta ela retoricamente. — É: "A cada um segundo sua capacidade; a cada um segundo sua necessidade". Compreende o que isso significa?

Não. Ela explica. Faço mais perguntas. Ela as responde. Ela me conta sobre Mao na China, Lênin na Rússia e sobre os vários movimentos de base que ela afirma existirem na Índia.

Enquanto Jesse está falando, recordo aqueles sonhos da infância sobre os pobres da cidade. Depois de anos escutando os adultos afirmarem que os pobres sempre estariam conosco, que os pobres eram pobres por serem preguiçosos e não quererem trabalhar, que nada poderia ser feito sobre a pobreza e, portanto, o melhor era não pensar sobre isso, por fim alguém está me dizendo algo diferente. E escutá-lo da boca de Jesse, países inteiros tinham se reorganizado segundo esses princípios revolucionários. A cada um segundo suas necessidades. É a frase mais afirmativa da vida que já ouvi. Tudo o que sempre acreditei sobre as pessoas — que elas em geral só cometiam maldades quando sofriam privações, que, se tivessem escolha, fariam o que é correto —, todas essas crenças fervem nessa frase. Os adultos ao meu redor estão errados, errados, errados.

Eu tinha embarcado no ônibus Best naquele dia como uma colegial comum, ensimesmada e focada em satisfazer meus desejos, lidando com as mudanças de meu corpo e seus prazeres. Quando lançava ao meu redor palavras como revolução da juventude e revolução, estava pensando em Woodstock, e não na Rússia.

Desembarco do ônibus naquele dia batizada num novo credo. Sinto como se tivesse recebido óculos de raios X, porque de repente posso ver a estrutura interior das coisas. "A distribuição, e não a produção, é o problema", Jesse tinha dito, e não é que ela tinha razão? Não posso ver a prova dessa afirmação em tudo ao meu redor: os arranha-céus crescendo a partir do sovaco das favelas, as crianças famintas dormindo na calçada em frente a deslumbrantes joalherias, os negociantes ruidosos de Share Bazaar ignorando o mendigo caolho ao seu lado? Bombaim já não me parece deprimente, não serei mais capaz de vê-la como uma cidade suja, apinhada de gente, uma cidade falida à beira do abismo, prestes a cair no vazio. Em vez disso, cada mendigo, cada trabalhador empobrecido, cada criado doméstico, cada novo imigrante parece de repente feito de poeira das estrelas, estourando de força irrealizada, potencial não aproveitado e infinitas possibilidades. Irmão, quero dizer à primeira pessoa que vislumbrar, se ao menos pudéssemos entender do que somos realmente feitos...

Volto à escola na segunda-feira como uma pessoa renovada. Uma das primeiras coisas que faço é ir falar com Jaya.

— Ei, estive pensando sobre nossa conversa no outro dia. Desculpe, *men*, fui uma verdadeira calhorda. Mas, falando sério, quero saber o que aconteceu com a sua mãe. Sabe, com o Estado de Emergência e tudo o mais, coisas assim estão acontecendo com frequência.

Jaya me olha com desconfiança.

— Mas acho que você escreveu um ensaio elogiando o Estado de Emergência apenas alguns meses atrás.

Então ela se lembra disso.

— Sei. Fui uma total idiota. Mas agora compreendo mais as coisas. E, bem, eu estava errada, sabe? E lamento muito ter sido má com você.

Jaya vem para a escola no dia seguinte com um panfleto toscamente impresso, detalhando os abusos sob o Estado de Emergência. Recebo em silêncio, sem lhe fazer perguntas, e enfio as folhas dentro de um livro. Mais tarde leio os panfletos no corredor, depois de ter sido expulsa da aula de física. Fico chocada com o que leio: prisioneiros políticos sendo impiedosamente torturados, mendigos sendo arrebanhados e expulsos da cidade, colônias de favelas sendo arrasadas, a imprensa sendo amordaçada, sindicalistas sendo presos, a constituição sendo revisada, a polícia recebendo poderes absolutos. Isso está acontecendo no país em que vivo, e até a semana anterior a única coisa que eu sabia sobre o Estado de Emergência era que os ônibus estavam sendo pontuais.

Indira Gandhi foi a primeira-ministra na maior parte da minha vida. A minha geração tinha crescido aplicando automaticamente o pronome feminino ao falar desse cargo. Como muitos indianos de classe média, minha família a adorava, acreditando no que a própria Indira insinuou em várias ocasiões, que sem ela a Índia se desintegraria no caos, que o país precisava de um Nehru para governá-la. Os Nehru foram os Kennedy da Índia: urbanos, encantadores, sofisticados, bonitos, carismáticos. Minha tia Freny falava, muitas vezes com orgulho, de uma entrevista coletiva estrangeira em que Indira tinha respondido às perguntas em francês fluente. Papai tinha se emocionado como um colegial quando ela inaugurou um dos projetos habitacionais do governo que ele ajudara a construir como empreiteiro. Ao contrário de muitos políticos indianos carecas, pançudos, vestidos com *dhoti* e com sotaque forte, a Indira de pele clara e feições finas falava fluentemente inglês, vestia-se com elegância quando viajava para o exterior e parecia à vontade entre os líderes ocidentais. Para um país que ainda se recuperava do complexo de inferioridade nacional remanescente do domínio colonial britânico, ver Indira flertar com Lyndon Johnson e falar de igual para igual com Richard Nixon e o general presidente do Paquistão, Yahya Khan, era melhor do que ganhar uma partida internacional contra os australianos. Ao contrário dos outros líderes barrigudos e mascadores de *paan*, Indira era o tipo de político em que você podia confiar. Nos coquetéis, os negociantes falavam de como era mais fácil a vida sob o Estado de Emergência, agora que se tinham cortado as asas dos sindicalistas encrenqueiros; os funcionários de escritório que retornavam cansados a suas casas no subúrbio todas as noites agradeciam que os trens estavam funcionando com maior eficiência; os cidadãos comuns agradeciam simplesmente que as constantes altercações entre os políticos haviam cessado. E, se isso significava que alguns direitos fundamentais tiveram de ser temporariamente abandonados, bem, não se pode ter tudo ao mesmo tempo. Afinal de contas, talvez a Índia fosse um país grande demais, diverso demais para suportar uma democracia. Bastava ver com que eficiência aqueles generais governavam o Paquistão. E, se o rosto familiar de Indira — com a famosa mecha branca passando pelo seu cabelo escuro — aparecia graciosamente em toda capa de revista e nos repreendia em cada cartaz, tanto melhor. Afinal, precisávamos da Mãe Indira para nos proteger e nos manter longe do caos e da autodestruição. Se havia rumores de que seu filho, Sanjay, desviava fundos e recompensava seus camaradas corruptos, bem, o rapaz era um tecnocrata, e um sujeito técnico, dinâmico e pragmático não era exatamente o que a Índia precisava num tempo como o nosso? E afinal, Sanjay era um Nehru, o neto do grande Jawaharlal Nehru. Como poderia ser alguém ruim?

Levo o panfleto de Jaya comigo quando vou à casa de Yasmin naquela tarde para tomar uma cerveja. Escuto as outras conversarem sobre um álbum de Cat Stevens que Jenny acabou de comprar, escuto seus planos de ir a uma discoteca no sábado, mas estranhamente sinto-me distante da conversa. Quando se faz uma pausa no bate-papo, puxo o meu panfleto.

— Ei, vocês, escutem isto. — E começo a ler.

Elas escutam num silêncio desconfortável.

— Uh — diz Jenny quando leio as frases descrevendo a tortura de prisioneiros. Posso sentir pela sua linguagem corporal que elas querem que eu pare de ler, mas não posso parar, e elas são educadas demais para interromper.

Ninguém sabe o que dizer quando termino.

— Xi. Sim. Bem, é terrível — diz Jenny, hesitante, tentando quebrar o silêncio.

Patty pega o fio da conversa.

— Uau, céus. É terrível. Que país. Mas, escutem, temos de decidir, porque preciso avisar meu primo. Vamos todas à discoteca no sábado?

Pela primeira vez desde o início de nossa amizade, sinto vergonha de estar na casa de Yasmin para passar o tempo bebendo cerveja. Por um instante de segundo, vejo tudo claramente e com repulsa: nós quatro, indulgentes, narcisistas, procurando emoções e gastando mais dinheiro numa tarde do que outros talvez ganhem numa semana.

Eu me levanto.

— Tenho que ir para casa. Encontro vocês amanhã.

Jenny me dirige um olhar interrogativo.

— Você está bem, garota?

— Sim, estou ótima — minto. Vou ao banheiro de Yasmin, e com os dedos passo pasta nos dentes, tentando eliminar com gargarejos o cheiro de cigarro e cerveja antes de ir para casa. Tento também apagar com gargarejos o gosto amargo de vergonha e desgosto de mim mesma. A caminho do ponto de ônibus, arranco duas folhas de uma árvore próxima e esmago sua fragrância entre os dedos para cobrir o cheiro de tabaco nas mãos.

Depois, vou para casa.

É janeiro de 1977, e Indira Gandhi convocou novas eleições dentro de dois meses. Os líderes da oposição foram libertados e formaram uma coalizão chamada Partido Janata. A Índia passa por convulsões, uma nova ordem tentando emergir do ventre escuro do Estado de Emergência. Os jornais, de repente sem mordaças, estão cheios de histórias das atrocidades cometidas em Nova Délhi. Fazendo jus à sua reputação de cidade encantada, Bombaim foi poupada de grande parte do trauma, mas agora até os habitantes comuns estão sentindo vergonha de saber que vivemos num casulo de ignorância nos últimos dois anos. Acabei de fazer quinze anos, mas mesmo eu posso ver que, como o pão fresco assado na padaria no outro lado da rua, a história está sendo feita diariamente nestes dias.

Nós quatro temos planos de ver um filme em Sterling. Quase não vou, porque o negócio vai mal de novo. Peço dinheiro a Babu, e ele abre sua carteira para que eu veja o interior vazio. Saio constrangida porque sei quanto lhe custa me recusar alguma coisa.

— Tudo bem — digo, tentando rir. — É um filme estúpido de qualquer maneira, e eu nem queria realmente ir. Vou ligar para minhas amigas e cancelar.

Estou discando o número de Patty na sala de estar, quando Babu vem até mim e me coloca na mão uma nota de dez rupias.

— Encontrei esta nota embaixo do meu pijama no armário! Devo ter esquecido que tinha um pouco de dinheiro ali.

Eu não quero aceitar, mas ele insiste.

— Vá se divertir. Este troco não vai me ajudar, de qualquer modo. E quem sabe quando você será capaz de ir de novo?

Mas, andando de ônibus com minhas três amigas, estou me sentindo desconfortável. Culpada por ter tirado a última nota de Babu, inquieta quanto a essa distância que estou sentindo entre mim e as outras três, tudo isso me deixa nervosa. Além disso, mais cedo naquela manhã Jesse tinha me dito que deveria haver uma grande manifestação de estudantes em Flora Fountain naquela tarde, para protestar contra o Estado de Emergência. Ela estava planejando ir com seus amigos da faculdade. Eu queria me convidar, mas não tive coragem de tomar essa iniciativa, como se eu fosse um penetra numa festa particular. Mas essa notícia sobre a *morcha* fez com que meus planos para a tarde com Jenny, Patty e Yasmin parecessem pequenos e insignificantes.

O ônibus de um só andar que pegamos está lotado, e na maior parte da distância Yasmin e eu ficamos de pé, não muito longe da porta aberta. Jenny e Patty encontraram assentos perto de nós. Quando se aproxima de Flora Fountain, o ônibus desacelera, bloqueado pelo que parece uma parede de pessoas caminhando nas ruas à sua frente. É a manifestação dos estudantes. Forço passagem até a porta do ônibus, dependurada na barra de aço da entrada. Meu pulso acelera quando percebo as expressões determinadas no rosto dos estudantes, que passam erguendo seus cartazes e emblemas feitos em casa. Estão falando, gritando palavras de ordem. "INDIRA GANDHI, VERGONHA, VERGONHA", eles entoam. Depois, começa a cantoria. Eu me arrepio toda, mesmo antes de poder identificar a canção. Eles estão cantando "We Shall Overcome" em híndi. A canção cintila à luz brilhante do dia, uma combinação marcante de desafio e melancolia, um grito de batalha e uma oração. Enquanto o ônibus passa se arrastando pelos manifestantes, percebo um policial de uniforme cáqui batendo os dedos de leve no seu cassetete, ao ritmo da canção. E então observo que o lugar está apinhado de policiais, observo os jipes cinza atrás da longa procissão.

Eu me afasto da porta e volto até as outras.

— É uma manifestação contra o Estado de Emergência. Conheço algumas pessoas que a organizaram. Vamos esquecer o filme e participar da passeata.

Elas me olham como se eu tivesse enlouquecido.

— Ah, vamos, Thrit — diz Jenny. — Você sabe que esperamos semanas para ver esse filme. Não seja uma desmancha-prazeres, por favor.

Uma chave vira entre nós. Um estágio na minha vida termina e um novo começa, embora vá se passar muito tempo antes de eu compreender a mudança. Uma antiga aliança se rompe, uma nova aguarda para nascer. Talvez Jenny também saiba disso, porque, quando me afasto e procuro voltar para a entrada do ônibus, ela faz um movimento, como que para me agarrar, mas depois torna a se recostar no assento.

Eu me inclino para fora do ônibus, sabendo que estou numa encruzilhada. Se salto agora, será o fim da intimidade de minha amizade com as outras três. Se permaneço, não serei capaz de me olhar no espelho. Examino a multidão à procura de Jesse, sabendo que a decisão será mais fácil se eu conseguir localizá-la. Mas não seria tão fácil, afinal. A decisão é somente minha.

"Parem de ficar olhando, venham participar conosco", os estudantes entoam em *marathi* para os muitos funcionários de escritório que estão na calçada boquiabertos, observando a extravagância dos estudantes universitários. Mas acho que suas palavras são dirigidas especificamente a mim. Posso continuar neste ônibus até o cinema, onde vou ser uma espectadora passiva da história de outra pessoa. Ou posso saltar deste ônibus e ajudar esses garotos a escrever sua própria história. Uma história novinha em folha. Feita na Índia.

Acontece bem de repente. Nem percebo que tomei uma decisão. Minha mão solta a barra de aço, e pulo para trás deixando o ônibus lento. Os estudantes perto de mim dão um grito de alegria.

— Ei! — grita Yasmin, e aceno para ela.

— Aproveitem o filme! — grito. — Até segunda-feira.

No instante seguinte, sou tragada pela grande multidão que se desloca como areia ao meu redor. Se eu me mantivesse imóvel, a energia e o ímpeto da multidão me empurrariam para a frente. Mas não tenho intenção de permanecer imóvel. Uma euforia nervosa e uma felicidade gritante movem meus pés. Uma garota universitária com um *kurta* branco e jeans coloca um braço despretensioso ao redor dos meus ombros. "Escutei o que disse para suas colegas. Feliz por você estar aqui", ela sorri. Sorrio de volta e depois rio, sem nenhuma outra razão aparente que não a alegria de marchar numa tarde de sábado pelas ruas do centro de Bombaim com milhares de jovens idealistas e visivelmente intensos. Mal posso esperar para retornar à escola na segunda-feira e contar a Greta Duke sobre essa aventura. Ela só pode ensinar história.

Eu estou fazendo história.

A alegria tem vida curta. Nós nos reunimos atrás da estátua de Flora Fountain e nos sentamos de pernas cruzadas na rua, quando o descubro. Fali Mehta, o chefe de polícia parse que é um velho amigo de infância de papai e de Babu. O tio Fali está vigiando a multidão com ar severo, parecendo totalmente diferente do homem jovial a distribuir palmadinhas que estou acostumada a ver nas festas e nas recepções de casamento. Minha mente gela de terror, por isso nem penso em escutar o que está dizendo o estudante que se dirige à multidão. Se o tio Fali me descobre nesta multidão, eu já era. A notícia vai certamente chegar até meu pai, e, com seu medo da política radical, sei qual será a sua reação. Meu pai moderado e pacífico tem uma aversão instintiva ao fanatismo ou a qualquer tipo de conflito, e desafiar uma figura onipresente como Indira Gandhi é, aos seus olhos, quase como desafiar a Deus. Cubro a cabeça com as mãos e olho para o chão, tentando me convencer de que o tio Fali nunca vai me descobrir numa multidão de milhares.

No instante seguinte, escuto sua voz familiar, com seu sotaque parse forte e desafinado, explodindo por um megafone.

— Agora escutem todos — ele estronda. — A lei os proíbe de seguir adiante. A área ao redor de Mantralaya está fechada a manifestantes. Agora acomodem-se, façam uma manifestação pacífica, e não haverá problemas.

Um murmúrio esvoaça pela multidão, como um peixe prateado dividindo as águas de um lago. Há algum movimento na frente da manifestação, e presumo que os líderes estudantis estejam tentando decidir se devem desafiar a proibição. Passam-se vários minutos. Alguém começa a entoar um novo slogan, e ele flutua sobre a multidão em ondas sucessivas. Depois há uma calmaria, como se todos estivessem ficando sonolentos sob o sol do meio-dia. Um policial se acocora na beira da multidão e troca comentários bem-humorados com os grupos próximos.

— Abandone seu uniforme e junte-se a nós — diz um estudante, e o policial sorri para ele e depois boceja. Minha euforia anterior diminui enquanto outras emoções se apoderam de mim — medo de ser descoberta por Fali Mehta; remorso por ter abandonado minhas três amigas tão levianamente; um leve tédio com os discursos intermináveis que denunciam o Estado de Emergência.

Então, há uma mudança de clima. Um grito se eleva.

— Para Mantralaya! — alguém grita lá da frente, e o restante da multidão o escuta e se levanta em um salto.

— Parem! — Fali Mehta grita em seu megafone. — Vocês estão violando a lei. Há uma proibição contra se reunir em...

— Ao diabo com a proibição! — uma voz mais jovem compete com a dele em outro megafone. — Esta cidade pertence ao povo, não ao governo. — A multidão ruge seu assentimento.

Sou empurrada para a frente pela multidão em movimento, como uma folha de grama dançando num oceano ondulante. Não há tempo para pensar agora, nem um modo de sair ou tomar a direção oposta. Tudo é movimento, um mar crescente de punhos fechados, mãos erguidas e pés a pisotear. A cantoria, os gritos, as palavras de ordem têm uma nova urgência, soam mais alto, mas frequentes, mais agressivos, como se a tensão e o medo que todos sentem pudessem ser mantidos à distância por uma parede de som.

A procissão está começando a passar pelas barricadas da polícia. E então surge um novo som no ar — totalmente desconhecido para mim, mas tão sinistro, como o deslizar de uma serpente, que me sinto enjoada. Eles estão nos atacando com *lathi*. Os policiais que minutos antes trocavam gracejos conosco agora nos atacam, seus longos bastões de bambu e ferro erguidos bem acima de sua cabeça. Eles mantêm os cassetetes no ar e começam a girá-los, criando esse som horrível e escorregadio. Sic-sic-sic, soam os *lathis* no ar, cantando sua música mortal segundos antes de deixarem sua marca na cabeça ou no braço de alguém.

Não me mexo, paralisada por um medo tão entorpecedor que parece uma doença física, como se eu tivesse sofrido um derrame. Pelo canto do olho vejo um policial vindo em minha direção, mas tudo o que consigo pensar em fazer é fechar os olhos e cobrir a cabeça com as mãos, como se não ver o perigo que se aproxima o fizesse desaparecer. Desisti há muito de contar com as pernas para me tirarem daqui, visto que elas se tornaram borracha.

Alguém agarra meu braço esquerdo e me arrasta.

— Vamos — escuto uma voz masculina dizer. — Corra. — Ele me puxa pela mão, e juntos corremos, por aqui e por ali, evitando bater nas outras pessoas, fugindo aos golpes dos bastões que cortam o ar sobre nossas cabeças. Eu me agarro na mão quente mas suada de meu salvador desconhecido, pensando que jamais a soltarei. Minhas pernas ainda estão feito borracha, mas agora se movem como se tivessem asas. Estamos os dois ofegando e arfando, mas ainda corremos, de mãos dadas, cruzando várias ruas, olhando por sobre os ombros de minuto a minuto, avançando para abrir a maior distância possível da loucura atrás de nós.

Chegamos finalmente a um ponto de ônibus que parece seguro, porque está ocupado por funcionários de escritório e outros tipos não estudantis.

— Ok — diz meu salvador. — Você deve estar a salvo aqui. Quantos anos você tem, afinal?

— Quinze.

— Quinze — repete ele, sacudindo a cabeça e limpando o suor da testa. Olho para ele. Tem um rosto fino e estreito, uma barba desgrenhada e óculos de John Lennon. Está com uma camisa xadrez azul, uma calça folgada e sandálias. Os pés estão cobertos de poeira depois de nossa corrida.

— Esta é sua primeira *morcha*? — pergunta ele, mordendo o lábio inferior, e, quando digo sim, ele move a cabeça. — Foi o que pensei. Foi por isso que ajudei. Vi você pular daquele ônibus. Mas, se você participar de outra manifestação, vai se acostumar com os ataques de *lathi*. Os filhos da puta nos atacam todas as vezes.

— Obrigada pela sua ajuda. Não sei o que teria feito sem você.

Ele já está se afastando.

— Não tem problema. Bem, tenho de voltar.

— Voltar para onde?

Ele sorri.

— Voltar para a manifestação. Não podemos deixar esses policiais *goonda*, esses mercenários, levar a melhor, não acha? Bem, vejo você por aí.

No dia seguinte, leio no *Indian Express* que ao menos metade dos estudantes tinha tornado a se reunir depois do primeiro ataque de *lathi*. Minha garganta se aperta de orgulho.

Decido não contar a Jesse sobre minha presença na marcha, sabendo que ela está sempre dividida entre sua crescente militância política e seu desejo de irmã mais velha de me proteger contra todo o mal.

Mas a imagem dos estudantes machucados, espancados, assustados, retornando ao lugar de sua vitimização, permanece comigo muito tempo depois de a história desaparecer das manchetes dos jornais.

Capítulo 17

Kamala trabalha como criada doméstica em nossa casa desde meus onze anos. Ela própria é uma mulher de idade indeterminada. Seu rosto tenso e magro, seu cabelo ralo, seus dentes destruídos pelo tabaco tornam difícil conjeturar sua idade. Seu rosto me lembra uma grande pedra: é marrom-amarelado, liso e polido como se o tempo e as circunstâncias tivessem retirado cada grama desnecessário de carne. Como uma arqueóloga, tenho escavado Kamala aos pouquinhos, começando pelo seu nome. Quando veio trabalhar conosco, era conhecida pelo nome genérico de Ganga, o nome que damos a todo criado que trabalha para nós. Por anos nós a chamamos de Ganga, até que um dia eu lhe fiz a pergunta revolucionária:

— Qual é o seu nome verdadeiro?

— Kamala — respondeu ela, e um universo inteiro se abriu diante de meus olhos: um ser humano com um nome. De repente havia outras trilhas a seguir: família, estado civil, onde morava, para onde desaparecia quando nos deixava ao fim da tarde... e depois gostos, aversões, preferências, alergias, doenças passadas, o que a fazia rir...

É da natureza das revoluções que uma mudança se siga à outra, e logo aconteceu outro evento cataclísmico: abracei Kamala. Primeiro, um braço ao redor dos ombros, depois um abraço rápido, de lado, puxando-a mais para perto de mim, e então, finalmente, um abraço pleno, frontal, assim como abraçava Mehroo ou uma de minhas amigas da escola. O espaço físico a não ser violado por causa das paredes invisíveis de classe, religião, tribo, linguagem, educação, todas as coisas que nos dividiam, esse espaço físico de repente, sem esforço, foi transposto — e nada aconteceu. Os céus não se abriram, os deuses não mandaram seus raios de cólera. Apenas... os adultos erguendo as sobrancelhas e olhando silenciosamente um para o outro em busca de orientação. Apenas... Kamala dando uma risada curta e constrangida se eu a abraçava na frente de um dos adultos, depois desvencilhando-se rapidamente do meu abraço. Apenas... o aroma acre e pungente do suor de trabalho que emana de Kamala, não familiar, novo. Fora isso, nada.

E assim escavo Kamala, aos pouquinhos. Com agrados, procuro convencê-la a sair da máscara de silêncio que em geral assume na frente dos adultos (a menos que esteja zangada, porque então ela pronuncia palavras indignadas com a rapidez de um rá-tá-tá de metralhadora, o peito chato arfando), tento fazê-la rir, peço que me conte histórias, que me descreva suas sobrinhas e seus sobrinhos. Preenchendo os espaços em branco, vou desenhando uma imagem dessa mulher misteriosa que aparece em nossa casa todos os dias às sete horas da manhã e depois desaparece nas sombras do crepúsculo até o dia seguinte.

Na maioria dos dias, é como mover montanhas, porque a própria presença dos adultos a paralisa, faz com que recue de volta ao silêncio. Quando eles estão por perto, seus movimentos são rígidos, sua fala, afetada e acanhada. Mesmo enquanto está falando comigo, noto que olha para os adultos pelo canto dos olhos. Mas se estamos em casa sozinhas, sua face se anima quando ela fala, os olhos castanho-claros se tornam redondos e largos, as mãos gesticulam loucamente. Ao longo dessa minha tentativa de ganhar sua confiança, aconteceram muitos passos em falso de minha parte. No início, eu pegava meu prato e o colocava ao lado do dela no chão, meu protesto silencioso e ineficaz contra um sistema social que deixa Kamala cozinhar nossa comida, mas não permite que ela se sente à mesa de jantar conosco na hora da refeição. Roshan ri, papai se sente dividido entre achar que é um gesto tolo e querer que eu pare com isso, mamãe fica aborrecida e Kamala acaba constrangida — e brava. Ela ralha comigo, cuidando para que os adultos compreendam que não tem parte nisso. Por fim, depois de vários dias de me acocorar como ela para comer, desisto.

Minha próxima missão é conseguir que Kamala se sente comigo à mesa de jantar, embora até eu saiba que é melhor não tentar isso na presença dos adultos. Quando ficamos sozinhas, eu me recuso a comer até ela vir me fazer companhia à mesa. Acontece muito revirar de olhos e sacudidas da cabeça, mas finalmente ela se senta ao meu lado. Parece tão pouco à vontade sentada na cadeira marrom que não há prazer nessa atitude, nem para ela, nem para mim. Se não insisto, ela automaticamente se acocora no chão à minha frente enquanto conversamos. Até...

Até aquele dia glorioso no verão em que fiz quinze anos. Estou na sala de estar escutando "Let it be" no estéreo, e Kamala desliza para dentro da sala e pede que eu troque o disco, que eu pare de escutar esse disco que tem uma linguagem que ela não entende, e que ponha em seu lugar o disco que eu trouxera para casa dois dias antes. É uma antiga canção folclórica de pescadores, cantada em *marathi*, que é a língua de Kamala. Ela conhece a canção e está pedindo que eu a faça soar no estéreo. E eu salto do sofá antes que ela possa terminar seu pedido, meu coração cantando com a maneira maternal e autoritária com que Kamala está me dando ordens. *Sucesso*, penso, *finalmente*. E tudo se torna ainda melhor: ela vem se sentar no sofá ao meu lado, e escutamos o disco em silêncio. Ela olha bem para a frente, e seu rosto está sem expressão. Se conhece as palavras nessa canção, não deixa transparecer. Não faço ideia do que está pensando, mas não me importo. Estou gostando de me sentar no sofá com esta mulher que comecei a amar e respeitar tanto, esta mulher quieta, trabalhadora, decente, digna, que, acho eu, merece herdar a Terra. Fico me perguntando sobre um sistema que considera esta mulher ignorante e analfabeta, quando ela é claramente sábia; que a deixa trabalhar para pessoas que nem sequer a chamam pelo seu nome. Em geral, esses pensamentos me deprimiriam e me enfureceriam, mas hoje é um dia de comemoração. Mesmo percebendo que este breve momento de espontaneidade não mudará nada, ainda sinto uma lufada de esperança, um vislumbre tantalizador de possibilidade. Eu me permito romantizar e sentimentalizar o momento, mesmo sabendo que essa sentimentalidade é um luxo a que posso me dar, mas Kamala, não. Assim saboreio essa doçura sem reservas entre nós, mesmo depois que a campainha toca e Kamala pula culpada do sofá para correr a abrir a porta e deixar os outros entrar.

Dois dias depois desse incidente, ela vem falar comigo e pergunta de um modo brusco se eu não gostaria de acompanhá-la à festa de noivado de seu sobrinho. Antes que eu possa expressar meu prazer de receber esse convite, ela começa a recitar todas as razões pelas quais eu provavelmente não devo ir: teríamos de sair muito cedo de manhã e tomar dois ônibus, seu sobrinho mora num edifício velho e caindo aos pedaços com um banheiro de uso comum, e eu provavelmente tenho de estudar para meus exames.

— Kamala, eu realmente quero ir, de verdade. Sempre quis conhecer sua família, especialmente seu sobrinho. Sei que ele é o seu predileto.

Então Kamala menciona o assunto para Mehroo, que, ela sabe, é a encarregada dessas decisões. E, para minha surpresa, Mehroo diz sim.

Kamala abre um largo sorriso surpreso, quando vem me pegar naquele sábado. Eu estou toda desajeitada no meu sári de algodão verde e dourado, e me ver com outras roupas que não as costumeiras camisa e jeans a faz rir. Ela abre ainda mais seu sorriso enquanto caminhamos para o ponto de ônibus, e eu me movimento sem jeito entre as dobras da roupa e faço de tudo para não tropeçar.

— Bebê, por que você fez tudo isso? — pergunta ela. Mas posso ver que ela está feliz por eu ter feito esse esforço.

É um dia maravilhoso. A família de Kamala é calorosa, acolhedora e amistosa comigo. Nas primeiras horas eles me adulam, arrumam uma cadeira em que eu possa sentar, enquanto todo o restante se senta sobre colchões no chão. Depois de certo tempo, eu lhes digo que essa atenção exagerada está me deixando pouco à vontade, e, para minha grande surpresa, eles entendem e abandonam todos os salamaleques. Ainda assim, percebo que Kamala está de olho para me proteger, afastando-me quando um dos meninos da vizinhança me lança um olhar astuto e insolente, acompanhando-me ao banheiro comunitário que fica no corredor do andar do apartamento de seu sobrinho, resmungando o tempo todo dos hábitos sujos de algumas das pessoas que moram neste *chawl*, como eram chamados os conjuntos habitacionais destinados às classes menos abastadas. Mas está também feliz de festejar com a família que não encontra com muita frequência, e vejo um lado dela que nunca tinha percebido antes. A mulher controlada e silenciosa, que se move como um fantasma pela nossa casa, desapareceu. Em seu lugar surgiu uma mulher impetuosa, colorida, com uma língua afiada e uma risada calorosa. Eu me entusiasmo cada vez que Kamala dá risada, sabendo que talvez se passem anos antes que torne a vê-la assim tão livre. As sobrinhas e os sobrinhos de Kamala a chamam de Kaku, e todos riem quando começo a chamá-la por esse nome.

— Melhor não me chamar de Kaku em casa — ela me diz no caminho de volta. — O que sua mamãe e seu papai vão pensar se você me chamar de tia?

— Não me importa. Você *é* minha tia.

E, assim, a mulher que era outrora Ganga e mais tarde veio a ser Kamala, agora se torna Kaku. E suponho que é uma boa coisa, essa progressão do anônimo para o familiar, mas não posso deixar de perceber que até esse poder de dar nomes é um sinal de privilégio. Qual o significado de uma adolescente de quinze anos ter o poder de restituir a uma mulher com o triplo de sua idade o seu nome? E, se um nome pode ser dado, ele também pode ser tirado?

Além disso, há o seguinte: depois daquela cena no sofá, depois que os adultos voltaram para casa e Kaku pulou do sofá para abrir a porta, ela retornou aos seus trabalhos na cozinha. E eu fiquei na sala de estar, escutando a canção folclórica *marathi* mais uma vez. Aí, quando a canção terminou, levantei a agulha do estéreo e mudei o disco.

E "Let it be" soou pela casa mais uma vez.

Capítulo 18

Babu morreu.

O homem que foi um segundo pai para mim durante toda a minha vida, que me viu segundos depois de eu nascer, que me amou com tanto orgulho e fidelidade quanto amou sua própria filha, está morto — repentinamente, chocantemente, com cinquenta e quatro anos.

A campainha toca às sete horas da noite. Toda a família está à mesa de jantar, exceto minha tia Freny, que vai passar a noite ao lado do marido no hospital. Chegamos do hospital poucas horas antes, aliviados por encontrar Babu tão animado um dia depois de sua cirurgia para extrair uma pedra do rim. O jantar está quase terminado quando toca a campainha. Mehroo parece sobressaltada ao recuar sua cadeira para ir abrir a porta. Não estamos esperando mais nenhuma visita hoje à noite.

Da sala de jantar, ouço a voz de tio Sam. Ele está sem fôlego e falando rápido, o que faz sua voz soar ainda mais aguda que de costume.

— Mehroo, venham rápido. Pesi não está bem. Passei pelo hospital para vê-lo por alguns minutos, e Freny me mandou buscar todos vocês. O dr. Sethna está também a caminho.

Papai já está de pé e dirigindo-se para a porta. Mamãe também sai correndo da sala, deixando-me e à minha prima Roshan sozinhas na sala repentinamente vazia. Olho para Roshan, sem saber o que dizer, e ela me devolve o olhar, o nariz e os olhos se avermelhando. Depois ela se levanta e ouço o flip-flop de seus chinelos de borracha sobre o chão do corredor. Olho para todos os pratos de jantar abandonados sobre a mesa e baixo os olhos para o meu. Está quase vazio, restam apenas alguns bocados. Então acontece. Uma voz calma e fria diz para mim: "Acabe seu jantar. Você vai precisar de toda a sua força para aguentar o repuxo, se Babu está doente". Por isso continuo a comer, a única na minha família a terminar o jantar. Como rápido e com culpa, com medo de que alguém entre na sala e me pegue em flagrante. É a primeira vez que me deparo com essa impiedade escondida dentro de mim, esse pragmatismo frio que virá à tona sempre que enfrentar uma situação de crise. Esse é um lado de mim mesma que ainda não experimentei, e sinto-me como um mercenário, um soldado aventureiro, enquanto engulo os bocados.

A seriedade potencial da situação me atinge ao perceber a fúria com que papai dirige o carro quando nos leva para o hospital. O dr. Sethna chegou antes de nós e está no quarto examinando Babu. Esperamos do lado de fora. Freny está com Babu, por isso não fazemos ideia do que está acontecendo. Por fim, Mehroo agarra uma das enfermeiras saindo do quarto, mas a mulher diz apenas:

— O doutor deve sair logo. Então vocês podem lhe perguntar tudo.

Por fim, o dr. Sethna sai do quarto. Ele é um homem bonito nos seus cinquenta anos com têmporas grisalhas e maneiras calmas moldadas por anos de serviço no Exército. Tinha retirado meu apêndice seis meses antes, por isso sorri para mim e murmura:

— Oi, menina. — Sem esperar minha resposta, ele se vira para os adultos. Seu cenho se enruga quando vê o olhar preocupado dos outros, e ele expira bem forte. — A barriga dele está se enchendo de gás — diz sem preâmbulos. — Não sabemos por quê. Receitei um novo remédio, e vamos observar como ele passa a noite. Além disso, não há nada que eu possa lhes dizer agora.

Papai dá um passo para a frente.

— Mas, doutor, é... grave?

Sethna suspira de novo. Ele conhece papai e meu tio há anos, desde que eram jovens.

— Não sei, Burjor. Talvez. Farei tudo o que estiver ao meu alcance. Pesi é meu paciente, mas, acima de tudo, é meu amigo.

Suas palavras não conseguem tranquilizar Mehroo.

— Hoje à tarde, quando estivemos todos aqui, ele estava muito bem — diz ela. — Conversando, fazendo piadas. Ficamos todos maravilhados como ele estava passando bem, de bater na madeira.

— Sim, bem... Bem, sei que vocês estão ansiosos por vê-lo. Mas, por favor, tenho de alertá-los, não fiquem chocados com sua aparência. Assim que o medicamento funcionar, as coisas devem melhorar.

Mas ficamos chocados. Chocados e sem palavras. O gás encheu a barriga de Babu a ponto de não podermos ver seu rosto a partir dos pés da cama. O lençol branco que o cobre é como uma tenda gigantesca sobre seu corpo. E o realmente perturbador é que nos parece que sua barriga fica cada vez maior diante de nossos olhos.

Os olhos de Freny estão vermelhos, e chego por trás dela e lhe dou um abraço rápido.

— Não se preocupe. Estamos todos aqui. Ele ficará bom em algumas horas.

Papai e Mehroo estão em cada lado da cama de seu irmão.

— Pesi? Como está, irmão? — pergunta papai. — Não se preocupe, ok? O que tiver de ser feito, você sabe que faremos. Estarei ao seu lado, dia e noite. Eu próprio o levarei para casa daqui a uns dias.

Os olhos de Babu se agitam, despertos. Ele parece tentar responder, mas só o que vemos é uma onda de emoção cruzar seu rosto, como a sombra do sol através de um campo.

Estou sentada nos pés da cama de Babu e decido esfregar seus pés, porque ele está sempre me pedindo para massageá-los. Enfio a mão por baixo dos cobertores, e meu coração para. Os seus pés estão gelados, mais frios que gelo, mais frios que o objeto mais frio sobre a Terra. Tenho quinze anos e nenhuma familiaridade com a morte, mas até eu sinto que há algo estranho e perigoso nesse tipo de frio. Tenho a impressão de estar tocando a própria morte, como se ela estivesse se introduzindo no corpo de Babu. Viro a beirada do cobertor para ver os seus pés, e eles exibem um tom medonho de branco. Pela primeira vez, estou realmente com medo. Inclinando-me, toco suas mãos, e elas também estão frias. Tomo os pés de Babu nas minhas mãos e começo a esfregá-los furiosamente. Em poucos segundos, estou num transe. Se eu puder manter esse ritmo, penso, posso curá-lo. Minhas mãos se movem com velocidade igual à dos meninos engraxates que lustram os sapatos de meu pai todas as manhãs.

Uma enfermeira entra no quarto e diz que a irmã mais moça de Freny, Mani, acabou de telefonar para o posto de enfermagem, pedindo que um de nós passasse pela sua casa a fim de pegar um unguento para Babu. Freny conta que Mani esteve no hospital mais cedo, exatamente quando Babu estava começando a intumescer, e tinha se lembrado de um unguento ayurvédico que aparentemente fazia maravilhas para dor de barriga. Eu me ofereço a fazer a curta caminhada até a casa de titia Mani, ansiosa por sair da atmosfera claustrofóbica do pequeno quarto de hospital. Para minha surpresa, nenhum dos adultos protesta. A essa altura já são nove e meia da noite, e, embora as ruas de Bombaim estejam sempre apinhadas de passantes e bem iluminadas, alguém normalmente teria me impedido de sair sozinha. Mas nesta noite ninguém está me dando atenção. Todos os olhos estão focados na barriga de Babu; nosso pulmão segue sua respiração rascante.

Eu meio que corro os poucos quarteirões do hospital até a casa de titia Mani. Ela está à minha espera e abre a porta ao primeiro toque da campainha. Titia Mani vai ao banheiro para pegar o pequeno tubo de unguento e me passa as instruções sobre quantas aplicações devem ser feitas.

— Como ele está?

Começo a responder, mas de repente não posso falar porque estou arfando e soluçando. Quero lhe contar como os pés de Babu estão frios e como, ao tocá-los, tive a impressão de já estarem mortos. Mas não sai nenhuma palavra. Mani me vê chorar por um minuto e depois diz:

— Pare com isso. Pare com esse choro. Não é hora para lágrimas. Esta é a hora de lutar com Deus, lutar corpo a corpo com Ele para salvar Pesi. Agora vamos, seja valente. Esta é a hora de ser forte, não fraca. Se você se desmancha dessa maneira, quem vai tomar conta da minha Freny?

As palavras de Mani me atingem como uma bofetada na cara. Olho boquiaberta para ela, sabendo instintivamente que ela disse as exatas palavras que preciso escutar, compreendendo vagamente que ela escolheu para mim, como um casaco de lã preta, o papel que devo vestir. Só o que tenho de fazer agora é me enfiar nesse papel de guardiã e protetora. Mani tem toda a razão. Essa é a hora de lutar corpo a corpo com Deus, de usar minha juventude e vitalidade para derreter a frieza gelada que está subindo pelos membros de Babu, combater o medo frio que cresce em meu próprio coração.

Eu me aprumo.

— Desculpe, titia Mani — digo, e minha voz é firme. — Vou cuidar de todo mundo, não se preocupe. Obrigada pelo bálsamo.

Ela me puxa para perto de si num abraço rápido e apertado, e depois desço correndo a escada para dentro da noite. Há uma Lua no céu, e ela me segue como uma bola de basquete a me driblar enquanto caminho rápido para o hospital. Olho para a Lua e começo minha briga com Deus, lutando tão desesperadamente pela vida de Babu, falando com a Lua com tanta intensidade que sinto o suor escorrer pelo rosto. As pessoas me olham com um ar estranho, e compreendo que estou falando alto, mas não paro de falar.

— Não estou me rendendo a Você — digo para a Lua. — Precisamos de Babu na nossa família. Você sabe o papel que ele desempenha. Precisamos dele mais do que você, Deus. Por favor, por favor, por favor, Deus. Vou parar de beber cerveja por seis meses, por um ano, se você deixá-lo viver.

Mais tarde naquela noite, Roshan e eu estamos no corredor do hospital, olhando para os jardins ali fora. Eu lhe conto o que titia Mani tinha dito para mim e insisto que ela faça o mesmo. Ela me olha e assente com um movimento de cabeça, mas não diz nada. Em vez de falar, contemplamos a Lua no alto. Tão serena, tão distante, ela parece zombar de nosso desespero. Ficamos ali, totalmente sozinhas e ainda assim encostadas uma na outra, primas-irmãs que são mais como irmãs, graças à generosidade e ao amor do homem que, na outra ponta do corredor, está batalhando pela sua vida.

Estou de volta ao hospital às dez horas da manhã no dia seguinte. Mamãe fez sanduíches de omelete para papai, Mehroo e Freny, pois os três passaram a noite no hospital. Entrego um sanduíche para cada um, mas eles apenas dão uma olhada e o põem de lado. Eu logo compreendo por quê.

A barriga de Babu está ainda mais inchada que na noite passada. É difícil de acreditar, e por um segundo sou tentada a pensar que é apenas mais uma das muitas brincadeiras de Babu, como quando ele torce as orelhas e revira as pálpebras. Mas isso não é brincadeira. O rosto de Babu está pálido e inchado, e os dedos das mãos e dos pés têm uma cor branco-cinzenta. O dr. Sethna já esteve no hospital mais cedo de manhã e disse que meu tio tem insuficiência renal, embora ele não saiba por que razão.

Papai sai do quarto e, quando retorna, anuncia que acabou de consultar o dr. Sethna pelo telefone e está decidido: vamos levar Babu para o Hospital Jaslok. Nenhum de nós jamais esteve no Jaslok, mas passamos muitas vezes de carro pelo alto arranha-céu na parte chique da cidade. Jaslok é para onde vão as estrelas de cinema e os políticos quando adoecem, mas é também o hospital mais bem equipado para insuficiência renal na cidade. Se está preocupado com o custo, papai não deixa transparecer.

Agora que uma decisão foi tomada, estamos todos ansiosos para começar a agir. O Hospital Masina, com suas paredes caiadas num tom de limão, parece de repente incrivelmente pequeno e insignificante. Claro que eles não podem descobrir o que há de errado com Babu. Mas os especialistas no Jaslok, ora, só de olhar para Babu já saberão nos dizer qual é o problema. E saberão corrigi-lo. O otimismo corre pelas nossas veias como uma droga, por isso, quando Babu é erguido e colocado na ambulância, sinto alívio em vez de apreensão.

Nenhum de nós está preparado para a inacessibilidade lacônica e remota do Hospital Jaslok. Babu já foi levado para a Unidade de Terapia Intensiva quando chegamos ao hospital. Não nos foi dado nem um momento para dizer adeus ou assegurar-lhe que estamos todos por perto. Ao contrário do Hospital Masina, onde podíamos no reunir no seu quarto e participar de sua doença — um esfregando suas mãos, outro aplicando óleo de massagem nelas, ainda outro acalmando sua fronte —, somos meros espectadores enquanto os médicos todo-poderosos conectam Babu a máquinas metálicas e tubos de borracha, deixando-o irreconhecível. Temos de implorar até para que nos deixem entrar no saguão da UTI, e depois ficamos reduzidos a subir até a UTI, apenas dois de cada vez, para vê-lo através de uma divisória de vidro. É como se Babu já não nos pertencesse, como se o hospital tivesse assumido todos os cuidados com o doente, como se Jaslok tivesse usurpado todas as relações vitais na sua vida, como se tivesse se tornado um substituto do irmão, da esposa e da filha. De repente, Babu parece muito longínquo e remoto para nós, um distanciamento que não havia no Masina. Tenho o súbito pensamento aterrorizador de que este é o ensaio geral e que Jaslok nos prepara para a terrível separação final. O hospital está nos dizendo: *É assim que será quando ele morrer — ele vai parecer bem perto a ponto de ser alcançado com a mão, mas vocês não serão capazes de tocá-lo.*

As horas se passam, e entramos numa rotina. A família inteira se reúne na sala de espera no décimo sétimo andar, mas a cada meia hora dois de nós tomam o elevador para a UTI no décimo quinto andar, fitamos Babu por trás das divisórias de vidro por alguns minutos e depois fazemos a triste descida de volta à sala de espera. A sensação é de já estarmos fazendo isso há anos, como se toda a vida no lado de fora tivesse cessado, como se o hospital fosse a única vida que jamais conhecemos. Já nos parece que o mundo lá fora foi esvaziado de vida e cor, assim como a cor fugiu do rosto de Babu.

Enquanto a tarde triste passa aos poucos, tentamos ser justos quanto a nosso tempo na UTI, cuidando para dar a cada membro da família uma oportunidade de ir ao décimo quinto andar. Como esposa, Freny tem o direito de fazer todas as visitas que desejar, mas há tantas pessoas nesta sala que amam Babu — minha tia Mehroo, que praticamente o criou; papai, que está caminhando de um lado para o outro como se fosse ele o paciente ligado a um ventilador; minha prima Roshan, que, aos dezenove anos, é jovem demais para ver seu pai nesse estado. Assim, fazemos rodízio.

Por volta das oito horas da noite, é a minha vez com papai. Shankar, o jovem ascensorista, começou seu turno há pouco. Ele já está familiarizado conosco e parece compreender nosso crescente medo e nossa dor. Mani, com sua costumeira generosidade, já enfiou uma nota de dez rupias na sua mão, e agora nós lhe damos uma gorjeta toda vez que andamos no elevador. Quando as portas do elevador se fecham, meu pai de repente se dobra ao meio, como se tivesse recebido um soco forte na barriga. Seus ombros sobem e descem, e as lágrimas lhe correm pelo rosto enquanto ele chora sem dizer palavra. Shankar parece horrorizado. Estalando a língua por simpatia, ele murmura:

— Não, não, *sahib*. *Bas*, *bas*. Basta!

Ponho meus braços ao redor de meu pai. De repente, lembro-me de outra vez em que vi papai desabar desse jeito.

Foi há três anos, um dia em 1974, numa época em que a crise global do petróleo em 1973 havia se insinuado por um longo caminho torturante e improvável até os seus negócios, empurrando-o para a bancarrota. O otimismo do final dos anos 1960 tinha influenciado meu pai — ele ampliara sua linha de trabalho tornando-se um urbanista empreendedor, e solicitara com sucesso um grande contrato governamental para construir casas populares. Então estourou a crise do petróleo; o custo das matérias-primas duplicou, depois triplicou; e os parágrafos de letra minúscula no contrato atribuíam aos empreiteiros a responsabilidade pelo aumento dos preços. Junto com vários outros urbanistas empreendedores, meu pai perdeu muito na transação.

Ao longo daquele dia, os ânimos em casa estavam tensos e contidos. Mehroo me dissera naquela manhã que o dia era vitalmente importante, porque papai tinha uma grande reunião com seus banqueiros, que decidiriam se lhe emprestavam mais dinheiro para que ele pudesse tentar salvar a empresa. Às nove horas daquela noite, escutamos o barulho das chaves e papai entrou na casa e na sala de estar, onde estávamos reunidos. Ele parecia abatido e cansado, além de, não sei bem a palavra, *derrotado*, como eu nunca o tinha visto antes. Acho que todos sabiam a resposta para nossa pergunta silenciosa antes mesmo de ele falar. Quando falou, olhou diretamente para o irmão.

— *Bhai*, estamos acabados! — disse em um sussurro. — Eles recusaram conceder mais empréstimos. Não temos mais nada. Não sei de onde virá o dinheiro para as refeições de amanhã. Não sei o que fazer. Se tiver muita sorte, talvez consiga dirigir um táxi para alguém.

Se tivesse dito que ia se tornar um cule na Estação Vitória, papai não teria me chocado mais. Ninguém que conhecíamos em nosso círculo social dirigia um táxi. Dirigir um táxi era algo que *eles* faziam — eles, os analfabetos, os sem instrução, os operários, os mascadores de *paan*, os que vestiam *kurta* e calças de pijama, os não parses, com quem ele não tinha nada em comum. Não sei o que me chocou mais: o pessimismo pouco característico com que meu pai falava, sua escolha desconcertante de profissão ou o fato de ter de repente irrompido a chorar na frente de toda a família. Seus soluços eram o som de um homem esvaziado de energia, um homem à beira da... bancarrota? Do suicídio?

Ninguém falou por um momento. Depois escutou-se um sussurro, e então um rugido. Era Babu.

— Asneira, Burjor! — gritou. — Não é hora de perder a coragem, *bhai*. Motorista de táxi, nada disso. Temos nossa fábrica e vamos crescer de novo. Ainda não estamos mortos. Amanhã de manhã, primeira coisa, vou percorrer a roda do mercado e conseguir um pouco de crédito para nós. Mesmo se tivermos de pagar vinte e cinco por cento de juros, que seja. Você se concentra em conseguir encomendas de fora, chefe. Eu cuidarei do trabalho. Vamos pagar os trabalhadores com o dinheiro de nossa casa, se tivermos. Freny nos dará todo o seu salário, se precisarmos. Agora, *saala*, pare com esse choro covarde.

Era uma inversão de papéis. Babu costumava ser o tipo nervoso, cheio de cautela. Papai era o sonhador, o visionário, aquele que ousava atirar uma rede mais larga. Mas esse era o segredo do sucesso dos irmãos — um deles estava sempre a postos para dar a mão ao outro. Por isso, sei o que papai está dizendo quando soluça no elevador.

— Ele era... é... mais que meu irmão. Ele é meu sócio, meu melhor amigo.

Chegamos à UTI a tempo de ver um dos médicos de Babu saindo de seu quarto. Quando ele passa por nós, papai se adianta para deter seus passos e se apresenta. Depois, seus olhos se enchem de lágrimas de novo.

— Doutor, este homem é muito importante para nós — começa ele. — Por favor, não poupe nada ao tratar dele. O senhor não faz ideia do que ele significa...

Os lábios do médico se apertam.

— Por favor, senhor — diz ele, lacônico. — Mantenha a compostura. Aqui não temos tempo para esses dramas sentimentais. Sou ocupado demais e tenho muitos outros pacientes com que me preocupar. Vocês trazem seus parentes para cá quando já é tarde demais e esperam que façamos um milagre. — Aí ele gira nos calcanhares e se afasta, deixando-nos de boca aberta.

Um empregado da enfermaria que escutou todo o diálogo faz *tsc-tsc* em sinal de solidariedade e desaprovação.

— Doutor *badmaash*. Onde estão os princípios desse sujeito? — indaga ele em tom baixo e confidencial. — Esse homem não tem coração. Trata todo mundo mal. Não se preocupe, *saar*. Ele não tem boas maneiras, mas é um médico de primeira categoria. Seu paciente ficará bem.

Mas papai não está apaziguado. Vejo o sangue subir do pescoço para o rosto, e seus olhos têm uma expressão assassina que nunca vi antes.

— Eu devia matá-lo — resmunga. — Se eu fosse canalha, eu pegava uma faca e matava o filho da puta. — Mesmo enquanto fala, a raiva abandona seus olhos, sendo substituída por uma espécie de mágoa desnorteada.

Voltamos para a sala de espera derrotados. A rudeza do médico esmigalhou a última ponta de esperança que eu ainda sentia. Babu não vai escapar, sei disso agora. Nem todos os cavalos do rei, nem todos os homens do rei serão capazes de recompor Babu.

Lentamente, as horas se passam. Quase todas as famílias dos outros pacientes foram embora. Por isso, quando o tempo se arrasta para o amanhecer, somente a minha família ainda aguarda nesta grande sala de espera. Mas poderíamos estar encalhados na Lua, dado o grau de isolamento do resto do mundo que já sentimos. Caminhamos pela sala aturdidos, falamos em sussurros entrecortados. Das janelas panorâmicas, podemos ver as ruas distantes, mas até Bombaim está quieta, recolhida e irreconhecível nessa hora tardia. Desta altura, estamos mais perto do céu que das ruas abandonadas da cidade. Fico esperando que o sol nasça, tentando me induzir a acreditar que, se Babu sobreviver mais um dia, se ele chegar a ver outro amanhecer, ficará bom. Que ele dobrará a esquina. *Então é isso que significa velar a morte*, penso. Imagino Babu deitado sozinho num quarto estranho, coberto por uma parafernália de tubos e mangueiras, e pela primeira vez não sinto pena dele. Afinal, todos nós aqui reunidos somos certamente tão sozinhos quanto ele, planetas solitários orbitando um ao redor do outro em nossa própria neblina de confusão, dor e remorsos.

Remorsos. Estou engasgada com os meus. Tantos momentos em que tropecei, pelos quais me sinto culpada. Algumas semanas antes de ele ser internado, Babu tinha me convidado para ir com a família ver um filme híndi. E eu tinha dito não. Tanto menosprezo na minha voz. Porque a essa altura eu detestava os filmes híndi *masala*, musicais cheios de clichês. A pretensão de ser uma intelectual já era muito forte, e que modo mais fácil de comunicar essa mudança para a família do que expressando o menosprezo pelos filmes comerciais que eles tanto apreciavam? As rachaduras na fachada, as falhas geológicas já apareciam — eu só quero ver filmes de baixo orçamento criados por Shyam Benegal e Satyajit Ray, foi o que lhe disse, e Babu me olhara confuso e magoado. Roshan tinha se intrometido na conversa, o menosprezo na sua voz igualando o meu: "Sim, você quer ver filmes em que a câmera foca por quinze minutos uma mosca sobre um *chappati*. Tão aborreciiidos. Vou ao cinema para me divertir, não para sentir sono". Eu me calo, a lacuna entre nós duas é grande demais para comportar uma ponte, a lacuna entre o lugar de onde venho e o lugar para onde desejo ir é imensa demais para ser sondada. Mas, quando todos saíram para o cinema, a expressão magoada nos olhos de Babu me tirou todo o prazer de ter dito não.

A verdade era que ele estava começando a me envergonhar. Todas as coisas que me encantavam em criança — a risada ruidosa que sempre terminava com um acesso de tosse, o uso casual de palavrões nas suas conversas, o descaso com que peidava — agora me faziam morrer de vergonha. Quando Pervez, o homem esbelto e de aparência delicada que costumava aparecer lá em casa para me ensinar matemática e ciência, expressava seu espanto com a disseminação generosa de palavrões nas conversas de Babu, eu não escutava o evidente prazer e afeto na voz de Pervez. Em vez disso, eu me enfurecia por dentro com a falta de sofisticação e compostura de Babu. O que eu antes tinha visto como falta de presunção parecia agora grosseria.

E ele também sabia disso. Via a distância nos meus olhos. Estava magoado demais para falar com franqueza, porque, afinal, o que poderia dizer? Que já não sentia no meu amor a mesma força do passado? Que sempre me amara tão fielmente quanto amava à sua própria filha, Roshan? Lembrar-me daqueles anos da infância, quando eu ficava sozinha e tentava decidir de uma vez por todas a quem eu amava mais, Babu ou papai? Lembrar-me que ele tinha me segurado nos braços no dia em que nasci, mesmo antes que meu pai chegasse ao hospital? Lembrar-me daquele dia maravilhoso dos meus sete anos, quando, aninhada em seu colo certa tarde, ele me disse inesperadamente:

— Você é minha primeira luz da manhã.

Revirei essa frase na boca como uma bala toffee, brinquei com ela na língua.

— O que significa? — perguntei finalmente, não querendo fazer essa pergunta, com medo de que a explicação fosse mais prosaica do que o sentimento crepitante que as palavras tinham evocado em mim. Ele deu de ombros, rindo.

— Nada. Apenas o que diz. Inventei agora. Você decide o que significa.

Usei as palavras como uma medalha de prata no restante do dia.

Duas lembranças da semana antes de ele ser internado no hospital: "Come from the Shadows" de Joan Baez tocava no estéreo na sala de estar. Eu estava deitada de bruços na cama de Freny, dependurada a partir da cintura, meus braços balançando para o chão. À minha esquerda, Babu e Freny estavam inclinados sobre o parapeito da sacada, conversando em voz baixa e doce. Estavam relaxados e encostando-se um no outro, um contraste forte com a maneira dura e cautelosa com que meus pais se comportavam quando estavam próximos. Eu me senti de repente invadida por uma felicidade insana. Por isso, quando Babu me perguntou um pouco mais tarde se eu queria ir com eles assistir a *Testemunha de acusação*, eu imediatamente disse sim. A caminho do cinema, Babu falou que o filme era um clássico, que Charles Laughton estava brilhante no papel principal. Assim como Tyrone Power, ele respirou fundo, ainda deixando transparecer sua admiração juvenil pelo ator. Ao seu lado, Freny sorria. Logo eles estavam falando sobre os outros astros de Hollywood que tinham povoado aqueles seus anos de vida. Cary Grant. James Stewart. Ethel Merman. Humphrey Bogart. Spencer Tracy e Katherine Hepburn. Os nomes caíam de sua língua de prata como contas de mercúrio. Eu estava com Roshan no banco traseiro, sensível e sonolenta com esse replay de sua juventude.

E agora, uma semana mais tarde, este homem cujos olhos se iluminaram de prazer quando eu lhe disse quanto tinha gostado de *Testemunha de acusação*, que nos comprara rolos de frango e batatas fritas durante o intervalo, que nos levara para jantar fora depois do filme, estava deitado numa cama solitária de hospital... morrendo? Já morto?

Devo ter cochilado, porque o barulho das portas do elevador me faz abrir os olhos a tempo de ver Shankar, o ascensorista, sair de sua gaiola de aço e ir em direção ao canto onde titia Mani está sentada. Ela o olha em silêncio, questionando, e ele simplesmente sacode a cabeça de um lado para o outro, uma só vez. Mas o significado é terrivelmente claro. Shankar é o anjo da morte, o mensageiro do destino. Ele veio nos trazer más notícias de uma UTI dois andares acima. Babu está morto.

Mehroo, observando o diálogo silencioso entre Mani e o menino do elevador, pula de sua cadeira.

— O quê?... Ele está...? — pergunta ela a Shankar, e ele confirma com um movimento de cabeça, desviando os olhos, mirando os pés.

Soluçando muito, Mehroo se dirige para Freny. O som dos soluços enche a sala. Papai está em pé perto da janela, sozinho, os ombros tremendo. Seu irmão mais velho morreu. Ele é agora o único homem sobrevivente na família.

E, nesse exato momento, um lampejo de luz deslumbrante inunda a sala. É o Sol, vermelho e zangado como pimenta chilli. E enorme, uma bala de canhão vermelha no céu. Apesar da dor imensa que sinto, fico perturbada e hipnotizada pela beleza próxima do Sol, visto desta altura. *As pessoas que moram em arranha-céus devem conhecer o Sol com muito mais intimidade do que o restante de nós*, penso.

Mas hoje o nascer do sol, a aurora de um novo dia, parece um insulto, em vez de um motivo de esperança. Ou melhor, parece uma carga, este novo dia, porque é o primeiro dia que Babu não estará vivo para partilhar conosco. Este é o primeiro dia de uma nova vida a que teremos todos de nos acostumar. Mas, nesse momento, viver, o simples ato de pôr um pé diante do outro, parece impossível. Eu me sinto como aqueles astronautas que caminham no espaço, desajeitados, pesados, com tudo ao redor em câmera lenta.

Olho para o sol até meus olhos arderem com suas centelhas vermelhas. A longa noite de espera terminou, e finda está a oração para a Lua. Uma nova manhã de horror substituiu a espera, e agora troco de devoção e rezo para o Sol. Em vez de lutar pela vida de Babu, eu agora rezo pela morte. Um longo sono. Esquecimento. Porque estar acordado é ser golpeado um milhão de vezes por segundo pelas pontadas da notícia de que Babu morreu e de que sua morte vai mudar nossa vida para sempre.

— Por favor, Deus — rezo —, aplique em todos nós uma injeção, algo que nos faça dormir por quarenta e oito horas, além do ponto de ter que enfrentar essa realidade. Porque nenhum de nós está preparado.

Por um momento absurdo, flerto com a fantasia de correr até o posto de enfermagem e roubar algumas drogas que nos poupem desse longo dia de terror que está amanhecendo.

Porque sei com toda a certeza que meu papel de bebê da família está prestes a terminar. Já terminou. Um trem de carga entrou aos estrondos em nossa vida e arrasou tudo pelo caminho, inclusive minha infância.

É hora de crescer. Não vou chorar. Não vou emprestar minha voz aos soluços nesta sala. Já não sou uma criança. Tenho responsabilidades, várias pessoas alquebradas que tenho de recompor. Todos os cavalos do rei... Todos os solitários, de onde é que eles vêm? Ninguém foi salvo... Mas é meu dever. Salvar a todos, a estas pessoas que amo. Arrependida por todos os pensamentos ruins que já tive sobre qualquer um deles. Lutando com a Lua. E perdendo. De mãos vazias.

Já não sou uma criança. Não vou chorar.

Capítulo 19

Branco, o funeral é todo branco. As mulheres, de sári de algodão branco. Os homens, de *daagli* branco. O branco do lençol que cobre o corpo de Babu, colocado numa simples plataforma de madeira sobre o chão. A túnica branca dos sacerdotes e a máscara branca que cobre sua boca ao resmungarem suas orações pela alma que partiu. O branco dos sanduíches que algum parente atencioso nos trouxe para a Torre do Silêncio e permanecem intocados. O branco dos olhos de Babu, olhos que foram doados a outro ser humano que vive em algum outro ponto desta cidade miserável onde a cegueira é tão comum. O branco dos pés de Babu, tão frios e duros quando os toquei e os beijei pela última vez no hospital. A brancura da fúria, a pura cólera que sinto contra este aborto da vida, a pressa obscena com que o corpo de Babu foi retirado do hospital, o absurdo surrealista de nos encontrarmos numa casa funerária, orando por Babu, *Babu*, que era tão vivo, tão vibrante, tão sintonizado com o mundo. A brancura do mundo, este mundo branco embaçado que a dor cria, onde tudo perde a cor, o gosto e a forma.

E, então, a cor. O clarão do fogo que queima na pequena urna de prata diante da qual os sacerdotes estão sentados de pernas cruzadas no chão. O cinza da fumaça que se eleva da urna, por vezes obscurecendo o rosto de Babu. O pelo marrom do cachorro que é conduzido para dentro da casa funerária a fim de ser testemunha do corpo imóvel de Babu. Fico tensa com isso, meu corpo transformando-se em pedra, e Jesse, sentada ao meu lado, percebe imediatamente.

— Não há nada a temer. — E coloca minha mão na sua. Essa mão é um ninho quente, um consolo bem-vindo para o frio que se aninhou no meu coração desde o momento em que toquei os pés de Babu no hospital. Jesse ainda está falando. — Considere o cachorro em termos antropológicos. É apenas um ritual proposto como uma distração, algo que desvie as mentes dos enlutados para longe de sua dor.

E realmente funciona, pois sinto meu corpo relaxar enquanto penso no gênio que inventou esse ritual diversionista. Sou tão grata a Jesse, pela sua presença racional e analítica neste momento, que poderia beijá-la.

Então meu corpo se retesa de novo. É hora de dizer adeus a Babu para sempre. Os carregadores do caixão, magros e de olhos encovados, estão imóveis, com suas roupas sujas e rasgadas, prontos para erguer o corpo e levá-lo a seu destino final, o grande poço com os abutres circulando ao redor. Por um momento, os próprios carregadores do caixão parecem abutres para mim, e eu os odeio pela ansiedade de começar logo e dar sua tarefa por terminada. Depois lembro-me das histórias que contam sobre esses homens, de como eles bebem para serem capazes de executar sua tarefa desagradável, penso que seus olhos fundos e tristes devem testemunhar o que não deve ser testemunhado — a visão dos pássaros de asas pretas descendo como a morte no imenso poço onde os corpos são depositados. Penso que suas narinas devem estar cheias com o cheiro da morte, um cheiro que deve grudar neles o tempo todo, um cheiro tão irrefutável que, ora, por que se dar ao trabalho de tomar uma ducha, fazer a barba ou vestir outras roupas que não os farrapos em que estão enfiados? Penso nas suas orelhas sujas e cheias de cera, tentando bloquear os sons de carne se rasgando e ossos se quebrando. De repente estou arfando, arfando, e em seguida minhas arfadas se tornam soluços sufocados, minha boca abrindo e fechando sem fazer ruído. Todo mundo está chorando agora, Mehroo com seus gritos doídos de "*Bhai, bhai*", Freny com as lágrimas escorrendo pelo rosto, espantada de se tornar viúva aos cinquenta e um anos, titia Mani berrando como um bebê por causa do cunhado que ela amava como a um irmão, papai parecendo tonto e perdido como um barco em alto-mar, os velhos dos edifícios vizinhos sacudindo a cabeça diante da ironia de estarem vivos enquanto o homem a quem chamavam de príncipe do bairro está morto, as velhas lembrando que ele costumava flertar com elas e fazê-las rir com sua irreverência indecente, as viúvas pobres contando que ele lhes enfiava uma nota de cinco ou dez rupias nas mãos sempre que elas o encontravam na rua, e que ele tratava todo mundo, do rei ao mendigo, da mesma maneira. E todo mundo dizendo que era muito moço para morrer, que esta não era idade de morrer, e eu me sentindo confusa porque, aos quinze, os cinquenta e quatro anos de Babu me parecem idade de velho. Além disso, eu me pergunto: qual é a idade de morrer? Nenhuma idade é idade de morrer, digo a Jesse, e ela olha para mim por um minuto, porque escuta a crueza na minha voz e depois acena com a cabeça, compreensiva.

Papai segue os carregadores do caixão, que levam o corpo de Babu para fora e depois descem por uma trilha. Quero ir com ele, mas alguém interpõe um braço inibidor e sussurra que apenas aos homens é permitido acompanhar o corpo a partir desse ponto. Vários dos outros homens caminham desconexamente atrás dos carregadores do caixão, por isso a grande sala contém agora aglomerados de mulheres vestidas de branco, muitas delas vergadas pela osteoporose, sussurrando e murmurando em grupos pequenos e encurvados. Caminho a esmo de um grupo a outro, apresentando-me àquelas que não me conhecem como a filha caçula de Freny. Elas parecem surpreendidas, até que outra pessoa lhes explica os laços íntimos de minha relação com Babu e Freny, bem como a geometria peculiar das alianças da minha família. Mas já estou bem longe. A aspereza na minha garganta, a fúria que sinto com os eventos dos últimos dias é tão forte que tenho a impressão de que vou me evaporar se permanecer parada.

— *Bechari* Freny — escuto uma das mulheres curvadas dizer para outra, quando me aproximo de um aglomerado de carpideiras que não param de fazer tsc-tsc entre si. — Pobre Freny. Viúva ainda tão jovem. O que vai lhe acontecer agora, a pobrezinha? Quem tomará conta dela e de sua filha?

E, finalmente, minha fúria encontra um caminho para se manifestar.

— *Bechari* Freny, uma ova — digo. — Não precisam ter pena dela. E o que querem dizer com esse "quem vai tomar conta dela"? Ela tem toda a sua família. Nós vamos tomar conta dela, quem mais? Só porque Babu morreu, isso não significa que ela não faz parte da nossa família. Por favor, não se preocupem com ela. E, por favor, não a chamem de *bechari* outra vez.

Nunca havia falado com uma pessoa mais velha dessa maneira rude, e não sei ao certo quem ficou mais chocado. Em todo caso, o efeito foi elétrico. A pobre mulher parece horrorizada.

— Ahn, sim, não... — gagueja ela. — Eu estava apenas dizendo... fico contente em saber. Que Deus abençoe você, *deekra*.

Mas eu já me afasto, procurando Freny na multidão. Por fim, eu a encontro sentada numa cadeira na primeira fila, fitando o local onde estava o corpo de Babu meia hora antes. Há várias pessoas em pé ao seu redor, mas Freny parece completamente sozinha. Eu a observo por um momento, impressionada com a sua aparência tão jovem, bela e jovial. Depois abro caminho pela multidão e vou me sentar na cadeira ao seu lado. Pego a sua mão e faço com que seus olhos se fixem nos meus.

— *Kaki* — começo com o título respeitoso que sempre uso quando falo com ela. — Escute. Você sempre teve duas filhas: Roshan e eu. Mas, de hoje em diante, você vai ter também um filho. De hoje em diante, serei filho e filha para você. Vou tomar conta de você. Prometo. Não se preocupe.

Estou tão concentrada em encarar os olhos de Freny que levo um susto quando sinto o tombar das lágrimas na minha mão. Freny está chorando copiosamente, e coloca uma das mãos ao redor de meu pescoço e puxa minha cabeça para seu ombro. Ficamos assim por um minuto, uma bem agarrada à outra.

— Obrigada — sussurra ela quando pode falar. — Nunca esquecerei essas palavras. Pesi e eu amamos você como nossa filha desde o dia em que nasceu.

Quero chorar então, quero chorar tanto quanto Freny está chorando, mas esta não é a hora. Tenho de ser forte por Freny, por Roshan, por todos. Tenho de manter a compostura, tenho de lutar com Deus, combater a Lua. Tenho de ser forte, tenho de ser forte. Tenho responsabilidades agora. Tenho uma família para amparar, cujas cargas eu devo carregar. Sou um cule, meu trabalho é levantar as suas cargas. Já não sou o bebê da família.

Mais tarde chegará a hora de chorar.

Não observamos o período costumeiro de luto. Duas semanas depois de chegarmos da casa funerária, papai insiste em ligar o estéreo e a televisão. Há bastante tristeza na casa, diz, e ele quer fazer o possível para amenizá-la. Ninguém o contradiz, embora mamãe faça um pouco de barulho sobre Babu merecer um período maior de luto e quanto todos nós somos insensíveis. Ainda assim, ela assiste à TV com o restante da família.

Desde que levamos Babu para o Jaslok, mamãe tem falado sobre o erro que foi levá-lo para aquele Hospital Masina barato, a tragédia que foi deixar aquele *hajaam*, aquele barbeiro, o dr. Sethna, operá-lo. Sei que as palavras são calculadas para ferir papai, para fazê-lo sentir que pensou mais no dinheiro que no bem-estar de Babu. As palavras causam o efeito pretendido. Papai continua a explicar que não pensou no custo, de verdade, que escolheram o Hospital Masina porque era conveniente e perto da casa e, além do mais, ele não tinha ideia de que uma operação para extrair uma pedra do rim fosse assim tão grave. Lembra o modo casual como Babu chegara em casa um dia, anunciando que havia aguentado as danadas pedras do rim por tempo mais do que suficiente e tinha decidido livrar-se delas de uma vez por todas. Papai menciona que foi escolha de Babu operar-se com o dr. Sethna, depois do sucesso que foi a minha cirurgia de apendicite alguns meses antes.

Nenhum dos adultos sabe que me sinto culpada pela escolha do dr. Sethna. À época da minha cirurgia de apendicite, ficamos todos muito felizes por tudo correr tão bem, sem nenhum percalço. Agora desejo que tivesse ocorrido alguma complicação, algo que nos teria feito pensar duas vezes antes de voltar a recorrer ao Hospital Masina e aos serviços do dr. Sethna. Eu acredito secretamente que matei Babu, por isso, na próxima vez em que mamãe aborda a questão quando estamos as duas sozinhas em casa, eu me viro para ela, os olhos flamejando de cólera, e mando, por favor, que se cale. Ela silencia num primeiro momento de surpresa, depois os lábios se apertam e ela me acusa de pedir que não fale a verdade apenas para proteger papai.

— Todo mundo sabe que poderia ter sido evitado — sibila ela. — Todo mundo sabe que, se todos tivessem me escutado, Babu ainda estaria conosco.

Suas palavras são tão ofensivas que me afasto e me tranco no banheiro até poder confiar de novo nas minhas emoções para tornar a sair.

* * *

Mas o fato é que nenhum de nós sabe o que matou Babu. Sua morte é um mistério não solucionado em nossa vida e faz de todos nós detetives amadores. Papai até marca reuniões com outros médicos, apenas para lhes perguntar o que poderia ter dado errado, mas o instinto de todos eles é proteger o colega. Rumores, especulações e conjeturas chegam até nós. Que o anestesista errou. Que a sala de cirurgia não estava adequadamente esterilizada. Que o dr. Sethna deixou sem querer uma tesoura na barriga de Babu antes de costurá-la. Mehroo faz visitas frequentes ao Hospital Masina, tentando checar todos os rumores, combinando encontros com enfermeiras fora do expediente para induzi-las a abrir o bico, mas ela invariavelmente volta de mãos vazias. O código de silêncio desconcertante se mantém.

Estou com Mehroo no dia em que por acaso encontramos o dr. Sethna na farmácia local. É a primeira vez que o vemos desde o funeral. A presença do dr. Sethna na Torre do Silêncio tinha gerado um grande alvoroço. Metade dos enlutados ficou assombrada e comovida pela sua presença; a outra metade disse que ele tinha algo a esconder e que a culpa o levara ao funeral. O próprio Sethna tinha uma explicação mais simples: Babu era seu amigo, disse ele. E, embora fosse ateu e não acreditasse em todo o lero-lero religioso, ele estava ali simplesmente para prestar sua última homenagem. (Quando eu estava me recuperando da retirada do apêndice, ele me visitou certa tarde e começou uma discussão sobre religião para desviar minha mente da dor. "Cristo não é sequer uma figura historicamente precisa", lembro-me de ele dizer. "Não há registro público de que tenha existido.")

E agora estamos cara a cara com Sethna na farmácia. Ali está ele, o homem que Mehroo já não sabia ao certo se ainda era um amigo da família ou o assassino de seu irmão, apoiado no balcão de vidro, rindo e batendo papo com Behram, o dono do lugar. Sethna era baixo e corpulento como Babu, e me lembrei de Babu quase na mesma posição — apoiado casualmente no balcão e falando com Behram. Todos esses homens tinham mais ou menos a mesma idade e haviam crescido juntos. Apesar dos caminhos diferentes que tomaram na vida — Behram ingressando no negócio de seu pai, Sethna servindo como cirurgião no Exército durante anos, Babu associando-se ao meu pai na fábrica depois de não passar no exame para a Marinha Mercante —, eles conversavam entre si sem reservas, com uma linguagem bem entremeada de palavrões e gírias, sua amizade forjada nas horas intermináveis que passaram na juventude trabalhando no Parsi Gymkhana.

Quando seus olhos batem em nós, Sethna interrompe uma risada e vem imediatamente na nossa direção. Ele me olha de relance e se aproxima para abraçar Mehroo. Quando se desprende de Mehroo, os olhos de ambos estão molhados de lágrimas.

— *Kem che*, Mehroo? — pergunta. — Como vai indo?

Mehroo balança a cabeça.

— Mais ou menos. Ainda sentindo muita falta de Pesi.

Sethna move a cabeça.

— Compreendo. Ele era uma grande pessoa.

Esta é a deixa de que Mehroo precisa.

— O pior de tudo é não saber o que aconteceu. Fico acordada à noite me perguntando... Quando saí do hospital naquela noite, ele parecia tão bem. Disse que me veria no outro dia de manhã. — E então o tom de Mehroo se torna explicitamente suplicante. — Doutor — ela diz —, me conte a verdade sobre o que aconteceu. Você conhece a nossa família, não estamos interessados em vingança, ações na justiça ou qualquer outra coisa. Não faremos nada. Prometo. É apenas para nossa própria satisfação. Preciso saber a verdade sobre o que aconteceu com meu irmão.

O rosto de Sethna é bondoso, e os olhos estão vermelhos.

— Mehroo, tente esquecer — diz com gentileza. — Eu próprio não sei o que deu errado. No que me diz respeito, a cirurgia foi um sucesso. Não me faça essa pergunta de novo. Apenas continue a sua vida. Lamento muito, muito a sua perda. É também minha essa perda. Pesi era meu amigo. Este é um dos maiores golpes da minha carreira.

Saímos da farmácia com interpretações diferentes do que o dr. Sethna disse. Eu acho que ele admitiu não saber o que deu errado. Mas Mehroo insiste que ele deixou claro não querer que se saiba o que realmente aconteceu, que não seríamos capazes de lidar com a verdade. Sethna praticamente admitiu que houve uma tentativa de ocultar os fatos, diz ela, e falou que não deveríamos remexer nessa história. Eu também saio da farmácia convencida de que nunca saberemos o que aconteceu naquele dia. Mehroo sai convencida de que a verdade está em algum lugar e que basta escavar e procurá-la. Papai olha de uma para a outra, dilacerado por querer saber o que aconteceu, mas sem partilhar a necessidade obsessiva de Mehroo por um motivo.

— Bem — diz ele finalmente —, descobrindo ou não o que houve, isso não trará Pesi de volta.

De certa maneira, fico contente por termos o mistério da morte de Babu para nos distrair da dor sombria que nos paralisa. Em casa, escutávamos automaticamente a tosse seca de Babu, que anunciava sua chegada no fim do dia, e, quando nos ocorre que nunca mais a escutaremos, essa percepção dói como uma ferida aberta. Freny voltou a trabalhar, e ela ainda chega do trabalho no dia do pagamento carregada com os mimos de costume — barras de chocolate Cadbury, calda de framboesa Kelvator, pacotes de Tiny Size Chiclets, queijo cheddar Kraft numa lata azul, exemplares de *Stardust* e *Filmfare* —, mas não é a mesma coisa sem Babu para fazer alguma piada ou algum comentário sobre o que ela trouxe para casa.

— Você se lembra como ele costumava implicar comigo? — Freny me pergunta certa noite, e sei imediatamente do que ela está falando. No início de cada ano letivo, Freny, mamãe, Roshan e eu saíamos para fazer compras em Colaba Causeway. Roshan e eu nos sentíamos como rainhas naquele dia. Freny nos comprava tudo novo, da cabeça aos pés, desde as fitas para o cabelo até os sapatos de verniz. Os vendedores se iluminavam quando nos viam chegar, estoques de mercadorias despencavam das prateleiras porque Freny era famosa pela generosidade. Mais tarde naquele dia, carregadas com nossos pertences novos, sapatos, meias, tecidos para vestidos, uniformes da escola, mochilas e até mesmo novas saboneteiras, tomávamos um táxi até Paradise para um lauto jantar. Depois, outro táxi nos levava para casa, onde todos os adultos se reuniam para admirar nossos despojos. Entre os "ohs" e "ahs", Babu ficava em silêncio. Piscando para mim, ele se virava para Freny e, com uma voz falsamente suave, perguntava: "Tudo ótimo e excelente, todas essas coisas que você comprou para Roshan. Mas você comprou as mesmas coisas para a minha Thritu?". Não importava quantas vezes Babu repetia essa cena, o efeito sobre Freny era imediato. "Como você pode me perguntar uma coisa dessas? Nunca tratei Thritu senão como minha própria filha, posso não ter lhe dado à luz, mas..." E então Freny parava, sabendo que tinha caído na burla, enquanto Babu e eu dávamos gargalhadas.

Agora não há ninguém para me chamar de sua primeira luz da manhã. E, de qualquer modo, esse tempo de juventude e inocência há muito é passado. Estamos todos à deriva, com manchas escuras de dor movendo-se ao nosso redor. Agora cabe a mim fazer o papel de Babu, assegurar que Freny ainda tenha alguém para levá-la ao cinema, fazer papai perder esse ar magoado que invadiu seu rosto, distrair Mehroo para que ela deixe de tentar resolver o enigma da morte de Babu. Mesmo meses mais tarde, a dor é tão forte que às vezes volto a considerar a ideia de nos drogar a todos até que esse período tenha passado. Quero chorar no escuro, em cantos solitários como todos os outros, quero me sentar em grupos na sala de estar, falando sobre Babu como todos os outros. Mas não há tempo. A dor não é um luxo que eu possa me conceder, porque tenho de socorrer uma família que está se afogando.

Mais tarde haverá tempo para lágrimas, digo para mim mesma.

Minha chance chega finalmente seis meses depois da morte de Babu. Roshan saiu com seus amigos; os adultos foram ao funeral de um conhecido idoso no final da tarde. Estou afortunada e inesperadamente sozinha em casa. Assim que compreendo que terei cerca de duas horas para mim mesma, resolvo que este é o dia para derramar aquelas lágrimas que contive tantas vezes, para chorar a morte de Babu como nunca me permiti chorar. Nada mais de lutar com a Lua — este será um dia de me render.

À hora marcada, eu me sento na sala de estar, segurando uma foto de Babu, e espero as lágrimas. Nada acontece. Eu me forço a lembrar de detalhes do rosto e das mãos de Babu. Posso sentir os músculos de seus antebraços tão claramente quanto naquele dia, um mês antes de sua morte, quando ele e eu tínhamos caminhado da fábrica até em casa, eu segurando o seu braço ao longo de todo o percurso. Ainda sem lágrimas. Não chorar se tornou um hábito, um reflexo. Isso exige uma ação drástica, compreendo. Vasculho minha coleção de discos e separo toda canção triste que consigo encontrar. "Seasons in the Sun" de Terry Jacks. Neil Diamond cantando "If You Go Away". Tenho consciência do tempo passando, sabendo que meu tempo sozinha em casa é limitado. A qualquer minuto uma batida na porta pode acabar com esse tempo só meu. E talvez meses se desdobrem antes que surja outra oportunidade como aquela. Mas meus canais lacrimais continuam impassíveis. Não consigo derramar lágrimas pelo homem que literalmente me deu a última nota de dez rupias de sua carteira, um homem cujo rosto foi um dos primeiros que vi depois de nascer. Sou um monstro, uma megera cruel e sem coração, uma merda frígida, emocionalmente bloqueada. Eu acabei meu jantar, quando o restante da família tinha deixado os pratos intocados depois de saber que Babu estava mal. Eu tinha sido má com ele, eu o menosprezei assim que arrumei umas amigas intelectuais.

Permaneço na sala de estar, nutrindo pensamentos maus sobre mim mesma, sabendo que estou me censurando, ao menos em parte, por um cálculo compreensível. Porque quero sentir algo, e, se não posso chorar por Babu, talvez consiga derramar lágrimas de autopiedade. Mas a artimanha não funciona.

As lágrimas não vieram naquele dia, e só apareceram anos mais tarde, num dia frio de inverno em Columbus, Ohio, a cerca de treze mil quilômetros da cidade quente e fétida em que Babu tinha passado a maior parte de sua vida. As lágrimas finalmente escorreram naquele dia, porque eu estava com saudades de casa e pensei de repente em Babu, completamente sozinho na Inglaterra do início dos anos 1950, estudando para seus exames da Marinha Mercante e fracassando. E de repente eu estava chorando por esse jovem desiludido que voltou a Bombaim carimbado como um fracasso, e por imaginar como ele deve ter se sentido solitário, assustado e só na Inglaterra. Estava chorando porque compreendi que Babu nunca falou sobre o seu ano na Inglaterra, por ser muito forte o mau cheiro do fracasso. E me perguntei o que ele teria pensado de mim, o segundo membro da família a se aventurar no grande e vasto mundo. Ele teria sentido orgulho? Aflição? Até um pouco de inveja? Então me ocorre que nunca saberei, porque Babu parou de me conhecer quando eu tinha quinze anos. E lembro como sua morte mudou minha família para sempre, fez com que todos crescêssemos e envelhecêssemos antes do tempo. E agora estou chorando, chorando,

chorando pelos anos que Babu nunca teve com sua amada Freny, e chorando pelo meu pai, cuja juventude terminou naquele dia de abril de 1977, e, acima de tudo, estou chorando por mim. Finalmente estou chorando por mim, por essa garota perdida, assustada, que tentava fazer o possível para manter unida a família que se desmantelava, por essa pobre e miserável adolescente de quinze anos que foi encarregada de lutar com a Lua, e por essa menina feia, desajeitada e magricela que nunca mais seria a primeira luz da manhã para ninguém.

Capítulo 20

Está começando a se desmanchar. Posso ver pela maneira como não me encaram nos olhos.

Começa como um fiozinho de água, e a princípio eles têm a decência de desviar os olhos, os rostos desfigurados pelo constrangimento, mas depois de certo tempo o fiozinho engrossa e se transforma numa corrente normal, e agora seus olhos me atravessam, ignorando-me como se eu fosse uma pedra no seu caminho.

Olho ao redor freneticamente procurando por Vinny, mas ele foi buscar para nós umas *battatawadas* e pão. Estou de pé no corredor, perto da secretaria acadêmica da faculdade há quatro horas, e me sinto muito cansada.

Este é o meu segundo ano na faculdade. Depois de repetir da boca para fora chavões vazios sobre revolução da juventude quando ainda estava no ensino médio, eu tenho finalmente uma chance de fazê-los acontecer.

Havia seis semanas tínhamos lançado a campanha de boicotar a taxa de matrícula para protestar contra o plano da Universidade de Bombaim de aumentar a mensalidade em vinte por cento, com isso tornando uma educação universitária inacessível a milhares de estudantes de baixa renda.

Há semanas permaneço no mesmo lugar todos os dias, implorando, pedindo e argumentando com meus colegas que voltem para casa sem pagar suas taxas do próximo semestre. E Vinny e eu temos obtido um sucesso além de todos os nossos sonhos mais malucos. Muitos dos estudantes saem de suas casas nos subúrbios distantes e vêm até a faculdade nas férias de verão para se matricularem no próximo período. Mas eu os tenho encarado nos olhos, tenho lhes dado palmadinhas nas costas, tenho lido estatísticas sobre quantos estudantes teriam de abandonar os estudos se o aumento da taxa passasse, tenho pedido, apelado a seu senso de justiça, tenho lhes dito, rindo, que eu pagaria sua passagem de volta para casa, e surpreendentemente, miraculosamente, tenho conseguido que a maioria dê meia-volta.

O funcionário no guichê da secretaria me lança um olhar mal-humorado cada vez que saio vitoriosa, cada vez que convenço mais um estudante a continuar o boicote da taxa. Sorrio para ele de vez em quando, um sorriso apaziguador, como se dissesse "Estamos realmente no mesmo lado, irmão", mas ele desvia o olhar. O diretor Singha passa frequentemente pela secretaria do andar térreo, onde Vinny e eu temos montado guarda nas últimas seis semanas. Na maioria das vezes ele nos ignora, simplesmente passa rápido por nós, mas às vezes ele sacode a cabeça e interrompe a caminhada para falar conosco, como se sua curiosidade fosse maior que seu desprezo.

— O que você acha que está conseguindo com isso, Vermelha? — diz na sua voz áspera como cascalho, usando seu apelido favorito para mim. — Desperdiçando o seu tempo e o tempo da faculdade. Você acha que o reitor da Universidade de Bombaim vai ter medo de suas pequenas táticas?

Com sua maneira honesta de sempre, Vinny se adianta para discutir com o sr. Singha. Saca sua ficha técnica sobre o número de estudantes afetados pelo aumento, mas o diretor sacode a cabeça impaciente, resmunga e volta a caminhar.

Vou para casa todos os dias tremendo de fadiga e emoção. Embora sejam as férias de verão, estou trabalhando oito horas por dia. Chego à faculdade alguns minutos antes de o guichê de matrícula abrir, fico por lá durante a hora do almoço e só saio depois de confirmar que o funcionário da tesouraria terminou seu expediente. Depois dos anos sem ambição passados com Jenny e Patty, depois de anos de egocentrismo e narcisismo, depois de todas as conversas no ensino médio sobre o poder da juventude e a revolução da juventude, sinto ter descoberto o trabalho da minha vida. Toda noite bato na porta que conecta nosso apartamento ao de Jesse e lhe apresento um relatório do dia.

— Sabe o que é realmente maravilhoso nisso tudo? — digo para ela certo dia. — Sinto como se estivesse usando meu próprio corpo a serviço de pessoas que nem conheço. Quer dizer, uma coisa é frequentar reuniões políticas intermináveis em Elphinstore College ou em algum outro lugar, fumando cigarros e bebericando copo após copo de *chai*, mas esta é outra história. Esta é como usar o corpo, ficar em pé, mesmo morrendo de vontade de sentar, falar, mesmo sem querer dizer nem mais uma palavra, olhar, tocar e conversar com as pessoas. Não sei... Isso parece mais real para mim, acho eu.

Jesse move a cabeça, concordando. Vislumbro um orgulho quase maternal em seus olhos.

Agora faltam apenas alguns dias para o início do período letivo, e os garotos estão entrando em pânico. Os primeiros resmungam suas desculpas para mim, explicam que os pais vão esfolá-los vivos se perderem as aulas, afastam minhas explicações de que poderemos vencer se continuarmos juntos, seguem em frente e pagam suas taxas.

— Vamos, *yaar* — diz Anand. — Só Deus sabe quantas aulas matei no último período. Você sabe que o sr. Singha está apenas esperando uma chance de me chutar daqui. Não posso me arriscar, *yaar*.

Assim que alguns deles pagam, outros os seguem, até que Vinny e eu ficamos nos debatendo como peixes na praia. Eles não nos escutam mais, quebrou-se aquele domínio fascinante e mágico que tínhamos sobre eles uns dias antes.

Olho para o rosto do funcionário. Ele está sorrindo para mim, um sorriso vitorioso de júbilo. Desvio meu olhar. As semanas de fadiga começam a me cobrar seu preço, enchendo meus olhos de lágrimas. Estivemos tão perto. Mais alguns dias de unidade, e poderíamos ter derrotado o sistema. Por um instante, pergunto-me se não estava errada quando recusei a oferta de Pranab uma semana atrás. Depois, eu me odeio por meu momento de fraqueza.

Pranab é um rapaz corpulento e obeso a quem chamamos por brincadeira de estudante profissional. Aos vinte e seis anos, ele é bem mais velho que o restante de nós, mas parece não ter a menor intenção de se formar na faculdade, contente de passar seu tempo percorrendo as ruas da zona sul de Bombaim na sua motocicleta Yamaha. Pranab pertencia ao grupo jovem do Partido do Congresso, e eu sabia que ele e sua turma menosprezavam ativistas estudantis como Vinny e eu por nos acharem idiotas idealistas. Assim, relutei em ir quando me disseram que Pranab queria se encontrar conosco na cantina da faculdade para um bate-papo. Mas Vinny me convenceu do contrário.

— *Arré*, Vishnu, traga mais dois copos de chá. Depressa, *fatta-faat*! — gritou para o jovem criado quando chegamos.

Fiquei irritada pela sua presunção de pedir chá para mim sem nem me perguntar ao menos por educação, mas não deixei transparecer. Afinal, Pranab tinha muitas outras características que me irritavam ainda mais.

Ele sorriu para nós, e notei que seus dentes começavam a amarelar pelo vício em cigarros.

— Ei, *yaar*, obrigado por aparecerem — disse, apertando a mão de Vinny e fazendo um cumprimento de cabeça para mim. — Estive observando vocês dois por dias, impedindo os estudantes de pagar suas taxas e tudo o mais. Um bom trabalho, *yaar*, levando-se em conta a situação. Na maioria dos dias, vocês conseguem o quê? Que dez ou vinte estudantes voltem sem pagar? E talvez dois ou três covardes vão em frente e paguem suas taxas de qualquer maneira? Se pudesse agir à minha maneira, mataria esses filhos da mãe.

Escutamos com cautela, em silêncio, sem saber aonde ele queria chegar. Pranab continuava a falar:

— Sim, *men*, vocês dois estão criando uma boa reputação para todos nós, ativistas estudantis. — Eu me irrito ao ouvir isso, com a sua presunção de igualar sua brutalidade ao tipo de trabalho que estamos fazendo, mas Vinny me dá um chute leve por baixo da mesa e fico em silêncio.

— O que temos a oferecer é o seguinte — Pranab estava dizendo. — Eu e os meus meninos podemos fechar toda esta faculdade em duas horas. Ninguém vai se atrever a entrar para pagar mensalidade ou coisa que o valha. Vocês dois podem ir para casa, relaxar ou ver um ou dois filmes. Em troca, só peço que não me desafiem na próxima eleição estudantil.

Vinny e eu trocamos um olhar rápido, sem saber se ríamos ou ficávamos ofendidos. Esse completo idiota com seu bigode eriçado e olhos evasivos achava realmente que perderíamos nosso tempo nos candidatando numa eleição estudantil sem importância.

— O quê? Você quer dizer que pode fechar a faculdade em duas horas? — perguntou Vinny, embora soubéssemos o que Pranab queria dizer.

— Ora, vamos, *yaar*. Você sabe que tenho bons contatos. Algumas pedras atiradas, umas janelas quebradas, talvez uma ou duas porradas, e esta faculdade não abrirá enquanto não quisermos.

Estávamos perdendo nosso tempo. Eu me levantei.

— Não é assim que operamos. — Tentei soar tão indiferente quanto ele. — Qualquer *goonda*, por mais que não passe de um guardinha insignificante, pode fechar o que quer que seja com violência. Estamos tentando apelar ao senso de justiça e à solidariedade dos estudantes.

Pranab ergueu a sobrancelha direita.

— Senso de justiça? — repetiu, dando uma risadinha. — Irmã, espere só chegar a hora de a faculdade começar o período. Então você verá todos em fila na diretoria, balindo como ovelhas. Nem seus melhores amigos a reconhecerão quando estiverem naquela fila pagando suas taxas.

Bem, ele tinha razão. Enquanto os observo formar a fila atrás do guichê aberto e desviar o rosto do lugar onde estamos, Pranab parece de repente um gênio em psicologia humana.

— Ovelhas — murmuro para mim mesma. — Umas ovelhas nojentas, fodidas.

Tanta coisa aconteceu desde que impulsivamente participei da minha primeira manifestação. O Estado de Emergência terminou em 20 de março de 1977, com a ignóbil derrota de Indira Gandhi. Recebi as notas finais dos meus exames públicos do ensino médio no dia seguinte. (Quando Greta Duke viu que, apesar de todas as predições, eu tinha me saído bem nos exames, ela sacudiu a cabeça e disse: "Você tem uma sorte dos diabos, Umrigar. Uma sorte dos diabos. Nunca se esqueça disso".) A nêmesis de Indira, o debilitado Morarji Desai, tornou-se primeiro-ministro com oitenta e um anos. Babu morreu em abril daquele ano. Três anos mais tarde, uma Índia arrependida e desesperada restabeleceu o poder de Indira Gandhi numa vitória consagradora. A essa altura, eu já tinha terminado três anos de faculdade.

Faculdade: vapor e fumaça se elevam de inúmeras xícaras de chá e cigarros, enquanto nos reunimos em cantinas discutindo como construir um movimento estudantil; tardes inteiras, sentados de pernas cruzadas na grama do campus da Universidade de Bombaim, debatendo política e "a condição indiana" com membros de organizações de liberdades civis adversárias; contando o dinheiro da venda de livrinhos mimeografados para a torrente de operários suados que extravasam das fábricas de produtos têxteis depois de turnos de doze horas, olhando sobre meu ombro constantemente para ter certeza de não topar com um dos amigos de negócios do meu pai, que poderia deixar escapar que me viu na cidade a meio caminho de onde eu deveria estar.

Faculdade: pedindo ao funcionário da secretaria que dê um jeito nas listas de frequência para mascarar o fato de que não assisto às aulas há meses; manhãs passadas fofocando e comendo sanduíches com chutney de tomate nos degraus de mármore fora da faculdade, escrevendo e dirigindo peças para a competição Interuniversitária na Grande Bombaim; indo à Galeria de Arte Jehangir para absorver os espetáculos de arte mais recentes e depois dando uma passada na Rhythm House ali perto; matando aula para me sentar na chuva em Nariman Point, contemplando o mar enquanto Vinny acende cigarro após cigarro e me deixa dar umas tragadas profundas.

Faculdade: chegando perto, *bem* perto, de dar minha ajuda para fechar a faculdade em protesto contra os aumentos das mensalidades, e depois observando a maré virar, vendo tudo sair do meu controle como areia escorrendo pela mão, tão implacavelmente, tão impiedosamente quanto o oceano recuando da areia. Uma coisa é dizer, com dezoito anos, que trabalharemos para a revolução ainda que "não a vejamos durante nosso período de vida". Outra coisa é experimentar a verdade dessa frase.

O aumento de taxa passou. Nossas previsões sobre o número de estudantes que não seriam capazes de pagar seus estudos na faculdade se tornaram realidade. Ninguém pareceu notar. Assim, a esperança amarela se torna cinismo.

Tampouco essa é a verdadeira história. Há outras desilusões.

Há aquele dia no meu último ano de faculdade, quando toda a turma está sentada nos degraus de mármore e Abbas diz que precisa ir para casa estudar.

Protestamos, mas Abbas já se pôs a caminho.

— Ok, até mais, então, John Travolta! — Hanif grita para ele.

Chamamos Abbas de John Travolta porque havia muitos anos ele tinha entrado no cinema para ver *Os embalos de sábado à noite* como o velho Abbas normal e saiu a se pavonear como John Travolta, balançando o quadril e caminhando na ponta dos pés, com o mesmo jeito do personagem Tony Manero no filme. Ele também começou a falar com um falso sotaque nova-iorquino, pronunciando café como *cáfé* em vez de *câfé*, assim como pronunciamos.

Então, Abbas se vira para nós.

— Vocês todos também deveriam estudar, *yaar.* Os exames finais serão em menos de duas semanas.

— Sim, ok — digo sem interesse. — Duas semanas, uma ova.

Hanif se vira para mim.

— Não, ele tem razão. Imagine, mais duas semanas, e nunca mais teremos um encontro como este. Todos nós estaremos lá fora no mundo real.

Minha mente paralisa. Eu me dou conta de que a vida universitária está chegando ao fim. De repente, sinto-me dolorosamente inadequada para lidar com o mundo do trabalho. Meu sonho de vida inteira, arrumar um emprego no *The Times of India*, escorrega de meus ombros como uma capa mal ajustada. Não estou nem remotamente preparada para ser qualquer coisa senão uma estudante universitária. Subitamente, o mundo me parece um lugar grande demais para navegar.

Além disso, há esta...

Relutantemente, hesitantemente, a princípio num sussurro e depois um pouco mais alto, uma voz me aponta que nossa visão utópica do que o mundo deve ser não se casa com a personalidade das pessoas que estão tentando construir esse mundo. Quero ignorar essa desconexão, essa lacuna que avulta entre a pureza de nossos sonhos e a estreiteza de nossa vida cotidiana. Já perdi tanta coisa — minha fé na religião, o escapismo que meus amigos drogados ofereceram em certo momento, minha fé na minha capacidade de endireitar as coisas entre meus pais — que desistir da minha crença na política parece uma perda por demais insuportável.

Mas estou crescendo. Os sonhos que costumavam me entusiasmar no passado — como a visão de Natasha de um mundo que fosse um bom lugar não só para os humanos mas também para os animais, ou o mundo imaginário de Shekkar em que toda pessoa poderia se dar ao luxo de dirigir um Cadillac — perderam seu fascínio para mim. Em lugar disso, observo as poses exibicionistas dos líderes estudantis e o modo como ativistas de famílias hindus ricas e de casta superior escarnecem do rótulo "intelectual" e falam de si mesmos como a classe operária. Noto que todos os garotos esquerdistas se vestem e falam da mesma maneira, até todos termos as mesmas entonações quando falamos sobre "o povo" e "as massas". Percebo como eliminamos antigos camaradas cuja política diverge da nossa, ainda que muito de leve. Lembro que em certa ocasião, quando planejávamos um evento em prol dos direitos das mulheres, Surresh gritou com sua namorada porque ela tinha se esquecido de pôr açúcar no chá, sem que ninguém tivesse comentado a ironia.

E depois há a fadiga. Estou cansada de participar de reuniões intermináveis e grupos de estudo, discutindo se Lênin ou Trótski estava certo. Estou cansada de lutar sempre com todo mundo, desde a polícia até os brutamontes de trinta anos que se disfarçam de líderes estudantis, até o meu próprio pai, que fica petrificado pelo medo de que minhas visões políticas acabem me jogando na cadeia. É extenuante me esgueirar pelas suas costas, olhar constantemente sobre meus ombros, sentir o tempo todo que vou ser apanhada. Além disso, tenho o tipo de personalidade que precisa ao menos de sucessos ocasionais para continuar a avançar. E nessa linha de trabalho não há gratificação instantânea, nem sucesso tangível. Para cada novo estudante que convenço a participar de uma ou duas reuniões, ingressar em nossa organização, tenho a impressão de que outro cai fora.

O gosto amargo da desilusão sobe na minha garganta. Tento forçá-lo a descer. Mas continua a voltar, como uma irmã mais moça que não desgruda e aparece nos momentos e nos lugares errados.

Tento também bloquear meus ouvidos a um som inequívoco. É o som de outra porta se fechando.

Capítulo 21

Tenho que sair daqui, custe o que custar.

O pensamento é tão claro na minha cabeça que me tira o fôlego, sinto como se tivesse de me sentar nos degraus de madeira que vou subindo. Estou ao pé da escada que leva ao nosso apartamento no segundo andar, mas, mesmo daqui, posso ouvir a voz de mamãe, alta, histérica e rouca de raiva. É essa rouquidão que me embrulha o estômago, porque é o som da loucura, é assim que mamãe soa quando está totalmente fora de si. Cresci escutando a mesma aspereza na voz de sua irmã mais moça, a irmã que lutou contra seus próprios demônios a vida inteira. E agora mamãe herdou esse berro, e sua feiura me arrepia o corpo inteiro.

Sei que mamãe está tendo uma de suas brigas diárias com Mehroo. Permaneço ao pé da escada, a cabeça esvaziada pelo nervosismo, as pernas parecendo de repente como se fossem feitas de palha, incapazes de me carregar por mais um degrau até o apartamento. De vez em quando consigo ouvir a voz de Mehroo, trêmula e fina de frustração e emoção. Depois, a voz de mamãe se eleva de novo, cobrindo a de Mehroo numa torrente de palavras. Mesmo desta distância consigo entender as pragas que ela está lançando contra Mehroo, palavras cruéis e venenosas que atingem como dardos o meu coração. Faço automaticamente o que sempre fiz a vida inteira quando mamãe pragueja contra Mehroo. *Por favor, meu Deus, qualquer mal que ela desejar para Mehroo, faça com que aconteça para mim com duas vezes mais força.*

Agora estou no patamar do primeiro andar, e ali permaneço pensando no que fazer a seguir. Sei que não tenho muito tempo, porque a qualquer minuto a porta do apartamento do primeiro andar pode se abrir e uma das vizinhas virá se juntar a mim no patamar, observando-me com olhos estreitados pela curiosidade, tentando avaliar minha reação, colhendo informações para que uma bolinha de fofoca possa ser atirada no momento propício dentro da boca salivante dos vizinhos famintos de notícias. Pior, a mulher pode dizer alguma coisa para mim, ou algo petulante e impertinente sobre as brigas diárias, ou, ainda pior, uma palavra bondosa e compreensiva que poderia me arrancar lágrimas dos olhos, o que, por sua vez, seria também devidamente comentado com os outros vizinhos.

De repente eu me sinto claustrofóbica, como se estivesse presa nesta minúscula faixa de espaço onde me encontro, incapaz de continuar aqui e relutante em subir o lance de escada que me levará ao apartamento e me deixará cara a cara com a mulher furiosa e histérica que me pariu. Sinto um ódio que sobe do estômago para a boca e tem sabor de leite azedo. Por um momento, flerto com a ideia de me virar e descer correndo a escada para a liberdade das ruas, de perambular por Bombaim até o crepúsculo dar lugar à noite e meus pés se tornarem pesados e cansados de caminhar. Quero fugir do tormento dos vizinhos intrometidos e do constrangimento em brasa que flui pelos meus membros como lava só de pensar que todo mundo ao nosso redor conhece cada detalhe íntimo do que se passa dentro de nosso apartamento devido à voz de megafone da minha mãe. Enquanto tenho devaneios de fuga, fantasio também que entro correndo em casa, cubro a boca aberta de mamãe com minha mão e empurro a torrente de palavras odiosas pela sua goela abaixo, minhas mãos mais duras na sua boca do que precisariam ser. Sinto então uma fúria que me cega, ao pensar nessa recepção que me acolhe ao final de um longo dia na faculdade.

Continuo parada no patamar, incapaz de me mover. Paralisada pela indecisão. Uma parte minha quer sair correndo sem olhar para trás para nunca mais voltar, quer se perder nas multidões de Bombaim. Outra parte minha quer subir correndo a escada e sufocar minha mãe, silenciá-la, acabar com os sons de búfalo que saem de sua garganta. E durante todo esse tempo, enquanto penso no que fazer, sei que a qualquer minuto a porta do apartamento do primeiro andar vai se abrir, e então terei de lidar com um terceiro dilema. Quero me deitar no chão de pedra fria do patamar, enroscar-me dentro de mim mesma, cobrir meu corpo com um cobertor quente tricotado com silêncio e cair no sono. Esta não é, claro, uma opção. Há uma decisão a ser tomada.

Quando eu tinha nove anos, fiquei certo dia no banheiro com a ponta afiada e aguçada de um compasso de aço no meu ouvido. Eu tinha aprendido que um tímpano perfurado poderia causar surdez, e era surdez o que eu desejava, o silêncio branco e nevado que bloquearia a voz da minha mãe. Eu queria me perder no silêncio, queria ocupar um mundo onde os adultos não gritassem seu ódio uns para os outros, onde as mães não se dissolvessem em soluços de remexer as entranhas e abrasar a alma, onde as tias amadas não chorassem pedindo ajuda aos céus.

O compasso fazia parte de um conjunto de geometria que minha tia Freny tinha comprado para mim naquele ano. A caixa de metal amarelo-clara continha também uma régua de plástico de quinze centímetros e um transferidor.

Fiquei no banheiro por muito tempo naquele dia, tentando pensar como seria um mundo de silêncio, tentando imaginar a dor que se seguiria invariavelmente a um tímpano perfurado. Sairia sangue? Nesse caso, quanto? Escorreria da minha orelha num fio bem fino ou esguicharia? Que explicação eu daria aos adultos quando perguntassem o que eu estava fazendo com um compasso no banheiro? Seria capaz de enganá-los e convencê-los de que tinha sido um acidente? E, muito importante, uma vez que sentisse a dor e visse o sangue, eu teria coragem de continuar, furando também o outro tímpano? E se eu amarelasse? De que adiantaria só um ouvido surdo?

No final, não tive coragem de levar a cabo meu plano. Porque, quando meus dedos apertaram o metal frio do compasso, compreendi que a surdez significaria mais do que escapar do som dos gritos e das pragas de minha mãe. Significaria também nunca mais escutar música, o som dos passarinhos, o rugido do oceano ou o cantarolar de meu pai quando passeávamos de carro pela Marine Drive. Na verdade, eu perderia um mundo inteiro para ganhar o sumiço das palavras zangadas que estava buscando, e, por pior que eu fosse em matemática, até eu conseguia perceber que o ganho não era maior que a perda.

Mas esse desejo de esquecimento não terminou naquele dia. Por anos alimentei fantasias de me matar e deixar uma nota que dizia simplesmente "Que haja paz na casa". Eu estava certa de que essa era a única maneira de fazer os adultos acabar com suas altercações diárias. Alguns anos depois do incidente do compasso, quando eu tinha catorze anos, mexi sorrateiramente no armarinho dos remédios e roubei um frasco de iodo que estava ao lado do frasco de mercurocromo. Cada vez que Mehroo passava iodo nos meus joelhos contundidos ou cotovelos arranhados, eu notava a frase no rótulo do frasco alertando que o produto era venenoso se consumido oralmente. Não que eu planejasse me matar naquele dia. Eu queria apenas sentir o gosto do iodo amargo para ver se conseguiria beber o frasco inteiro algum dia, em caso de necessidade. Queria testar se o gosto seria muito ruim caso fosse preciso engolir tudo às pressas, para saber se eu tinha que inventar um plano melhor. Desatarraxei a tampa de plástico preto do frasco de vidro pequeno e fino e rocei a abertura do frasco com a minha língua, que imediatamente se tornou entorpecida a partir do ponto de contato com a gota de iodo. Fiquei satisfeita. O gosto era terrível, mas, se um dia as coisas em casa se tornassem tão ruins que eu tivesse que me matar, eu sabia que poderia me forçar a tomar o frasco inteiro.

Subo o último lance de escada e toco a campainha do apartamento. Nada acontece. Mamãe continua a berrar com Mehroo, que está fazendo o possível para reagir entre os acessos de tosse. Escuto Mehroo tossir daqui do lado de fora da porta da frente e, como sempre, luto contra o impulso de bater nas minhas orelhas com a palma das mãos, para que o som de sua tosse fique fragmentado e retalhado. É algo que faço desde criança sempre que a casa se rompe em brigas, gritos e pragas. Batendo nas orelhas, eu consigo manipular o som, fatiar as palavras até que soem engraçadas e sem sentido, drenar o veneno que contêm. A tosse de Mehroo me assusta, lembra-me como ela é terrivelmente frágil e doente e provoca em mim um ímpeto de protegê-la, um desejo de me enrolar como um casaco de lã ao redor de seu corpo. Toco a campainha de novo, com maior insistência dessa vez. A indecisão de alguns minutos antes, o desejo de fugir e jamais voltar desapareceram, substituído pelo impulso de tirar Mehroo da briga que está certamente solapando sua energia e reduzindo o número de seus dias.

A saúde de Mehroo tem decaído bastante nesses últimos anos. Os tratamentos que recebeu para tuberculose na infância lesaram seus pulmões, por isso a tosse se tornou uma parte de seu ser, uma característica tão sua quanto a voz ou a risada. Mas, não importa quanto Mehroo tussa, não consigo me acostumar com isso. Seu tossir doído tem um efeito visceral sobre mim, assim como os lamentos da velha com a vaca me transtornavam quando era bebê. Quando Mehroo tem um de seus longos acessos de tosse, quero cobrir os ouvidos, sair correndo da sala, estraçalhar alguma coisa. Minha reação violenta provém da minha incapacidade de vê-la sofrer, e sua tosse me coloca cara a cara com a noção de que todo o amor no meu coração não pode ajudá-la nem um pouquinho. Claro, não comento nada disso com Mehroo, porque ela já sente muita vergonha de sua tosse, assombrada pelas memórias infantis de ser evitada quando tinha tuberculose. Ela já não me beija e, quando tento agarrar o seu rosto e beijá-lo à força, ela afasta a cabeça, fazendo com que o beijo erre o alvo e não acerto o rosto. Age como se tivesse tuberculose de novo, embora não tenha a doença.

Mehroo parou de ir à fábrica quase completamente, porque a serragem piora seu estado de saúde. Ela ainda examina em casa os livros-caixas encadernados com tecido, mas papai contratou um contador para a fábrica. Na maior parte do tempo fica confinada na casa, e isso significa que há mais brigas entre ela e mamãe. Enquanto ela antes podia escapar para a fábrica durante o dia, agora está presa em casa com uma rival que parece incapaz de passar um dia sem brigar. Entre os acessos de tosse e as brigas, a resistência de Mehroo está sendo solapada, diariamente.

Assim que mamãe abre a porta, vejo seu rosto suado e enrubescido, o subir e descer de seu peito, o brilho enlouquecido e sanguinário de seu olhar. Decido partir para a ofensiva antes que ela tente me sugar para seu mundo de antigos ressentimentos e inimizades.

— Eu podia escutar cada palavra que você estava berrando dois andares abaixo. Todos os vizinhos estão reunidos lá embaixo escutando seu pá-pá-pá. Pelo amor de Deus, abaixe essa sua voz.

Ela se vira contra mim com a energia frenética de um touro jovem.

— Nem um minuto na casa, e você já está tomando o lado dela, não? É só a minha voz que você escuta, hein? Por que não diz nada para sua amada Mehroo, por que não reclama de todos os seus berros e gritos? Esta é a minha recompensa por ter carregado você na minha barriga por nove meses, alimentado você, cuidado de você quando estava doente, para que você tome o lado de todo mundo exceto o de sua mãe. Mas é o que acontece quando se pare uma serpente em vez de uma filha.

— *Toba, toba, toba* — diz Mehroo, dando três palmadinhas no rosto conforme o ritual. — Que espécie de mãe fala assim com a própria filha? Que Deus a perdoe.

A minha primeira rajada renovou as energias de mamãe, e ela não se abranda, dirigindo sua fúria reprimida contra mim, seguindo-me de quarto a quarto, enchendo-me de palavrões. Eu me esquivo de suas palavras, mas também me sinto aliviada por estar protegendo Mehroo da saraivada de balas de mamãe, recebendo-as em mim mesma. Vejo meu corpo como um muro que levantei entre mamãe e Mehroo para proteger minha tia. Calculo que posso suportar, porque, quando mamãe ataca Mehroo ou papai, suas pragas contêm mais veneno que uma cobra. Mas, ainda que diga coisas terríveis para mim, seus ataques não me arrasam tanto, porque digo a mim mesma que, bem lá no fundo, ela não quer dizer nada disso, que está fingindo, que, apesar de suas palavras enlouquecidas e odiosas, ela realmente me ama.

Mesmo assim, tive um longo dia na faculdade e estou cansada dos seus gritos. Quero terminar essa briga imediatamente. Levanto a minha voz para encobrir a dela, assim como se tampa uma panela de água fervendo, mas não sou uma antagonista à sua altura. Sua voz se torna mais grossa e mais grossa, como uma sopa fervendo em fogo baixo por tempo demais, e então não aguento nem mais um segundo. Corro na sua direção, agarro seu pulso na minha mão e sibilo para que ela se cale, apenas se cale, abaixe sua maldita voz, porque todos os vizinhos estão com as janelas abertas e podem escutar cada palavra do que está dizendo. Eu me sinto como uma louca, completamente fora de mim, mas agora ela está de novo virando o jogo contra mim, porque se aproxima passo a passo da janela aberta de seu quarto, arrastando-me com ela. Então começa a gritar a plenos pulmões que eu a estou machucando, que a estou mantendo prisioneira, e fico tão espantada com a perfídia, com a extensão de sua trapaça, e tão decidida a obrigá-la a baixar a voz que tento cobrir sua boca com minha outra mão, mas ela evoca uma força demoníaca e num golpe rápido se solta. Em seguida, observo com horror ela transformar os dedos numa garra e arrastá-los por toda a extensão de meu braço direito, arrancando pedacinhos da minha pele, deixando para trás linhas tênues porém longas de arranhões sangrentos.

Eu grito. Você está me arranhando, digo, observando o trabalho de suas mãos com espanto. Depois olho para seu rosto, e há nele uma tal expressão de excitação controlada, de profunda satisfação, de pura e genuína loucura que meu coração começa a bater de medo. Ela é louca. Minha mãe é louca. E, bem neste momento, ela me olha como se me odiasse, ainda que eu não queira acreditar, apesar de tudo o que acabou de acontecer.

Saio correndo de seu quarto. Já posso ver que vão aparecer cicatrizes nos pontos em que seus dedos se enfiaram na minha carne e me apresso a vestir uma camisa de manga comprida, para que nenhum dos outros adultos veja o que mamãe fez. Este será mais um de nossos muitos segredos.

Uso mangas compridas por várias semanas. Um dia, Jesse vislumbra os arranhões no meu antebraço.

— Diabos, como é que isso aconteceu?

— Ah, estava brincando com Ronnie e ele me arranhou um pouco, só isso — minto.

Ela balança a cabeça. Não tem razão para não acreditar em mim.

Mas outros são menos alheios ao que se passa na casa.

Embora tenha acontecido há anos, ainda me dói muito a lembrança da conversa que tive com a srta. D'Silva quando eu estava no nono ano.

A srta. D'Silva era a minha professora do ensino fundamental que morava algumas casas abaixo da nossa e, consequentemente, conhecia minha família desde sempre. Continuei a vê-la mesmo depois de ter completado seu ano, porque muitas vezes, quando eu perdia o ônibus escolar por ter dormido demais, Mehroo esperava comigo no andar térreo a srta. D'Silva passar a caminho do ponto de táxi e pedia que ela me desse uma carona até a escola. Ela sempre concordava, e passávamos o tempo no táxi batendo papo sobre a escola e outros assuntos.

— Então, garota. Já tem um namorado? — ela sempre me provocava. — O quê, ainda não tem nenhum belo jovem parse *gora-gora*? — Ela havia crescido entre muitos parses para saber quanto eles valorizavam a pele clara.

— Mesmo que eu tivesse um namorado, ele não seria um parse — eu respondia. — E certamente não teria pele clara.

A srta. D'Silva, que tinha a pele da cor de chocolate queimado de uma católica de Goa, sorria.

Mas, naquele dia, a srta. D'Silva parecia incomumente séria. Era a primeira vez que eu visitava a minha antiga sala de aula, e isso porque Greta Duke tinha me incumbido de pegar algo de sua aula. Como eu agora tomava os ônibus Best, não via a srta. D'Silva havia muito tempo.

Passei uns minutos batendo papo com ela e estava prestes a retornar para onde a srta. Duke estava ensinando as outras garotas na biblioteca, quando a srta. D'Silva perguntou baixinho:

— Então, garota. Como vão as coisas na sua casa por estes dias?

Olhei-a, confusa.

— Em casa? Tudo bem.

Fiz um movimento para sair, mas a srta. D'Silva colocou a mão no meu ombro e me puxou mais para perto de si.

— Não, quero saber, de verdade. Como estão as coisas entre sua mãe e suas tias? E entre sua mãe e seu pai?

De repente eu sabia o que ela queria dizer, e senti uma onda de vergonha tão grande que poderia ter me derrubado.

— Tudo bem, todos estão bem — resmunguei.

Mas, para minha mortificação, a srta. D'Silva não tinha terminado.

— Olhe, garota, você pode contar para mim. Acha que não sei o que você tem passado todos esses anos? Não faz muito tempo, você estava nesta classe. Eu me lembro, costumava ficar perto da janela, observando o movimento do pátio todas as tardes, quando você enfrentava quantas? Cinco? Oito meninas de uma só vez e brigava com elas?

— Dez — murmurei automaticamente. — O recorde de todos os tempos foi dez. Derrotei dez meninas naquele dia.

A srta. D'Silva continuou, como se não tivesse me escutado:

— Diabos, por que você acha que eu a deixava brigar com todas essas meninas? Na hora de pegar o ônibus escolar, você estava toda moída e contundida, parecendo Muhammad Ali ou coisa parecida. Às vezes eu queria intervir, mas nunca tomei essa atitude, porque você tinha de se livrar de toda a raiva que tinha guardada dentro de você. Eu sabia que tipo de vida familiar você tinha.

Eu estava diante da srta. D'Silva como se diante de uma máquina de raios X, sentindo-me totalmente nua e exposta. Queria dizer alguma coisa leve e divertida, queria negar suas acusações, mas nada me ocorreu.

Ela me ajudou a sair do impasse.

— Escute, sua Parse Louca — disse ela em tom de brincadeira. — Sei que você é muito valente. Mas queria apenas dizer que, se um dia você quiser falar com um adulto, eu estou aqui.

— Ok. Obrigada — respondi, minha voz soando frágil até nos meus ouvidos. — Bem, a srta. Duke está esperando, por isso tenho de ir andando.

Saí correndo da sua aula, sem olhar para trás. Estava determinada a nunca mais me encontrar com a srta. D'Silva. Quando cheguei à biblioteca, já estava uma fúria.

— Pra que diabos ela tem que meter o nariz na minha vida? — eu fumegava. — Nada de errado com minha vida familiar. Quanto a lutar com aquelas meninas, diabos, eu apenas gostava de lutar. Bem coisa de adulto, ficar vendo mais complicação do que acontece na realidade. E me fazendo parecer uma coitada ou coisa parecida.

Hoje, repensando o encontro com a srta. D'Silva, gostaria de saber como pedir ajuda. É minha maldição especial não saber como confidenciar a alguém a rapidez com que as coisas se precipitam ladeira abaixo entre mim e mamãe, como ela me tortura com suas palavras e, às vezes, com suas mãos.

Por anos, quando mamãe me dizia algo particularmente ofensivo, eu repetia para mim mesma: "Transforme o coração em pedra, transforme o coração em pedra".

Ocorre-me agora que fui bem-sucedida, num grau que ultrapassa minha imaginação mais louca.

Merda.

Que sonho.

Acordo coberta de suor, e minha cama está tão úmida que por um instante penso que retomei meu antigo hábito e fiz xixi na cama.

No sonho, fui à casa de titia Villoo defender minha posição. Villoo é a irmã mais velha de minha mãe, aquela que costumava me assustar quando eu era pequena, com ameaças de que ia me amarrar num saco de aniagem escuro com baratas e ratos se eu não fizesse o que ela me pedia. Eu tinha pavor das ocasiões em que mamãe me deixava na casa de Villoo, porque sabia que, mesmo que eu contasse sobre as ameaças, mamãe nunca acreditaria em mim. Felizmente, papai era contra eu passar muito tempo nessa casa, porque todo mundo sabia que a família inteira gritava e berrava entre si, e ele queria me proteger desse ambiente. Eu era o campo de batalha em que meus pais travavam suas guerras particulares.

— Não quero que você a deixe nas casas de sua família — dizia. — Você pode passar a vida inteira ali, se quiser. Mas todos esses berros e brigas... Não quero nada desse veneno nos ouvidos de minha filha.

— Sim, se depender da sua vontade, você nunca vai querer que ela se encontre com nenhum membro da minha família. Primeiro, você tentou me afastar deles, agora ela. Bem, fui eu que a carreguei na barriga por nove meses, não você. Eu a levo para onde eu quiser.

No sonho, fui à casa de titia Villoo para defender o que penso. Minha posição é simples: quero mamãe de volta para mim. Quero explicar a Villoo e à minha avó que suas privações, seu desamparo manipulador por não serem capazes de atuar no mundo sem a ajuda da minha mãe causaram estragos imensos na minha família. Deixaram meu pai sem uma esposa; deixaram a mim sem as atenções de uma mãe. Toda a energia de mamãe está focada num ponto distante de nossa casa; seu humor tem altos e baixos, dependendo do que acontece na vida de seus irmãos e irmãs. Suportamos o impacto de todas as suas frustrações. Ela sai sistematicamente de uma briga com sua irmã mais moça, volta para casa e começa uma briga com Mehroo. E estou cansada disso tudo.

No sonho, Villoo abre a porta com uma máscara no rosto.

— Olá, titia Villoo — digo, mas ela finge ser outra pessoa e diz que nunca me viu antes e, por favor, eu poderia dizer quem sou? Entro na brincadeira por alguns minutos, mas, quando a charada continua, fico cada vez mais frustrada. — Sei que é você, titia Villoo! — grito. — Por favor, apenas me escute para variar.

Bem nesse momento, minha avó entra em cena, com uma expressão solícita pouco comum no seu rosto.

— O que é, *deekra*? — pergunta de maneira bondosa. — Venha, vou consolar você. — Ela pega minha cabeça com a mão, como se estivesse prestes a me aproximar de seu peito, mas depois se move e bate minha cabeça contra a parede. Fico espantada, tonta de dor. — Quebrando um coco — diz, e a sala se enche de risadas. De repente eu me dou conta de que há outras pessoas ali.

Villoo entra abaixada na sala de jantar e depois reaparece com um frasco.

— Olhe. Um presente para você.

Estendo a mão para agarrá-lo, pensando que é iodo para minha cabeça contundida, mas ela o afasta de mim e abre ela própria o frasco. Escuto um chiado, como o som de frango *tandoori* quando servido num restaurante, e no instante seguinte sinto algo molhado e quente queimando o meu rosto. É ácido. Ela jogou ácido no meu rosto. Passo a mão na cara sem acreditar, e observo a camada de pele que meus dedos arrancam. Mesmo no sonho, eu me admiro de o ácido não ter penetrado nos meus olhos, de eu ainda poder enxergar. Mas a gratidão é misturada com terror, e começo a gritar de pânico. Quanto mais grito, mais Villoo e minha avó riem, até que os dois ruídos se mesclam num só, e não sei se estou rindo ou gritando.

Acordo sobressaltada, tremendo na cama. Para me acalmar, começo a fazer o que sempre faço depois de um pesadelo: tento ligar os pontos, pensar nos eventos da vida real que podem ter se infiltrado nos meus sonhos. O ataque com ácido, sei, é provavelmente o resultado de eu ter lido sobre um caso recente em que um grupo de rapazes muçulmanos jogou ácido no rosto de duas universitárias hindus que tinham rechaçado seus assédios. A imagem da máscara vinha provavelmente de eu ter lido uma história em quadrinhos do Fantasma antes de ir para a cama. Mas, quanto ao resto... mesmo que eu possa seguir logicamente os incidentes no sonho, a razão não consegue me livrar da sensação triste, desesperada e trêmula que restou e me faz revirar na cama de um lado para o outro.

Capítulo 22

Estados Unidos da América.

O nome me surge quando estou meio que cochilando antes de dormir, vem acompanhado de uma descarga elétrica que me desperta com o choque.

Estados Unidos. Uma saída. Se eu quiser fugir do impasse da minha vida, terei de encontrar um caminho até os Estados Unidos, a terra da invenção de si mesmo. Esse é o único lugar que conheço onde se pode começar de novo, e eu preciso desesperadamente começar do zero, porque minha vida em Bombaim está moída, gasta e tenho apenas vinte anos. Estou perto de me formar na faculdade, e até meu antigo sonho de arrumar um emprego no *The Times of India* de repente perdeu seu brilho. Como não sou casada, sei que a questão econômica e a convenção social determinarão que eu continue a viver na casa da minha família, e se eu seguir esse caminho por muito mais tempo vou acabar num hospício. Porque não consigo mais lidar com a merda lá de casa. Meus nervos estão baleados; a cada briga que acontece, começo a deixar cair as coisas, como se eu estivesse na porra de um filme de Groucho Marx.

Tenho vinte anos e estou cansada. Todas as coisas que cheguei a pensar que me salvariam — música, livros, política — serviram de amparo por um tempo, mas por fim tive de voltar e enfrentar a mim mesma. Depois de anos ansiando por um emprego e a independência que me daria, tenho que reconhecer os fatos: não me sinto preparada para entrar no mundo do trabalho e, enquanto morar na casa da minha família, nunca serei verdadeiramente livre. Papai continuará a me impor horas para chegar, Mehroo e Freny continuarão a cozinhar e fazer a limpeza para mim, Kamala continuará a me servir, mamãe alternará entre me puxar para perto de si e me empurrar para bem longe. Nada mudará. Nunca descobrirei quem sou, quem eu poderia ser sem todas essas pessoas ao meu redor.

Não está na minha natureza fugir para a noite escura, desaparecer sem deixar um endereço para contato, assim como Amy fez. Tampouco serei capaz de fixar residência em Pune aqui perto ou em Nova Délhi sem constranger minha família, sem provocar os comentários dos vizinhos. Vão correr boatos de que fugi de casa por estar grávida ou por ter brigado com minha família. Afinal, Bombaim é a joia cintilante na coroa da Índia, Bombaim é o lugar para onde migra o resto da Índia. Deixar a cidade para morar num lugar menos importante seria uma bofetada na cara de meu pai, um repúdio à vida que tenho aqui.

Não, se eu quiser sair da cidade, terei de me mudar para a Superpotência, terei de procurar uma vida tão visivelmente superior e deslumbrante em comparação com a que levo em Bombaim que a mudança não despertará suspeitas. Tenho de fugir para os Estados Unidos da América.

Uma coisa de que estou segura: não quero tomar o caminho que Amy escolheu. Como Amy, quero fugir de casa, mas quero dar esse passo de maneira legítima, e não sob a capa do anonimato. Tampouco quero deixar um rastro de perguntas sem resposta atrás de mim, como Amy deixou.

Amy é uma prima distante que morava na mesma rua, dois edifícios abaixo do nosso. Apesar de nossa diferença de idade — ela era quase onze anos mais velha que eu —, éramos muito próximas. Era uma jovem tímida, de fala macia e muito sensível, com uma inteligência afiada como uma faca. Que eu soubesse, nunca teve um namorado. Nosso laço era o nosso amor pelas histórias — eu gostava de escutá-las, e Amy era uma contadora de histórias nata. De fato, imagino que foi o talento para contar histórias que ajudou Amy a fugir, com que ela aprendeu a escapar tornando-se a personagem de uma de suas próprias histórias.

Desde meus tempos de criança, Amy passava a tarde em nossa casa, só retornando à casa de seus pais quando já era noite. Todo fim de tarde tínhamos de implorar que jantasse conosco, porque ela recusava, mentia e dizia que já tinha comido. "Vamos, Amy, seja razoável, por favor", papai insistia, e ela dizia não. Depois, finalmente consentia.

Antes que nos sentássemos para jantar, Amy e eu passávamos quase uma hora juntas, eu sentada no seu colo na cadeira de balanço de madeira na sacada. "Ei, Amy, conte-me sobre Kirin", eu pedia, e ela se lançava numa história sobre o menino a quem dava aulas e que morava distante na outra metade da cidade, mas cuja vida me entusiasmava por causa das histórias de Amy. Levei anos para compreender que Kirin sempre parecia enfrentar os mesmos dilemas e lutas que eu estava enfrentando em qualquer dado momento. Como muitas pessoas tímidas, Amy era uma boa observadora. Como muitos exímios contadores de histórias, Amy sabia entremear os fios da minha vida em qualquer história que estivesse tecendo naquele dia.

Essas sessões na sacada, quando estávamos apenas as duas, eram diferentes das histórias que Amy contava para os adultos. Comigo, era vulnerável, intuitiva, infalivelmente bondosa. Quando divertia os adultos com as descrições hilárias de seu emprego no banco e de como ela sempre fazia de bobo o gerente de poucas luzes da sua filial, Amy era incisiva, mordaz, sarcástica, ofensiva. Babu, papai e o restante caíam na gargalhada com algumas de suas histórias e davam um grito sufocado sem acreditar quando ela ia longe demais nos gracejos que espezinhavam seu chefe burro. "Cuidado, Amy", papai às vezes se sentia compelido a dizer. "Não é bom fazer os outros de bobos o tempo todo. Muitas vezes acaba-se preso na própria teia."

Assim, em retrospectiva, eram muitos os alertas de que Amy podia ser reservada e manipuladora. No entanto, toda a família ficou chocada quando um dia Amy simplesmente desapareceu. Ela telefonou a um de seus parentes alguns dias mais tarde para dizer que estava bem, mas que era inútil procurar por ela, porque estava indo para bem longe. Não explicou suas razões de partir de forma tão clandestina. De vez em quando, telefonava para nossa casa e pedia para falar com papai ou Mehroo. Quando eles perguntavam sobre seu paradeiro ela dava respostas evasivas, apesar de ter dito certa vez que estava num *ashram* no Himalaia. Às vezes, quando telefonava, falava com sotaques diferentes. Numa dessas, pediu a Mehroo que, por favor, só falasse com ela em inglês, porque tinha esquecido o *gujarati*.

Amy tornou-se um enigma, um quebra-cabeça, uma ferida aberta em nossa vida. Ela nos deixou sem dar uma explicação, e não sabemos o motivo. Embora eu já fosse crescida demais para nossas sessões vespertinas de contação de histórias na época em que ela fugiu, ainda sinto saudades. Percebo que os adultos sentem falta dela em ocasiões especiais, que alguém menciona seu nome durante um jantar *navroze*, o nosso Ano-Novo, e que Freny ainda envia um presente aos pais de Amy no dia do aniversário dela. Decido que minha fuga de casa vai ser à luz do dia e com a bênção dos mais velhos.

Antes deste minuto, jamais considerei a ideia de ir para os Estados Unidos. Nas poucas vezes em que alguém me deu essa sugestão, ri porque as minhas chances de chegar até lá eram quase iguais às de eu caminhar sobre a Lua. Mas, apesar de tudo, nunca experimentei antes uma onda de desejo e anseio tão forte quanto a que estou sentindo nesse minuto. Nunca desejei algo com tanta intensidade que fizesse o suor escorrer pelo meu rosto, nunca senti minhas pálpebras compelidas a se reabrir com ambição e vontade. Meu coração nunca se lamuriou da maneira como está se lastimando, nunca antes minha mente se enredou pelo labirinto de minha vida e contemplou uma saída. Cada célula de meu corpo nunca antes se inclinou numa única direção, cada pulsação de meu sangue nunca bateu em uníssono, e meu corpo nunca tiniu de medo e excitação como nesse momento. No meio de uma noite quente de Bombaim, cercada pelos roncos e pelas respirações daqueles a quem mais amo no mundo, permiti que meu coração traiçoeiro sonhasse em abandoná-los. Eu me permiti desejar o impossível. E, portanto, agora devo torná-lo possível.

O amanhecer se aproxima, e ainda estou acordada. Sei que não será fácil. Ainda que eu dê um jeito de convencer minha família a me deixar partir, ainda que possa enfiar a faca bem no fundo de seus corações, há ainda um milhão de obstáculos. Conseguir que uma universidade americana me aceite apesar de minhas notas medíocres, pensar em meios de ultrapassar uma centena de barreiras burocráticas, preencher inúmeros formulários, procurar vários trustes parses para tentar obter os milhares de dólares que paguem a minha educação.

É muito cedo para acordar papai, e também preciso pensar nisso tudo por alguns dias antes de falar para alguém. Apesar de todos os temores e dúvidas que já estão começando a pousar em mim como fuligem, lembro a mim mesma uma verdade: quando fui para a cama na noite passada, eu estava amarga, acabada, sem direção e sem esperanças. Um caso perdido aos vinte anos. Hoje de manhã, acordei uma nova pessoa, cheia de energia, propósitos e ambições. Alguém que anseia pela vida. Alguém que ainda não pode ser considerado uma carta fora do baralho.

E apenas uma coisa fez a diferença:

Os Estados Unidos da América.

Desculpe, Mehroo, pelo que estou prestes a fazer, pela adaga que vou enfiar em seu coração. Eu sempre quis proteger você, mas acho que não posso protegê-la de mim mesma, deste sangue quente que corre pelas minhas veias, deste coração ansioso que me canta suas canções de desejo no meio da noite. Serei sua traidora, sua assassina, aquela cujo nome será uma ferida permanente em seus lábios.

Perdoe-me, papai, por planejar abandoná-lo, menos de cinco anos depois que você perdeu seu irmão. Sei agora que não posso preencher seu lugar. Sei que, mais do que qualquer um dos outros, você compreenderá. Porque onde foi que aprendi a sonhar se não no seu colo? Como é que aprendi que a felicidade não é um tabu se não com suas tentativas valentes, ainda que fúteis, de ser feliz? Perdoe-me, meu pai bondoso e generoso, pela solidão que vou deixar atrás de mim, como as esteiras de fumaça de um avião a jato. Sei que você compreenderá, mas nem mesmo a compreensão reduzirá a dor.

Tenho de me afastar de você, Freny, pois não consigo fitá-la nos olhos. Minha promessa de ser um filho e uma filha para você, feita ainda há pouco tempo no funeral de Babu... o que restou dela? Está carbonizada, pelo fogo recém-aceso de minha ambição e desejo.

Adeus, Roshan. Você deve estar contente de me ver partir. Todas as indignidades, as comparações desfavoráveis que você sofreu a vida inteira desaparecerão como um avião no céu assim que eu for embora. Você pode voltar a ser a caçula da família, o objeto de todas as suas esperanças e desejos, terá sua antiga glória restaurada, sem manchas. Sou o espinho na sua carne. Minha partida permitirá que você floresça.

Desculpe, mamãe, desculpe por um milhão de brigas, por um milhão de palavras pronunciadas e por um milhão de palavras que ficaram por dizer. Acho que sei agora que sempre a amarei e nunca serei capaz de salvá-la. Nunca quis que as coisas fossem dessa maneira entre nós, mas elas são como são, esta é a realidade e eu tenho que aceitar, aceitar, aceitá-la.

Adeus todo mundo, um beijo de seu judas e mil desculpas pela confusão, pela perplexidade, pela dor, pelo orgulho ferido que vou causar. Sei que é inútil, mas aqui está minha explicação, aqui estão as razões da minha decisão, e talvez vocês compreendam, e talvez vocês perdoem...

Porque sou desassossegada, cheguei a um impasse, e minha vida em Bombaim parece me conduzir tão somente a dois lugares infernais: a prisão ou o hospício. E porque quero saber como soa um momento de total silêncio, de perfeita paz. E porque estou dilacerada por um paradoxo: quero rejeitar este papel adulto de pacificadora, de ser a portadora do sofrimento de outras pessoas, que tem sido o meu papel por tanto tempo, e quero ser adulta, quero passar minhas camisas, lavar meus pratos e tomar minhas decisões. E porque quero saber quem sou, longe de todos vocês que me fizeram quem sou. Porque não aguento o som da tosse de Mehroo, os gritos de mamãe e os silêncios melancólicos de papai, e porque quero ver o que o mundo tem a oferecer antes de me acomodar num emprego no *The Times of India*. Porque desejo privacidade e liberdade, um quarto só meu. E sei que nada disso será possível em Bombaim, minha Bombaim dos vizinhos fofoqueiros, salas apinhadas de gente, parentes bisbilhoteiros. E, apesar de nada em nossa cultura o estimular, quero descobrir quem sou sem a concha protetora do amor de vocês, quero sentir o gosto da liberdade, quero conhecer a Thrity que não é filha, sobrinha ou prima de ninguém, que não é a herdeira lógica de um negócio de família, que não tem o cartão de membro da classe média, que não está fixada no tempo e no espaço pelo acaso de seu nascimento. Quero ser fluida, como a água, como o vento, não quero pertencer a ninguém senão a mim mesma, não quero pertencer a nenhum lugar, e quero pertencer a todos os lugares. Na minha cama estreita e dura, numa noite quente e suada de Bombaim, estou deitada de olhos bem abertos e sonho em herdar o mundo.

Vocês compreendem? Ou estão ofendidos? Sei que, oferecendo compreensão, corro o risco de ofender. Mas essa não é a minha intenção. Sei que vocês não estão acostumados a me ouvir falar assim tão abertamente, tão sinceramente sobre mim mesma. Em nossa casa, falamos uns dos outros — reclamamos e declaramos nosso amor uns pelos outros. Não começamos muitas frases com *eu*. Acho que estou quebrando todas as regras, todos os velhos tabus, tudo de uma só vez. Quero a comunicação perfeita, quero transpor as paredes de vidro feitas de silêncio que construí ao redor de mim mesma. Quero a revelação de mim mesma, quero a confissão, quero uma cura terapêutica, quero a absolvição.

Ainda não dei nem um passo nos Estados Unidos da América, e já pareço uma americana.

Capítulo 23

O funcionário da imigração na Embaixada Americana é jovem, loiro e arrogante. Tem olhos azuis frios e ostenta um cavanhaque cujos fios amarelos se fazem invisíveis num rosto rosado pela exposição ao sol quente de Bombaim. Ele e seus colegas estão sentados atrás de um painel de vidro grosso instalado obviamente para protegê-los das hordas de indianos que se postam diante deles, desesperados por um visto para a terra prometida.

Eu o observo quando ele rejeita o pedido de visto do homem à sua frente.

— Seguinte — chama, já olhando além do requerente.

— Mas, senhor — choraminga o homem. — Estou querendo apenas um visto de três meses. Por favor, senhor, tenha compaixão. Meu irmão em Nova York está muito doente e precisa desesperadamente de mim.

O americano crava nele um olhar frio e duro.

— Todo santo dia pelo menos dez de vocês têm um irmão em Nova York que está doente. — Afasta o olhar. — Seguinte — chama, impaciente.

Mais algumas pessoas, e depois será a minha vez de enfrentar o funcionário da imigração. Todos à minha frente na fila têm sido da classe média baixa, o tipo de homem mais provável de encontrar realizando trabalhos subalternos em Dubai ou no Kuwait do que cursando pós-graduação nos Estados Unidos. Seu inglês não é grande coisa, o corte de seus cabelos oleosos é de baixa qualidade e suas calças de poliéster são mal ajustadas e surradas.

Estão nervosos, o que lhes empresta um ar de embusteiros; não emanam a confiança discreta dos profissionais de classe alta. Ao contrário, eles se acovardam diante desse jovem filho da puta. É óbvio que nunca estiveram antes na companhia de um homem branco.

Sinto uma onda de emoções — repugnância diante das atitudes servis de meus compatriotas; uma fúria abrasadora contra a arrogância do americano. Nesse momento, não me importa se eu não conseguir viajar para os Estados Unidos, não me importa se esse fuinha loiro bloquear meu caminho na estrada que tenho preparado com tanto cuidado durante quase um ano. Não serei tratada com o desrespeito desdenhoso com que ele está tratando as pessoas à minha frente.

Já estamos na fila há quase quatro horas. Toda manhã a fila dos vistos começa a se formar nas ruas, fora dos portões da embaixada em Breach Candy. As multidões começam a se reunir às seis da manhã, horas antes de os portões de metal se abrirem. Por isso, quando nos deixam entrar, já estamos prontos a desabar em poças de suor e ansiedade, cozidos pelo sol do meio da manhã. Como se a indignidade de esperar na rua não fosse o bastante, as sentinelas locais da embaixada adotaram os preconceitos de seus senhores americanos, de modo que falam com os solicitantes de visto do mesmo jeito desdenhoso e rude.

Não esperei na fila tanto quanto alguns dos outros. Papai tinha mandado Kishan, um dos operários da fábrica, garantir meu lugar às seis horas. Papai, Roshan e eu chegamos duas horas mais tarde, e tomei o lugar de Kishan na fila, enquanto papai e Roshan voltaram para me esperar no carro. Houve alguns resmungos sem entusiasmo por parte daqueles que estavam esperando na fila desde o amanhecer, mas dava para ver que não faziam muita questão de reclamar. Afinal, estavam acostumados a um sistema em que as pessoas da classe média como eu sempre conseguiam dar um jeito de dobrar as regras à sua conveniência. E, apesar de toda a minha sensibilidade quanto aos privilégios da classe média, eu não deixava de fazer uso deles quando precisava.

Apesar de a chegada tardia ter me poupado de muitas das indignidades a que todos aqueles na fila comigo já tinham se sujeitado, estou fervendo quando chegamos ao santuário do interior da embaixada. Toda a experiência tem o objetivo claro de ser aviltante e humilhante, como se o simples ato de pedir um visto americano fosse um ritual confuso.

Cravo o olhar no jovem funcionário, fuzilando-o com os olhos. Ele me fita uma vez, como se pudesse sentir a fúria, mas eu imediatamente desvio o olhar. Impaciente, passo o peso de um pé para o outro, cansada da longa espera. Que se dane, que se danem os Estados Unidos, que se dane a Universidade Estadual de Ohio. Se é assim que eles tratam os indianos no seu próprio país, imagina o que não vamos enfrentar depois que chegarmos lá.

Dou um jeito de me convencer de que realmente não me importo se nunca chegar às praias americanas. Ao mesmo tempo, estou determinada a não sair da embaixada sem fazer esse homem provar de seu próprio remédio, sem lhe mostrar que nem todos nós sentimos um temor reverente diante de sua pele rosada. Sinto meu rosto se retesar de raiva.

O homem loiro rejeitou cinco pedidos de visto seguidos. Depois de mandar embora o último requerente, ele se recosta na cadeira e se estica com as mãos atrás da cabeça. O homem de meia-idade na minha frente dá alguns passos na direção da janela. Ao ver isso, o loiro corre a lhe chamar a atenção com rudeza.

— Está vendo esta linha azul? — rosna, apontando para uma linha pintada no chão. — Você não pode passar desta linha enquanto não for a sua vez, entende? E eu ainda não o chamei.

O homem de meia-idade — que é certamente um bancário e pai de três garotos que vão todos obter um diploma comercial numa faculdade medíocre — parece punido e miserável. Sorri fracamente para esconder sua confusão e seu constrangimento.

— Ah, sim, senhor, sim. Está certo. Desculpe, lamento muito.

Sinto meu corpo se enrijecer de vergonha.

O funcionário o olha furioso por um longo segundo. Depois empurra a escrivaninha, levanta da cadeira e desaparece. O transgressor de meia-idade olha ao redor incerto, tentando captar algum olhar. Todos esperam, em suspense. Por fim o funcionário retorna, segurando uma caneca de café fumegante. Sem expressão no rosto. Não há explicação nem pedido de desculpa pela sua ausência.

— Seguinte.

O pedido do homem é rejeitado. Já são seis seguidos.

— Por favor, senhor, deixe-me explicar — protesta ele. — Todos os meus papéis estão aqui, senhor, tudo o que é necessário.

— Você pode tentar de novo daqui a umas semanas.

Enquanto discutem, decido o que fazer. Não vou sair daqui sem um visto. Mas vou fazer tudo à minha maneira. Vou ensinar a esse filho da puta uma ou duas coisas sobre boas maneiras.

— Seguinte.

Eu me adianto, a postos.

— Oi — digo com vivacidade. — Como vai? Parece que você está tendo uma manhã bem dura. — Meu rosto é amistoso, mas meus olhos o perfuram como balas.

Ele levanta os olhos de seus papéis com um sobressalto. Observo com satisfação a confusão de surpresa no seu rosto. Ele capta instintivamente a desconexão entre meu comportamento amistoso e o fato de que eu o odeio, mas não consegue entender o que há de errado. Além disso, provavelmente não está acostumado com mulheres indianas falando com ele em pé de igualdade.

— Hum, estou bem, obrigado — responde ele finalmente. — Como vai você?

— Bem, isso depende de você, não é mesmo? — Dou uma risadinha para causar um bom efeito. Estou falando com o meu melhor sotaque britânico de classe média alta.

Mais uma vez, aquela expressão de surpresa. Depois ele sorri, um sorriso fino como um traço.

— Certo.

Ele examina os vários formulários que lhe entrego, às vezes resmungando para si mesmo. Fica quieto enquanto folheia os papéis, o seu silêncio um buraco que tento preencher.

— Céus, está agitado aqui hoje — comento em tom de conversa. — É sempre assim tão movimentado?

Tirei sua concentração.

— Sim — diz ele. — É um zoo aqui dentro.

— Sim, é também bastante ruim lá fora — digo. — Ficar parado naquele sol quente por horas. Vocês deviam pensar em deixar as pessoas esperarem dentro do edifício, onde é um pouco mais fresco. — Meu tom é casual, descontraído, como se eu fosse uma pessoa desinteressada mas cordial, dando-lhe um conselho amigo por desejar o bem dos outros.

Ele ergue um pouco as sobrancelhas.

— Sim, bem. A logística dessa... De qualquer maneira, sou apenas um modesto funcionário. Não me cabe a decisão.

— Ah, bem. — Dou de ombros. — Apenas uma ideia.

Ele volta a seus papéis.

— Então o seu pai é empresário, hein? Que tipo de negócio?

Eu lhe digo. Ele me faz mais algumas perguntas. Respondo de um modo casual, de improviso, num tom que o deixa sem saber se deve se sentir ofendido ou encantado.

— E como é que você escolheu a Estadual de Ohio?

Olho para ele, avaliando, conjeturando se lhe conto a verdade ou se encho seus ouvidos com algum palavreado oco sobre o grande programa de jornalismo da Universidade Estadual de Ohio. Decido ser franca com ele. Por isso lhe conto sobre a tarde na minha sala de estar, quando estava tentando decidir as três universidades americanas em que procuraria me inscrever. Eu tinha marcado minhas duas primeiras escolhas — a Universidade de Columbia porque eu sabia de seu programa de jornalismo, e outra universidade na Califórnia porque... bem, porque era Califórnia. Não fazia ideia de qual deveria ser minha terceira opção. Examinei a lista de programas de jornalismo na minha frente. Um disco de Joan Baez estava tocando no estéreo. Uma faixa terminou, outra começou. Joan estava então cantando "Banks of the Ohio". Nesse exato momento, meus olhos caíram sobre a Universidade Estadual de Ohio. Olhei para os céus. Era um sinal. Marquei a Estadual de Ohio como minha primeira opção.

O funcionário do visto solta uma risadinha de aprovação. Mas ele ainda não terminou comigo. Finalmente, vai ao que interessa.

— Olhe. Você é jovem, evidentemente brilhante e culta. Fala um inglês fluente. Você quer ser jornalista. Que garantia eu tenho de que, se conseguir um visto, você vai retornar para a Índia?

Este é o meu momento, e estou preparada para o desafio. Respondo, um pouco perplexa:

— Você está me dizendo que as pessoas ainda estão se estabelecendo nos Estados Unidos nos dias de hoje? — pergunto, a incredulidade pingando da minha voz. — Quer dizer, meu Deus, na minha profissão há tantas oportunidades na Índia. Novas revistas começam a ser publicadas quase todos os dias por aqui.

Seu rosto fica corado.

— Jovem, você ficaria surpresa com o número de pessoas que ainda querem fixar residência nos Estados Unidos — comenta ele calmamente.

— Eu, não — respondo alegremente. — Minha família inteira está aqui.

Ele me fita, seus olhos azuis sondando meu rosto como um raio de luz.

— Ok — diz finalmente. — Está aceita. Parabéns.

Sinto uma emoção tão intensa, sinto que meu coração vai explodir da minha pele como botões arrebentando de uma camisa. Mas forço meu rosto a não refletir nada disso.

— Ótimo. Obrigada. — Uso um tom tranquilo.

Ele parece quase de crista caída, como se tivesse esperado uma demonstração maior de agradecimento. Depois se recupera.

— Ok. Aproveite os Estados Unidos da América.

Imagino uma pontada na sua voz de... o quê? Saudades de casa? Orgulho? Tristeza?

— Aproveitarei. Tchau. — Arrebanho meus papéis e passo pela longa fila de candidatos, todos dentro de suas tocas de sonhos e esperanças. Alguns deles estendem a mão e me tocam enquanto caminho, resmungando seus parabéns. Não faço contato visual com nenhum deles, receosa da esperança, da inveja ou do desespero desatinados que talvez veja em seu rosto. Sinto que meu caminhar se torna mais lampeiro a cada passo que dou para longe do funcionário do visto. Agarro os meus papéis com força. Vou para os Estados Unidos da América, para obter um diploma de jornalismo na Universidade Estadual de Ohio. "Obrigada, Deus", sussurro, "obrigada, obrigada."

Saio da sala escura e cavernosa e entro na luz ofuscante do meio-dia. O sol cai sobre mim num abraço quente. Hoje ele brilha só para mim. Eu me sinto dourada.

* * *

Papai e Roshan estão à minha espera no carro. Quando me veem chegar, papai sai do carro e corre ao meu encontro, com Roshan no seu encalço.

— E então?

Eu o encaro com uma expressão séria por um instante, mas depois meu sorriso brilha como o Sol.

— Consegui. Consegui o visto.

O mundo para de girar por um momento. Os dois simplesmente olham para mim, nós três paralisados no espaço numa rua movimentada de Bombaim, enquanto os carros passam zunindo por nós. Nenhum de nós diz uma palavra. Eles me olham como se estivessem me vendo pela primeira vez. Como se estivessem me vendo pela última vez.

O rosto de papai tem uma expressão que nunca vi antes. Metade de seu rosto é orgulho, um orgulho crescente, de estufar o peito. A outra metade reflete a tristeza mais profunda, mais cabal que já vi. Seus olhos se enchem de lágrimas.

— Assim está acontecendo — sussurra quase para si mesmo. — Você vai realmente para os Estados Unidos.

Ele sorri, e seu sorriso é como o restante de seu rosto — a alegria altruísta luta poderosamente contra uma solidão fria que já está se depositando nele como neve. Seu sorriso é bondoso, triste, compassivo e estoico.

Começo a perceber pela primeira vez que, apesar de seus esforços heroicos para que eu chegasse até este ponto, papai nutria secretamente a expectativa — esperança? — de que este dia nunca amanheceria. Desde o momento em que lhe falei de meu desejo de estudar nos Estados Unidos, ele tem sido meu maior aliado — consolando e convencendo Mehroo de que é o melhor caminho para mim; engolindo seu orgulho ferido e deixando-me solicitar bolsas de estudo no Parsi Panchayat, pagando a quantia em moeda estrangeira que preciso para tentar me inscrever em várias universidades americanas; ajudando-me a ultrapassar até a última barreira burocrática. Ainda assim, ele não tinha visto esse momento final de triunfo se aproximar. Ou melhor, não tinha compreendido como seria realmente terrível esse momento que ele havia desejado tanto por minha causa — que esse momento chegaria como um soco na sua barriga, tirando-lhe o fôlego.

Nessa fração de segundo, vejo o futuro pelos seus olhos: nenhum espírito jovem para iluminar o desânimo que tão frequentemente baixa lá em casa; nenhuma filha para fazer uma piada e arrancá-lo de seu mau humor; nenhuma companheira com quem passar uma tarde caminhando nas areias de Chowpatty Beach; ninguém com quem possa ceder ao impulso de ir ao Hotel President à meia-noite para comer uma pizza. O futuro se desenrola diante dos olhos de papai como um longo e escuro tapete. Ele está parado sobre esse tapete completamente sozinho.

Então ele sai de seu aperto.

— Parabéns, querida — diz ele, envolvendo-me num abraço apertado. — A segunda pessoa na nossa família a ir para o Ocidente. Que Deus a acompanhe nesse percurso.

Olho para Roshan. Seu nariz está vermelho, sinal seguro de lágrimas não derramadas. Seu rosto parece pequeno, como se a pancada fria da dor o tivesse encolhido. Mas ela também pega a deixa de meu pai.

— Tudo de bom, Thrity — diz, como se já estivéssemos no aeroporto e eu fosse partir hoje.

Papai solta um suspiro profundo.

— Vamos parar num telefone público e ligar para Mehroo — diz ele. — Elas devem estar todas loucas de preocupação. Depois vamos parar no Taj e comprar um pequeno bolo de chocolate para comer em casa. Não é todo dia que uma das minhas filhas — olhando para Roshan e para mim — vai para os Estados Unidos.

Meu momento ao sol, meu trunfo barato sobre o funcionário da imigração, tudo já parece passado remoto. Há uma pedra pontuda de dor alojada como um coágulo perto do meu coração. Vou no assento dianteiro do velho Ambassador, ladeada por Roshan e papai, e de repente quero desistir de tudo — daquelas noites quentes e febris de ambição ardente, daqueles sonhos acordada de recomeçar a partir do zero, do desejo de me transformar, de descamar a velha pele.

Ao contrário, quero ficar bem aqui onde estou, protegida pela presença daqueles a quem amo mais do que a própria vida, ensanduichada entre estes dois corpos amados, aquecida pelos frequentes olhares afetuosos que lançam na minha direção. Sim, quero permanecer neste carro e observar as belas mãos de meu pai agarradas ao volante — as veias azuis grossas, os pelos escuros contra a pele amarela, as unhas limpas; quero ficar sentada aqui para sempre, segurando as mãos brancas e delicadas de Roshan nas minhas que são calejadas, enquanto as multidões à frente de nosso carro se separam quando nos aproximamos e o mar Arábico marrom-acinzentado borrifa sua espuma em nosso rosto, e o sol de Bombaim penetra em nossa pele, deixando rios de suor na sua esteira.

A notícia circula pela vizinhança. Eu própria conto a Jesse e observo o teatro familiar de emoções se desenrolar no seu rosto: seus olhos se tornam lacrimosos, ela morde o lábio inferior, engole em seco e finalmente sorri.

— Bem, viva — diz ela, dando um tapa forte nas minhas costas. — É o que você queria.

Os vizinhos passam lá em casa para dar os parabéns. Os mais velhos me trazem presentes, escrevem nomes de parentes seus que moram nos Estados Unidos, para quem devo ligar se precisar de *alguma coisa*, e me dão conselhos que não solicitei. ("Os Estados Unidos são uma sociedade doente. Certa vez vi um filme onde até as avós andavam com grandes e longos rifles. Meu primo diz que as pessoas em Nova York atiram em você por causa de dez *paise*, só por isso. Você não vai para Nova York? Ok, mas Ohio provavelmente não é melhor. Apenas tenha cuidado, hein?" e "Fique longe daqueles negros. Todos esses escuros são mentirosos e trapaceiros" e "As mulheres nos Estados Unidos fumam e bebem, parecem e falam exatamente como os homens. Mas você é uma menina parse bem-educada, de uma boa família. Nunca se esqueça disso. Apenas recite um *Ashem Vahu* e vai encontrar forças para enfrentar todas as tentações".)

Os mais jovens me sussurram quanto invejam a minha sorte, confidenciam seus próprios sonhos de estudar nos Estados Unidos e me pedem conselhos. Eles têm o mesmo olhar triste de desejo que Ronnie exibe nos olhos quando está nos implorando um pedaço do frango *tandoori*. Eu me sinto constrangida e deprimida no meio deles.

Todo mundo na casa está me tratando com cuidado, como se eu fosse uma carga preciosa, como se eu fosse tão delicada quanto o serviço de chá de porcelana de ossos que meu pai trouxe do Japão em 1970. Mamãe me trata com carinho, como ela em geral só faz quando estou doente. Algumas vezes, seus olhos se enchem de lágrimas. "Quem vai cuidar de mim depois que você partir?", ela chora, e sinto meu coração derreter diante de sua dor manifesta.

Mas, se todos os demais estão pisando em ovos ao meu redor, Mehroo é de um arrebatamento que nunca tinha visto na sua maneira de agir. A cada oportunidade que se apresenta, ela me puxa contra si e me abraça. Todos os dias arranca uma nova promessa de mim: que escreverei para ela ao menos uma vez por semana, que voltarei para casa assim que receber meu diploma e que se, Deus nos livre, houver uma guerra ou coisa parecida, retornarei imediatamente para casa. Concordo com todos os seus pedidos, porque estou num estado de espírito generoso e expansivo e me sinto mais suave e mais solícita com todo mundo. Além disso, para ser honesta, não sei ao certo quais são as minhas intenções, se eu mesma acredito no que estou dizendo a todo mundo: que vou aos Estados Unidos para obter um diploma que vai melhorar minha perspectiva de arrumar um bom emprego de jornalista na Índia. Acho que é isso que desejo, mas às vezes me pergunto se uma ausência de dois anos será o suficiente para realizar todos os meus outros objetivos, aqueles que não comento em voz alta com ninguém. De vez em quando, esvoaça pela minha cabeça um pensamento que diz: "Olhe para tudo ao seu redor com clareza, perceba tudo muito bem, porque você nunca mais voltará para casa". Então sinto uma tristeza tão aguda que imediatamente desvio a atenção para outras coisas mais agradáveis.

Duas semanas antes de eu viajar para os Estados Unidos, Jesse coloca em minhas mãos um exemplar de *Os filhos da meia-noite*, de Salman Rushdie. Há tanta coisa para arrumar, tantas pessoas a quem visitar e apresentar minhas despedidas, tanta compra de última hora para fazer que não sei se terei tempo de ler o livro antes de partir. Mas eu o abro na primeira página mais tarde naquela noite, e leio o parágrafo de abertura embriagadoramente frenético. Esse é o meu erro. Os filhos da meia-noite cantam seus hinos loucos e sedutores, eles me arrastam com seus mil e um pares de mãos, eles me puxam para seu mundo subterrâneo. Eu me atiro sobre o livro como uma fera faminta, incapaz de tirar os olhos das letras.

Enquanto leio, a cidade que estou prestes a deixar adquire vida diante de meus olhos. Mas esta não é a cidade corrupta, ineficiente, imunda, coberta de *paan* e mijo, de que sempre me ensinaram a sentir vergonha. A Bombaim de Rushdie é grandiosa, operística, melodramática, multicolorida e presa entre a magia e a loucura. É uma cidade mítica, não menos mítica que os lugares do *Mahabharata*, mas de certo modo ela me convence que é por meio desta lente mítica que se enxerga a verdadeira Bombaim. De que outro modo explicar uma cidade onde uma velha ganha seu sustento vendendo por dia quatro couves-flores de triste aspecto se não pela lente do surrealismo? De que outro modo descrever um lugar onde um homem ganha a vida acocorado na calçada removendo a cera das orelhas de seus clientes? Será que Chagal poderia ter pintado a cena de rua em que uma vaca marrom se encosta numa barraca que vende leite pasteurizado da Aaray Milk Colony? Será que até mesmo as letras desvairadas de Dylan conseguem captar a dança estonteante de arranha-céus e favelas, de BMWs e carros de boi, de discotecas e clínicas para doenças venéreas?

Os filhos da meia-noite me apresenta uma Bombaim em que cresci, mas nunca vivi. Pelo simples ato de citar os nomes de ruas familiares — Warden Road, Marine Drive —, Rushdie me resgata das leituras de vida inteira sobre ruas em cidades que nunca visitei e me oferece, como um buquê de flores frescas, a cidade onde nasci. E a alegria inexprimível de ler um romance cheio de personagens com nomes indianos me libera do dilema com que tenho lutado inconscientemente desde aquele dia cataclísmico no quarto ano. E como são encantadores os nomes. Mary Pereria. Saleem Sinai. Homi Catarak. Num único momento glorioso, são respondidas todas as minhas perguntas sobre o que constitui um nome indiano e como criar personagens sem cabelos loiros.

Mas a parte mais notável é o modo como as pessoas de Rushdie falam. Ora, elas poderiam ser qualquer um de nós no pátio da escola ou no mercado. Pela primeira vez na minha vida, eu me vejo e às pessoas que amo refletidas num livro. Não há nada rígido nem formal no inglês falado. Ou, antes, essa linguagem é tão maleável e flexível quanto as cobras que os encantadores de serpente guardam enroscadas nos seus cestos de vime. E essa coisa maravilhosa que todos fazemos — começar uma frase em inglês, continuar em *gujarati* e borrifar aqui e ali algumas palavras em híndi — bem, nunca vi Ernest Hemingway realizar *tal proeza*.

Os filhos da meia-noite me faz desejar que eu nunca deixe Bombaim. Lamento a ironia do destino, que esperou soar a hora de abandonar minha cidade natal para que eu a visse pela primeira vez com olhos amorosos. É como encontrar sua alma gêmea depois de ficar sabendo que só tem mais três dias de vida. Compreendo agora que a coragem subjacente à sobrevivência diária nesta cidade sofrida não é menor que a coragem que levou Robert Jordon à Espanha. Compreendo que, presa como estava na história da migração dos Oakies para o oeste americano, nunca percebi a migração diária das vilas circundantes para a cidade de Bombaim, nem os milhões de histórias individuais de esperança e desespero que acompanham cada migrante. Presa como estava no sonho americano de Gatsby, nunca parei para me perguntar se haveria um Sonho Indiano e, nesse caso, de que era feito. Até minhas noções da própria Índia foram traçadas por escritores como Foster e Kipling, compreendi, e suas atitudes coloniais e racistas infectaram meu sangue com a doença do ódio a si mesmo. Que ironia que eu tivesse lido Ralph Ellison e Richard Wright sem compreender que sua trajetória, da sombra do colonialismo cultural para uma identidade esclarecida, era também a minha.

Relutantemente, devolvi o exemplar de *Os filhos da meia-noite* para Jesse como se estivesse me desfazendo de uma parte de meu corpo. Mas eu devia ter adivinhado. Na véspera de viajar para os Estados Unidos, Jesse me dá como presente o meu exemplar. Dentro do livro, ela escreveu: "Voe tão alto quanto achar que pode e deseja".

E assim eu pairo bem alto no ar. Estou fugindo de uma cidade que recentemente comecei a amar nas páginas de um livro. Ocorre-me que também só amo o país para o qual estou prestes a voar pelo que li nas páginas de um livro. A realidade será talvez completamente diferente.

Mas, nesse momento, não dou a mínima. *Os filhos da meia-noite* foi o arauto de um novo amanhecer. O livro me concedeu o dom da visão, um novo modo de ver o mundo. Uma porta foi escancarada, para nunca mais ser fechada. Mesmo enquanto faço as malas para viajar ao Novo Mundo, o Velho Mundo reclamou seu lugar no meu coração.

Os dias passam rapidamente. Há tanta coisa a fazer... visitar pessoas para me despedir, ir às compras em busca de malas, comprar novas roupas, trocar o dinheiro em moeda estrangeira. Uma bondosa amiga da família aparece para me deixar um casacão de pele, marrom e pesado, que sei imediatamente que nunca vou usar. Ela me pede que experimente para verificar o tamanho, o que faço, e seu ar de felicidade quando o casaco serve em mim é tão grande que me contenho e não comento que pareço um urso obeso dentro dele. Os visitantes deram para me oferecer coisas estranhas que, imaginam, poderão me ser úteis: chaveiros, tiras para o cabelo, cartões-postais antigos, cachecóis de lã puídos. Alguns presentes são práticos, outros, sentimentais. Mamãe me dá uma velha libra gasta que ela guardou só Deus sabe por quantos anos, Freny me dá a gaita de boca de Babu, Mehroo me entrega uma foto desbotada de meu avô, vestido com seu traje costumeiro, calça bege, paletó marrom-escuro e um chapéu-coco.

Este é o momento perfeito para confidenciar a meu pai, contar-lhe o meu segredo. Mas tenho muito medo de sua reação.

Cinco dias antes de eu começar os trâmites para o pedido do visto, recebi uma carta do diretor da escola de jornalismo da Universidade Estadual de Ohio. Era uma resposta à carta em que eu perguntava se poderia contar com uma bolsa de instrutora da pós-graduação assim que chegasse a Columbus.

A carta continha más notícias. Todas as vagas de instrutores auxiliares para aquele ano tinham sido preenchidas meses antes, dizia... eu poderia me candidatar a uma vaga no próximo ano, mas era tarde demais para este ano. E, então, o soar de sinos: "Por favor, não venha sem garantir financiamento adequado para o ano inteiro".

Financiamento adequado para o ano inteiro? Depois de somar todos os empréstimos, a bolsa de estudos e cada centavo que meu pai conseguiu poupar, estou partindo para os Estados Unidos com menos de quatro mil dólares. Minha mensalidade de estudante estrangeira só para o semestre de outono vai consumir mais da metade dessa quantia. Não faço ideia de quanto custarão o aluguel, a alimentação e outras despesas.

Portanto, é assim que tudo chega ao fim: por falta de dinheiro. Papai tinha razão, afinal: dentro do razoável, o dinheiro importa, sim. Fui uma tola de rir de papai. Lembro-me de uma cantiga que Mehroo inventou quando eu era criança: *No mon, no fun, my son.** Meu rosto arde de vergonha ao pensar que terei de enfrentar vizinhos, amigos, parentes, todos pensando que vou para os Estados Unidos em menos de um mês. Sinto-me amarga, como se a vida tivesse me pregado uma peça terrível: levar-me para tão perto da liberdade e depois me prender de novo... Eu me pergunto se conseguirei superar essa decepção, se um dia darei a volta por cima ou se vou deixar que ela me enfraqueça a ponto de eu me tornar uma mulher amarga e frustrada, com raiva de seu destino, desconfiada da felicidade. Bombaim está cheia de pessoas desse tipo.

A pior parte é saber que este revés vai esmagar meu pai, porque ele se culpará pelo contratempo. Mais de uma vez ele me disse quanto se sente mal por eu ter de apelar a estranhos para conseguir empréstimos e bolsas de estudo. "Sempre foi meu sonho pagar toda a sua educação. Lamento ter falhado desta vez." Nada que eu diga em contrário faz com que ele se sinta melhor. Ele ficará inconsolável, assim que eu divulgar o conteúdo desta carta. Vai praguejar contra sua desgraça, lembrar-se de toda chance de negócio fracassada, pedir-me desculpas sempre que tiver oportunidade. Ele se verá como o assassino dos sonhos de sua filha.

Diabos. Vou para os Estados Unidos, com carta ou sem carta. A alternativa é terrível demais. Vou chegar a Columbus e fingir que nunca recebi a carta do professor Decker, vou pôr a culpa nas irregularidades do correio indiano. Chego a Columbus e vou usar minha lábia para conseguir uma

* Em tradução livre: "Sem grana, sem diversão, meu filho". (N. E.)

bolsa de instrutora auxiliar, vou fazer e acontecer a partir do nada, vou criar uma oportunidade a partir de coisa nenhuma. Sou filha de meu pai, afinal. Vou conseguir. Vou conseguir.

Tenho que ter muito cuidado agora. Se mamãe descobre esta carta numa de suas sessões regulares de bisbilhotices, será o fim de tudo. Não posso deixar escapar nenhum comentário que desperte suspeitas. Minha família já está bastante preocupada com minha ida para tão longe. Ao longo dos dias, eu tenho lhes assegurado que saberei encontrar meu caminho assim que chegar lá, tenho lhes dito que bolsas de instrutores auxiliares existem para ser solicitadas nas universidades americanas. Eles não devem perceber nenhuma hesitação, nenhuma dúvida de minha parte nesta data tardia.

Melhor destruir a carta. Leio os breves comentários do professor Decker algumas vezes, memorizando tudo. Depois, rasgo a carta em pedaços bem pequenos. Mas não posso me arriscar a colocar os pedacinhos no lixo. Abro a janela do meu estúdio. O quarto fica acima de um pátio que o vizinho do andar térreo manda varrer toda manhã. Assegurando-me de que nenhum dos outros vizinhos está olhando, atiro a carta pela janela.

Fico observando até que o último pedacinho de meu segredo desça dois andares e beije o chão.

Num fim de tarde, papai chega em casa e me convida para dar um passeio com ele. Estacionamos em nosso local de costume em Nariman Point, depois nos sentamos no muro de concreto que dá para as águas. É uma noite fria e ventosa, e o lugar está cheio de casais dando um passeio noturno, crianças pequenas chateando os pais para que lhes comprem um balão do *balloonwalla* e velhos levando os cachorros para um passeio.

— Quero te falar uma coisa — papai está dizendo. — E quero que você se lembre do que eu te disser hoje à noite.

Eu me preparo para o que acho que vou escutar: outro sermão sobre ser impulsiva e confiante demais, mais uma tentativa de arrancar de mim a promessa de não beber em público.

Mas ele está dizendo algo muito diferente.

— Você vai para mais longe do que qualquer membro de nossa família jamais foi — diz. — Mesmo eu, com todas as minhas viagens, nunca fui assim tão longe. Mas, está certo, cada geração deve ir mais além e voar mais alto que a anterior. Estou permitindo que você vá, porque você certa vez me disse que estudar nos Estados Unidos a deixará muito feliz. Lembra? *Bas*, naquele momento eu pus um ponto-final em tudo aquilo e me decidi. Muitos de meus amigos já estão me dizendo que sou louco de deixar minha filha ir para tão longe. Mas sempre te disse para ter sonhos e depois trabalhar para realizá-los. Então, como posso detê-la agora? Claro, se mesmo um *baal*, um único fiozinho de cabelo da sua cabeça que seja for maltratado, jamais me perdoarei. E quando você for embora vou perder não só a minha filha, mas a minha melhor amiga.

Ele para e espera que o nó na garganta se dissolva. Olho calada para o balanço do mar, sem ousar dizer uma palavra até que eu possa controlar minhas emoções.

— Quero uma coisa de você. Uma promessa.

Então é isso.

— Claro, papai. O que quiser.

— Ok. Quero que me prometa que, se você se sentir infeliz depois de chegar lá, se alguém a tratar mal ou olhar para você de um jeito estranho... afinal, querida, você sabe como esses ocidentais com seu complexo de superioridade podem nos menosprezar. Mas, se alguém disser ou fizer alguma coisa que a faça se sentir inferior, volte imediatamente para Bombaim. Não se preocupe com o preço da passagem, orgulho, o que as pessoas vão dizer... com nada. Eu a defenderei contra tudo isso. Não é vergonhoso tentar algo e mudar de ideia. Isso não é fracasso.

Eu o encaro, sem palavras, assombrada pelo fato de que no meio de sua própria tristeza, no meio de toda a correria, ele tenha encontrado tempo para pensar sobre tudo isso.

— Papai — começo e depois tenho que parar. — Papai, eu... te amo tanto... Não posso nem começar a...

Ele sorri, e, embora esteja escuro, vejo tanta bondade e amor nos seus olhos que fico sem fôlego. Não sou digna disso, penso. Não estou à altura do amor desse homem.

— Sei, querida. Eu sei.

Coloco meu braço ao redor de seu pescoço. Ficamos ali por muito tempo, contemplando a água bater nas pedras negras, sentindo seu borrifar em nosso rosto. "Nunca me deixe esquecer esta noite", sussurro para o mar. "Nunca me deixe esquecer quanto sou amada."

A espuma na superfície da água preta sibila ao bater nas pedras.

Capítulo 24

Hora de sair para o aeroporto. Mas como? Como dar este primeiro passo para fora do apartamento? Este é, afinal, o único lar que conheci, a casa onde passei os primeiros vinte e um anos de minha vida. Estes vizinhos, que, com suas fofocas, suas bisbilhotices e seus conselhos não solicitados, muitas vezes tornaram minha vida tão infeliz, são as mesmas pessoas que me cobriram de presentes e bênçãos nas últimas semanas. Agora, embora sejam onze da noite, as luzes em quase todos os apartamentos do prédio ainda estão acesas. Estão todos acordados para me ver partir.

— Vamos, querida — diz papai pela terceira vez. — Já estamos atrasados para o aeroporto.

Ainda assim, eu me demoro. Mehroo me conduz para o pequeno altar que tem as fotografias de Babu e de meus avós.

— Peça suas bênçãos. Peça que a protejam. E volte logo para nós, *accha*? Combinado?

Vencida pelas próprias palavras, ela me abraça com força e depois começa a soluçar suavemente. Eu me agarro nela.

— São apenas dois anos, *Mehroofui* — digo, sem acreditar nas minhas palavras. — O tempo passará depressa. E, se eu puder obter o meu diploma em menos de dois anos, é o que farei.

Papai entra na cozinha.

— Nada de lágrimas, nada de lágrimas! — diz para Mehroo. — Hoje é um dia feliz. — Mas sua voz está rouca, e de repente ele tem que assoar o nariz.

Foi ideia de papai dar uma pequena festa no início da noite. Foi uma boa ideia. Receber a visita de parentes próximos como titia Mani e sua família tinha mantido a atmosfera relativamente alegre. Como sempre, assumi o papel de bartender reenchendo os copos de todo mundo, servindo para mim um drinque forte quando ninguém estava olhando. Papai tinha aberto uma garrafa de Johnny Walker que guardara para "uma ocasião especial". Mas nem o álcool está me ajudando esta noite, tampouco me dá a coragem para cruzar o limiar do apartamento e descer a escada.

Titia Mani vem em meu socorro.

— Vamos — diz ela, com sua mistura característica de falsa severidade e humor. — Quanto mais cedo deixarmos você no aeroporto, mais cedo poderemos ir todos para casa dormir. Você me conhece, preciso de meu sono da beleza.

Todo mundo ri com maior entusiasmo do que a piada merece. Mas as coisas foram postas em movimento. Os dois homens da fábrica, que estavam acocorados no patamar, entram no apartamento e carregam minhas duas malas pela escada. Como se um botão invisível tivesse sido acionado, as portas de vários apartamentos se abrem com violência e vizinhos com ar de sono aparecem nos vãos. Eu me curvo para beijar Ronnie, meu cocker spaniel dourado de treze anos, sabendo que talvez nunca mais o veja.

— Tchau, Ronnie. Trate de ser um bom menino, ok? Nada de puxar a guia, quando Freny *kaki* levar você para passear. — Ele gane e me lambe o rosto.

Minha família se reúne ao redor de mim. Apesar de todos me acompanharem até o aeroporto, sabe-se que esta será a única oportunidade de demonstrações de amor sem limites. E assim é. Longos abraços, apertados como um jeans. Beijos do tamanho de maçãs Caxemira. Promessas arrancadas, como dentes no consultório de um dentista. Promessas de escrever todos os dias. De telefonar para casa uma vez por semana. De não me casar com um estrangeiro. De não começar a falar com sotaque. De não esquecê-los. De voltar imediatamente, de qualquer jeito, se houver uma guerra ou coisa parecida. Deus nos livre. Comunicar-lhes se eu precisar de alguma coisa, a qualquer hora. Amor se derramando como suor de suas faces. Palavras, doces como chocolates, caindo de suas bocas. Que espécie de idiota abandona todo esse amor?

Começamos a descer a escada, papai à minha direita, seu braço protetor ao redor de meu ombro. Quero que meus ombros não tremam de aflição. A todo custo, nenhum deles deve saber da dor profunda que está dilacerando meu corpo. Eles devem pensar que estou feliz, emocionada com a partida. Essa é a única maneira de suportarem esta noite.

Paramos a cada poucos passos para dizer adeus aos vizinhos. Aqueles que me conhecem desde o dia de meu nascimento me beijam, abraçam, até me beliscam as bochechas. Os vizinhos mais recentes apertam a minha mão e dizem "boa sorte". Os mais velhos me abençoam, pedem que eu deixe mamãe-papai orgulhosos. Todos me pedem que nunca os esqueça. Como se houvesse perigo disso.

Saímos na rua. Minha família mais próxima se amontoa no Ambassador. A família de titia Mani segue no seu Fiat creme, enquanto Jesse e Dinshaw procuram um táxi. Quando viramos a esquina, eu me volto para um último olhar a meu velho prédio de apartamentos. Antes que o sol nasça sobre esta rua pela manhã, estarei a milhares de quilômetros de distância.

Aeroporto de Bombaim.

Buzinas estrondando, carros estacionados ilegalmente, cules enxameando ao redor dos veículos, acotovelando-se para ganhar o direito de carregar as malas estufadas dos passageiros.

E as multidões. Famílias de doze a quinze pessoas rondam o viajante coroado. Entre as famílias hindus, muitos pés se tocando, cabeças se curvando e muitas bênçãos sendo conferidas.

Minha família se tornou macambúzia. Até papai está exausto com o esforço de impedir que o ânimo de todo mundo murchasse. Uma parte minha deseja que tudo isso acabe logo, porque não sei por quanto mais tempo qualquer um de nós conseguirá suportar essa combinação de insônia, fadiga e dor lancinante. Olho ao redor desesperada, procurando Jesse e Dinshaw. Os jovens precisam do apoio de outros jovens.

Ali estão eles. Jesse caminha ao nosso encontro com seu costumeiro andar desenvolto, as mãos enfiadas bem no fundo dos bolsos da calça, mas, quando chega mais perto, percebo que seus olhos estão vermelhos. Ela andou chorando no táxi.

Despachamos minhas malas, passamos pelas outras formalidades. Dinshaw sugere irmos todos até o café mais próximo e tomar alguma coisa. Ele e papai se dirigem ao balcão e retornam armados com Gold Spots, Mangolas e Limcas. Bebericamos nossos refrigerantes. Posso sentir os olhos de todos me acariciando. Quando descanso a mão sobre a tampa de fórmica da mesa, Freny a cobre com a sua e a aperta.

— Obrigada, *kaki*! — digo.

Ela aperta minha mão ainda com mais força.

— Você é meu raio de sol, meu orgulho e alegria — sussurra. — Nunca deixe de me envaidecer.

Jesse se aproxima de mim e me entrega um envelope. Nele está escrito: "Para ser lido só depois que o cinto de segurança estiver bem atado". Trocamos um olhar, um milhão de lembranças passando como bolas de pingue-pongue entre nós. Enfio a carta no meu bolso.

Há um relógio gigantesco no café, e de tempos em tempos olho de relance para o seu lado. Nunca percebi a passagem do tempo com tanta intensidade. Quero escalar a parede até onde está dependurado o relógio, agarrar o seu ponteiro e lutar corpo a corpo até ele deter seu implacável movimento para diante.

Um fotógrafo do aeroporto se aproxima de nós quando saímos do café. Alguém decide que deveríamos tirar uma foto do grupo para comemorar a ocasião. Eu rosno por dentro. Mas deixo que múltiplas mãos me agarrem e me coloquem no centro, sentindo todos se embaralhar e se mover atrás de mim para que todos sejam incluídos na foto. Todo mundo tenta me tocar de algum modo. Papai coloca o braço ao redor da minha cintura, mamãe se agarra a um de meus braços, Mehroo ao outro e Freny e Roshan ficam atrás de mim, com uma das mãos em cada ombro meu. Somos um organismo de múltiplos membros, todas as mãos cobiçosas e dedos carentes, unido pela história, memória e amor.

— Sorriam — diz o fotógrafo, e obedecemos sem muito entusiasmo. Eu abro o sorriso morto de alguém tentando desesperadamente não parecer sisudo. Eu pareço sisuda.

A câmera emite o flash, e seu clarão me cega. Tenho certeza de que meus olhos saíram meio fechados na foto. Mas talvez seja apropriado. Afinal, estou tentando eliminar a realidade do que está acontecendo, do que está prestes a acontecer.

Caminhamos como uma procissão fúnebre pelo aeroporto até chegarmos à alfândega. Paramos embaixo de um enorme cartaz que diz: "APENAS PORTADORES DE PASSAGEM PERMITIDOS DEPOIS DESTE PONTO". Assim, tudo termina aqui.

Quero dizer tantas coisas, minha boca está cheia de palavras a serem pronunciadas, palavras doces e saborosas como as mangas com que eu costumava me empanturrar nos meses de verão. Entretanto... o que resta para dizer que já não tenha sido dito? O que significa dizer "eu te amo" para alguém momentos antes de enfiar uma faca no seu coração? Desejei este momento de emancipação, fantasiei a seu respeito, salivei com a vontade de devorá-lo, teria vendido minha alma por ele. E aqui está o momento. O que preciso fazer agora é apenas encontrar a força de me afastar deste grupo de pessoas cujo amor é a única coisa segura na minha vida. Escolhi este caminho, eu o criei a partir do nada e da imaginação. Agora, chegou a hora de percorrê-lo.

Eu me desvencilho do último abraço e começo a caminhar. O aeroporto parece de repente tão grande e solitário quanto uma cidade. Sou uma assassina de sangue-frio, há sangue nas minhas mãos. Acabei de cometer parricídio, destruí a vida daqueles que me ofereceram apenas amor. Passei noites em claro tramando contra eles, rezei aos deuses para que me libertassem das garras de suas carências. E os deuses me escutaram. Então, por que é que tenho este ponto vazio e morto dentro de mim?

Cada passo que dou me leva para mais longe deles, cria uma galáxia em eterna expansão entre mim e todos os que conheço. Mesmo agora, eu poderia voltar. Não é tarde demais. Eu poderia ficar parada, não dar mais nem um passo. Eles viriam me pegar. Tenho alternativas. Papai já me disse que devo correr para casa se qualquer mínima coisa der errado. Poderíamos conseguir um reembolso das passagens. Eu poderia ficar aqui, arrumar um emprego no *The Times of India*.

Continuo a caminhar.

Eu me viro e aceno. Eles estão se tornando menores e mais indistintos a cada segundo, como o sol no entardecer afundando no oceano. Eu me sinto maior e mais demoníaca a cada passo. Imagino que todo mundo no aeroporto pode ver o monstro dentro de mim, que as pessoas vão me evitar a vida inteira porque esse ponto morto em meu coração vai crescer, vai percorrer minha corrente sanguínea até se acomodar nos meus olhos. Serei sempre uma meia pessoa, levando uma meia vida por causa deste ato inatural que estou prestes a cometer. Provenho de um povo para o qual geografia é destino. Os membros da minha família não se afastaram nem mesmo seis quarteirões do lugar onde nasceram. Quem sou eu para ousar viajar treze mil quilômetros? A emigração é um ato inatural, um ato nascido da frustração e do desejo. Claro que nada de bom pode advir de um começo tão aziago. Há uma razão para as pessoas terem permanecido no mesmo lugar por milhares de anos. Sim, a história da humanidade é também a história da migração, mas era diferente — as pessoas se deslocavam com suas famílias, suas tribos, suas vilas. Esse despedir-se individual é um fenômeno do século XX. Há algo inumano nesse ato.

Ah, deixe disso, corte esse papo furado, acabe com essa asneira pseudo-histórica. O erro está em você. Admita, você não tem força suficiente para levar a cabo seu plano. Quem você estava enganando todo esse tempo — todas as horas, dinheiro e energia gastos em solicitar empréstimos, procurar obter um visto e ser admitida numa universidade suficientemente estúpida para admitir você — todo esse esforço, e agora, no momento crucial, você não tem forças para cumprir seu papel? Por isso, acabe logo com essa pantomima, volte para os braços à sua espera e diga-lhes que você não pode partir. Bata a porta para seus sonhos de aprender a lavar sua roupa, ficar acordada até tarde da noite e ser independente. Troque noções vagas e abstratas de liberdade pelo amor garantido. Vamos. Jogue a toalha. Você sempre foi daqueles que desistem, ninguém ficará muito surpreso.

Deus me perdoe, continuo a caminhar. Estou me aproximando de uma esquina, e, assim que virar esta esquina, o meu pessoal vai desaparecer de meu campo de visão. E se eles desaparecerem, eles que constituem tudo o que conheço, desaparecerei também? Vou me reconhecer, sem as antigas placas de sinalização?

* * *

Olho para trás pela última vez. E vejo papai vindo apressado na minha direção. Ele tirou a sorte grande de novo. Com sua expressão doce e honrada e sua dignidade tranquila, ele persuadiu os guardas da segurança a deixá-lo me acompanhar até onde fosse possível.

— Eu lhes disse que você estava com uma torção no pulso e precisava de ajuda com sua bagagem de mão — sussurra. — Eles me deram autorização para seguir adiante. — Partilhamos uma risada rápida. O negociante afável de voz doce triunfou mais uma vez.

Papai pega minha mala e coloca seu outro braço ao redor de meus ombros. Estamos lado a lado, quando me viro e aceno para toda a família. Eles acenam freneticamente em resposta. Estamos na curva da esquina, papai e eu.

Mas não por muito tempo.

— Papai, espere um minuto. Tenho uma ideia. Estarei de volta em dois minutos, no máximo.

Deixando minha mala com ele, corro de volta para onde o restante da família está à espera. Mesmo dessa distância, posso sentir sua surpresa e seu prazer. Sinto um pouco de vergonha em prolongar esse melodrama, mas não dá para resistir. Corro mais rápido.

— O que foi, Thritu? O que esqueceu? — Freny me pergunta, mas vou direto até Mehroo e lhe dou um abraço apertado.

— Está vendo como voltei depressa? — digo, um pouco sem fôlego. — Bem quando vocês pensavam que não me veriam mais, correto? Está vendo como as coisas mudam rapidamente? É assim que vai ser. Os dois anos vão voar, e estarei de volta antes que vocês digam adeus. Entende? — Fico radiante diante dela, como se tivesse acabado de provar um experimento científico brilhante e complexo.

Todos riem.

— Correto — diz tio Jimmy, o marido de Mani. Ele sorri para mim, aprovando. — Cem por cento correto.

Capto os olhos de Jesse. Ela me lança um olhar perplexo, mas posso ver que até está encantada. Quando me despeço dessa vez, o clima parece menos pesado. Agora que fiz esse pequeno milagre acontecer, outros milagres parecem de repente possíveis. Eles me deixam partir dessa vez, como se esperando que eu retorne para perto deles muitas outras vezes.

Papai está esperando por mim.

— Por um segundo, pensei que tivesse mudado de ideia e que eu teria de embarcar neste avião em seu lugar — graceja. Ele também gostou de minha corrida impulsiva pela metade do aeroporto.

Mas minha tarefa ainda não terminou.

— Papai, escute — digo com urgência. — Não deixe que o clima lá em casa fique triste demais, ok? Sugiro que amanhã de manhã, quando vocês todos acordarem, leve todo mundo para um passeio matutino ou algo assim. Apenas para amenizar os primeiros dias. Depois disso...

— Thrituma, é minha responsabilidade tomar conta de todos vocês — interrompe ele. — Sua tarefa é ir para os Estados Unidos com uma mente livre e aberta, estudar muito, brilhar nos seus estudos e fazer um nome para si mesma. Agora, prometa-me uma coisa. Nada de ficar pensando na nossa casa. Vou cuidar de tudo do lado de cá.

Sorrimos um para o outro.

Quando caminhamos para a sala de embarque, capto um vislumbre de nós dois refletidos numa porta de vidro. Ambos temos nariz adunco e ambos caminhamos na ponta dos pés. A observação me deixa loucamente feliz. Olho, sorrateira, para meu pai e me forço a memorizar seu rosto: a testa larga, os olhos gentis e castanhos, o grande nariz parse, os lábios sensuais. Uma amiga minha observou certa vez que, mesmo quando papai levava Ronnie para passear, ele se portava como um almirante numa parada militar, e, observando-o agora — a coluna ereta e o ar digno —, sorrio para mim mesma... Meu bom e velho papai.

O avião está atrasado.

— Bombaim — papai suspira, e há uma vida inteira de amor e ódio nessa única palavra. Mas ficamos felizes com o atraso, porque ele nos proporciona mais alguns minutos juntos.

Finalmente, o anúncio temido. Nós nos demoramos na sala, deixando todos os outros passageiros embarcar. Papai usa sua lábia para me acompanhar até a entrada do avião. Então ele toma minha mão e a mantém sobre seu peito por um minuto. Beijo a sua mão. Ele tem mãos belas, as mãos de um bondoso médico do interior. As minhas são mais jovens, mais escuras, versões menores das dele. Eu lhe digo que, quando sentir saudades, vou olhar para minhas mãos e saber que ele está bem ao meu lado. Ele sorri. Sei que vai se lembrar desse comentário, que as palavras lhe darão calor naquelas manhãs silenciosas quando acordar e perceber que eu parti. Quero lhe dizer outras coisas afetuosas e consoladoras, mas um entorpecimento frio, um esquecimento confuso, está se depositando como névoa na minha mente. Além disso, a aeromoça está nos fuzilando com seu sorriso congelado.

É hora de entrar na boca aberta do monstro de aço. Nós nos abraçamos pela última vez. Eu lhe dou uma palmadinha no ombro.

— Até breve.

Ele acena com a cabeça.

— Cuide de você, querida — sussurra. — Por mim.

A rajada fria e sintética do ar-condicionado me atinge imediatamente. O ar já tem um cheiro diferente — não o cheiro margoso e suado da Índia, mas o aroma fresco e opulento de como imagino será o cheiro dos Estados Unidos. Olho pela janelinha do avião para as luzes de Bombaim e começo a soluçar. Minha família inteira ainda está neste edifício que posso quase tocar (sei que não arredará pé até o avião decolar), mas poderia também estar a um milhão de quilômetros de distância. Continuo a olhar pela janela o tempo todo, porque não quero que o gentil britânico de meia-idade que está sentado ao meu lado me veja chorar. De repente, sinto-me terrivelmente jovem e assustada.

O avião está começando a se arrastar pela pista. Para me distrair, eu me recosto na poltrona e começo a ler a carta de Jesse.

Ainda bem que tenho o cinto de segurança bem atado. Ainda bem que o avião está taxiando rápido e as luzes da cidade começam a parecer tão distantes quanto a infância. Ainda bem que a porta está fechada e que este inglês alto e robusto está sentado ao meu lado, bloqueando minha passagem.

É uma carta maravilhosa... uma carta que me mantém próxima e ainda assim me empurra para longe; que canta para mim as maravilhas do voo, bem como a importância do enraizamento; que fala de amor e depois define o amor como a coragem de deixar partir. "Você nunca estará longe porque você vive na minha pele", Jesse escreveu, e, lendo essa frase, gostaria de poder voar como pó e me depositar sobre sua pele.

O avião ganha velocidade. Escuto o gemido dos motores e agarro o braço da poltrona, preparando-me para a sensação de enjoo na hora da decolagem. Mais um segundo, e serei uma das pessoas do céu que sempre sonhei ser. As luzes da pista esmaecem num borrão, e então estou me elevando; subindo como a esperança, subindo como as orações que estão indubitavelmente nos lábios de todos os membros da família que deixei no solo. Bombaim está abaixo de mim, desmaiada como uma memória, distante como o amor.

E, então, parti.

Agradecimentos

Certa vez, li uma frase que dizia alguma coisa como "Graças a Deus, não recebemos o que merecemos nesta vida". Ao escrever a história da minha infância, em mais de uma ocasião dei valor à sabedoria dessa sentença.

Gostaria de agradecer a todas as pessoas que povoam as páginas deste livro. Cada uma teve um impacto sobre a minha vida e me proporcionou dádivas pelas quais sou muito grata. Embora contar esta história tenha sido por vezes emocionalmente doloroso, a narrativa também me deu uma renovada apreciação do mundo em que cresci e do amor que me salvou. Mesmo quando esse amor veio com amarras e condições, ainda fez uma grande diferença na minha vida.

Agradeço à minha família mais próxima — meus pais, tio e duas tias — por me encorajar a perseguir meus sonhos, mesmo quando eles lutavam para realizar os próprios. Seu exemplo de amor altruísta e sacrifício é um modelo que vou passar a vida inteira aprendendo a emular. Agradeço à minha prima Gulshan, por ensinar a esta filha única o que é ter uma irmã. Agradeço à titia Mani por me ensinar a lutar com a lua.

Sou também grata a Eustathea Kavouras e a Sara Throop, pelo seu estímulo — e eventuais broncas de Sara — para que eu conseguisse terminar estas memórias.

Este livro, composto na fonte Fairfield,
foi impresso em papel Pólen Soft 70 g/m², na gráfica Intergraf.
São Paulo, agosto de 2017.